한국형
정서코칭을
말한다

한국형 정서코칭을 말한다

초판1쇄 발행 2022년 4월 15일
초판2쇄 발행 2023년 9월 1일

지은이 | 하영목 · 윤영돈 · 정한나 · 신은주 · 손병민 · 심혜련 · 한혜정 · 최석규 · 허희영 · 정선미 · 김영대 · 남상은
교정교열 | 정난진
펴낸이 | 이찬규
펴낸곳 | 북코리아
등록번호 | 제03-01240호
주소 | 13209 경기도 성남시 중원구 사기막골로 45번길 14 우림2차 A동 1007호
전화 | 02-704-7840
팩스 | 02-704-7848
이메일 | ibookorea@naver.com
홈페이지 | www.북코리아.kr
ISBN | 978-89-6324-848-6(03320)

값 20,000원

한국형 정서코칭을 말한다

Emotional Coaching Practice in Korea

하영목 · 윤영돈 · 정한나 · 신은주 · 손병민 · 심혜련 ·
한혜정 · 최석규 · 허희영 · 정선미 · 김영대 · 남상은

북코리아

추천사

장기화된 코로나 팬데믹으로 대면 접촉의 기회가 줄어들고 비대면 활동이 늘어나면서 많은 사람이 정서적 소통의 애로를 겪고 있습니다.

익숙지 않은 변화된 환경으로 삶의 방식이 급속히 바뀌고 불확실성이 증가하고 있으며, 스트레스 누적으로 집단적 스트레스가 증폭되면서 사회적 증오가 확산되는 상황에서 개인의 심리적 안정감이 중요합니다.

더욱이 개인과 조직의 생존과 지속적인 성장을 위해 신뢰 기반의 소통을 바탕으로 원활한 협조와 창의적 협업이 필요한 시대에 정서적으로 성숙한 개인의 역할이 점점 더 중요해지고 있습니다.

역동적인 삶의 에너지원인 정서를 바르게 이해하도록 돕고, 정서카드를 이용한 정서개발 게임 등 다양한 정서코칭 방법론과 접근법을 소개한 이 책 『한국형 정서코칭을 말한다』는 신선합니다. 비대면 사회와 인공지능 기반의 사회가 우리 모두에게 요구하는 정서적 성숙과, 유연한 삶의 자세, 정서적 공감과 소통능력 개발 등에 이 책이 많은 기여를 하리라 보입니다.

일상에서 소통과 공감에 불편함과 어려움을 느끼는 분들께 정서에 대한 올바른 이해와 더불어 일과 삶의 현장에서 놀이처럼 쉽게 활용법을 제안하는 이 책을 강력히 추천드립니다.

안남섭 (사)미래준비 이사장

PROLOGUE
당신의 정서는 안녕하십니까?

"감정, 고통스러운 감정은 우리가 그것을 명확하고 확실하게 묘사하는 바로 그 순간에 고통이기를 멈춘다."

– 바뤼흐 스피노자

정서는 우리 삶의 중요한 것들과 직결된다. 일이나 학습의 집중도를 결정하고, 신체의 면역력과 노화를 결정하며, 궁극적으로는 인생의 성공과 실패, 일생의 행복지수를 결정한다. 이처럼 중요한 정서이지만 그동안 제대로 된 대접을 받지 못했다. 그 이유는 정서가 눈에 보이지 않기 때문이다. 그렇지만 갑자기 찾아온 코로나19는 우리의 정서건강에 심각한 도전을 하기 시작했다.

그중에서도 가정 내에서 재택 · 원격근무와 원격학습이 겹치면서 많은 문제가 일어난다. 요즈음 유행하는 다양한 신조어가 이를 반영한다. 우울, 무기력 등을 뜻하는 '코로나 블루(Corona Blue)', 우울감, 불안감이 분노, 격노 등으로 표출된 '코로나 레드(Corona Red)', 절망감, 암담함이 표현된 '코로나 블랙

(Corona Black)'까지 정서적 방역체계에 비상이 걸렸다.

일상의 변화, 감염에 대한 두려움, 외출을 하지 못해서 생기는 답답함, 생활의 제약 등을 온전히 개개인이 감당해야 하는 상황에서 분노, 두려움, 슬픔, 미움 등 부정적 감정을 떨치지 못하면 개인의 정서상태에 큰 영향을 미친다. 이럴 때 부정적인 감정을 억누르는 경우가 많다. 억눌린 감정은 사라지지 않고 차곡차곡 쌓이다가 자그마한 일로 터질 수 있다. 그래서 현재의 감정을 숨김없이 느끼고 나아가 정서적으로 성숙하게 만드는 정서코칭을 해야 한다.

정서적 상호작용을 통해 학습자들에게 어떤 기억을 남길 것인가?

기성세대로 꼽히는 어른들도 힘들겠지만, 그나마 코로나 세대보다는 낫다. 기성세대에게는 가난을 이겨낸 정서적 경험과 기억이 자양분이 되고 있기 때문이다. 더 심각한 문제는 자라나는 청소년들에게 있다. 비대면 교육을 통해 정서발달에 필요한 상호작용 기회를 빼앗긴 학생들. 정서적 경험과 정서적 기억은 우리 대뇌의 변연계에 정서적 흔적을 남긴다. 정서적 쇼크는 마치 DNA처럼 평생 갈지도 모르기 때문이다. 우리가 먼저 알아야 할 것은 정서적 상호작용을 통해 변연계의 해마에 어떤 기억을 남기느냐가 중요하다. 왜냐하면 그것이 결국 삶의 질을 결정하기 때문이다.

이 책은 정서코칭과 그 도구인 정서플레이(play)에 관해 다룬 최초의 책이다. 정서의 개념과 접근법, 방법론들을 현장에서 적용할 수 있게 안내할 것이다. 정서는 놀이다. 정서를 놀이의 대상으로 본다는 것은 정서를 자연계에 존재하는 힘으로 인식하는 것이다. 정서는 어디에서 어디로 움직이는지 방향성이 중요하다. 이 책은 정서개발을 업으로 하는 전문가들만을 위한 책이 아니다. 각 분야의 전문가들이 '정서코칭'과 '정서플레이'라는 공통분모를 놓고 의기투합해서 썼다. 저자들의 독특한 시각이 드러나면서도 합평을 통해 일반인들이 쉽게 이해할 수 있도록 보편적 용어로 풀어 썼다.

이 책은 직장인뿐만 아니라 정서개발과 관련된 프로그램을 개발하는 전문가들, 학습활동에 정서적 놀이를 더해보려는 교사들, 정서와 관련된 코치, 컨설턴트, 상담가, 자녀들의 정서발달에 관심 있는 부모들, 정서교육 관련 전공자 등이 실전에 적용하기 쉽도록 구성했다.

정서코칭을 하면 좋아지는 것들

이 책은 정서학습(emotional learning)의 방법론으로 정서코칭과 정서플레이를 제안한다. 정서플레이라는 것은 요즈음의 트렌드인 게임화(gamification)와 같은 맥락이다. 이 책은 정서코칭을 위해 '정서카드(emotion card)'라는 도구를 게임 수준으로 사용하도록 돕는다. 정서의 개념부터 많은 사례와 예시를 동원해서 현장에서 적용하기 쉽도록 작성했다. 정서코칭과 정서플레이를 하면 무엇이 좋아질까? 우선 정서나 감정을 인식하는 것만으로도 스트레스가 해소되고, 스트레스 대처 능력이 생긴다. 이것이 정서 조절의 출발점이다. 게다가 정서적 안정은 학습과 일의 집중도를 높인다. 나아가 회복탄력성이 커지면서 협동능력도 개발된다.

정서심리학자 로버트 플루치크(Robert Plutchik)는 "정서에는 세 가지 원칙이 있다"고 말한다.

첫째, 정서는 강도가 다르다. 예를 들면 분노의 정서도 답답함, 짜증, 부끄러움, 적개심, 복수심, 격노 등 감정의 강도가 다르다.

둘째, 정서는 상호유사성이 다르다. 두려움은 슬픔보다 걱정, 무서움 등에 가깝다.

셋째, 정서에는 반대되는 정서가 있다. 윌리엄 제임스(William James, 철학자, 대학교수)는 자기통제법을 통해 반대 정서를 연습함으로써 자신의 정서를 바꿀 수 있다고 했다. 예를 들어 원수를 사랑하려고 노력함으로써 미움의 감정을 해소할 수 있다.

정서적 성숙에 이르려면 정서이해, 정서발견, 정서개발이라는 세 단계를 거쳐야 한다. 첫째, 정서이해(emotional understanding)는 정서를 학습하기 위해 정서의 개념과 구조, 정서 작동의 원리를 이해하는 단계다. 정서가 무엇이고, 어떻게 정서적 기억이 형성되며, 어떤 계기로 정서가 촉발되는지 알아야 한다. 무엇보다 자신만의 고유한 정서를 이해하는 것도 선행되어야 한다. 둘째, 정서발견(emotional discovery)은 정서의 메커니즘을 이해하고 자신의 핵심정서를 발견하는 단계다. 자신이 어릴 때부터 어떤 정서적 환경에 놓여있었고, 자신이 어떤 정서를 잘 느끼는지 깨닫는 것이다. 정서를 이해하고 자신의 핵심정서를 발견한다는 것은 어떤 의미를 가지는가? 자신의 핵심정서를 통해 결국 타인의 정서를 이해하는 기준이 된다는 점에서 중요하다. 셋째, 정서개발(emotional development)은 현재 자신의 정서가 주로 어디에 머무는지 알고, 어느 방향으로 발전시키고 싶은지 아는 것에서 출발한다. 현재 위치와 미래의 목표가 잡히면 그때는 정서개발을 위해 노력해야 할 단계다.

이 책은 코로나 블루, 코로나 레드, 코로나 블랙 상황에도 비대면으로 매주 각자 써온 글을 합평하면서 서로의 생각을 공유하며 썼다. 서신으로만 정보를 주고받으며 쓰인 책들도 많지만, 이 책은 언택트 기술을 활용하면서 16주 동안 12명의 피와 땀이 만들어낸 합작품이다. 이 책을 읽는 동안 정서

근육이 열리고 단단해지는 계기가 되길 바란다. 정서적 공동체로서 독자 여러분과도 연결되기를 바라는 마음이 간절하다.

2022년 4월

정서코칭 프로젝트 저자 일동

CONTENTS

Part II What: 무엇이 정서를 움직이게 하는가?

CONTENTS

CONTENTS

PART I

Why
왜 정서코칭인가?

하영목

1. 지금 왜 정서개발이 절실한가

"인간의 행동은 욕구와 정서, 지식 이 세 가지에서 유발된다."
"자신을 지배하는 것은 최고의 승리이나, 자신에게 지배당하는 것은 최고의 수치다."

- 플라톤

인체는 움직이도록 설계되었다. 움직일수록 건강하기 때문이다. 인간의 행동은 어떻게 유발될까? 먼저 하고자 하는 욕구(desire)가 있어야 한다. 욕구는 생명현상의 근원이고, 그 작동원리는 자동화된 시스템에 가깝다. 인간을 탄생으로 이끈 것도 욕구이고, 생명을 거둘 때 신이 가장 먼저 거두는 것도 욕구다. 미각의 상실이 생명의 끝을 알리는 예비신호로 해석되는 것도 그 예다.

인간의 의식(consciousness)과 상관없이 움직이는 욕구는 어떻게 생겨날까? 바로 정서에서 비롯된다. 그래서 정서는 '마음의 밭'으로 비유된다. 밭이 비옥해야 수확이 풍성해지듯이, 정서적으로 풍요로워야 많은 것을 이룰 수 있다. 일생에서 주어진 시간은 양적으로 보면 크게 다르지 않다. 그러나 어떤 이는 많은 것을 이루고, 어떤 이는 그렇지 못하다. 무엇이 이런 차이를 만들까?

정서가 행동 자체는 아니듯이, 정서적 성숙(emotional maturity)이 성공이나 성과 자체는 아니다. 그러나 정서적으로 성숙한 사람은 머리가 좋은 사람보다 성공할 확률이 높다. 대니얼 골먼(Daniel Goleman) 박사의 주장에 따르면 무려 4배나 높다. 이런 이유 때문에 '역동적인 삶의 에너지'로서 정서를 공부하려 한다. 정서란 구체적으로 무엇인가?

1

정서야 놀자!

정서는 움직이게 프로그램되었다. 그래서 플라톤은 정서를 미개인처럼 여겼다. '서양철학의 아버지'로 불린 플라톤(Plato, B.C. 428~348)이지만, 그는 '이성(idea)'이라는 안경을 끼고 세상을 보았다. 이성의 눈으로만 보면 정서는 미개인처럼 보일 수 있다. 인간의 의지력으로는 도무지 훈육되지 않을 것처럼 보였을 것이다. 플라톤이 틀렸다고 하는 것이 아니다. 2,400년 전에는 오늘날과 같은 측정과학이 존재하지 않았기 때문이라고 생각한다.

과학적 발견은 측정기술에 많은 빚을 진다. 전자현미경이 돕지 않았다면 유전자지도는 완성되지 못했을 것이다. 기능성 자기공명영상(fMRI)의 발명이 선행되지 않았다면 우리는 정서에 대해 지금 우리가 알고 있는 것만큼 알 수 없었을 것이다. 심장이식 기술이 보편화되지 않았더라면 우리는 심장의 비밀을 지금처럼 알지 못하고 단지 미신처럼 여겼을 것이다. 그런 맥락에서 토머스 쿤(Thomas Kuhn, 1922~1996)도 『과학혁명의 구조』에서 "과학적 발견은 그 당시의 관점에서 평가되어야 한다"고 말한다.

정서에 관한 플라톤의 생각은 아직도 유효한 것이 많다. 우선 정서적 성숙에 대한 그의 생각이 그렇다. 그가 비록 '정서적 성숙'이라는 어휘를 쓰지는 않았지만, 이성의 힘으로 야생마 같은 정서를 다스리는 것은 현대적 의미로는 정서적 성숙이다. 그러면, '정서적 성숙'은 왜 필요한 것일까?

2
정서적 성숙과 정신적 강인함의 관계

"불가능은 없다."

"안 되면 되게 하라."

이러한 구호들에 익숙한 독자도 많을 것이다. 채널A, SKY에서 방영된 〈강철부대〉를 통해 알려진 특수부대의 구호들이다. 전자가 유디티(UDT), 후자가 특전사의 구호다. 이 프로그램에 대한 호불호는 갈렸지만, 나는 〈강철부대〉가 정서적으로 분명한 질문을 던졌다고 생각한다. 그것은 특수부대 예비역들이 보여준 '정신력의 근원은 무엇일까?'다. 강한 '정신력'은 어디서 나오고, 왜 중요할까?

"무엇이 챔피언을 만드는가?"

"100명의 우수선수를 놓고 보면, 체력은 모두 우수하다. 그런데 그중의 한 명만 챔피언이 된다. 무엇이 챔피언을 만드는가?" 스포츠심리학자이자 스포츠심리 코치인 짐 아프레모는 『챔피언의 마인드(Champion's Mind)』에서 '정신력'이 답이라고 한다. 챔피언이 견뎌야 할 훈련의 강도와 불안의 무게는 같은 체력에 보통의 정신력으로 무장한 사람을 무너뜨리고도 남는다. 우리의 삶은 이와 다를까?

"무엇이 삶을 성공으로 이끄는가?"

정신적 강인함을 체계화한 더그 스트리챠크직 박사팀은 『멘탈력』에서 "정신적 강인함은 4C"에서 나온다고 했다. 여기서 4C란 컨트롤(Control, 통제감), 코미트먼트(Commitment, 전념), 챌린지(Challenge, 도전), 컨피던스(Confidence, 자신감)를 말한다. 자기 삶의 변수들을 자신이 통제(control)할 수 있다는 생각은 목표에 전념(commit)하게 하고, 삶의 도전(challenge)을 피하지 않게 하며, 역경에서도 자신감(confidence)을 잃지 않게 한다는 것이다. 그렇다면, 이런 (정신적) 강인함의 근원에는 무엇이 있을까? 바로 성숙한 정서가 있다. 그런데 정서는 어떻게 성숙해지는가?

3 지금 왜 정서적 성숙에 집중해야 하는가

지금 우리는 세 가지 딜레마에 빠져있다. 집단적 불안 증폭, 스트레스의 누적, 사회적 증오의 확산이 그것이다. 이들 각각의 겉모습은 다르지만, 내면은 하나의 뿌리에 연결된다. 바로 극도의 스트레스 증후군이라는 것이다. 스트레스에 대처하는 전략은 두 가지다. 하나는 스트레스 요인을 제거하는 것이다. 불행하게도 우리에게는 그러한 힘이 없다. 우리가 지금 겪고 있는 사회적 스트레스는 구조적인 것이어서 어느 누구도 손을 볼 수 없다. 그래서 다른 하나가 필요해진다. 그것은 각자 스트레스에 대한 면역력을 기르는 것이다.

후자의 방법은 노력만 한다면 실천 가능한 현실적 방법론이기도 하지만, 가장 매력적인 점은 부산물이 많이 따라온다는 점이다. 그래서 '프롤로그'에서 개념만 언급한 '정서개발의 이점들'을 여기에 세부적으로 정리해본다. 이보다 많을 수 있지만, 다섯 가지 핵심만 정리하면 아래와 같다.

(1) 스트레스 대처능력 증가

스트레스는 정서적 자극에 대한 우리의 반응방식이 결정한다. 스트레스가 증가한다는 것은 스트레스 요인의 증가일 수도 있지만, 과잉반응일 수도 있다. 정서적으로 성숙하면 과잉반응을 줄여준다. 코로나 사태 이후에 스트레스 요인이 폭발적으로 증가했다. 그러나 우리는 그것에 대한 통제력을 가지고 있지 못하다. 우리가 할 수 있는 것은 우리의 반응시스템을 성숙시키는 것뿐이다.

(2) 질병에 대한 면역력 증가

질병에 대한 면역력(immunity)은 마음에서부터 시작된다. 정서적으로 성숙한 사람일수록 질병에 잘 걸리지도 않지만, 걸려도 빨리 회복된다. 코로나 사태 이후에 백신의 예방효과도 제한적인데 변이바이러스는 계속 나오는 지금, 이에 근원적으로 대처할 면역력의 중요성은 과거 어느 때보다 높아졌다.

(3) 학습과 일의 집중도 향상

자신이 하는 일이나 공부에 집중하는 능력은 정서적 성숙도와 비례한다. 일이나 공부에서 성과를 내고, 스스로 그 세계에 몰입할 수 있는 능력은 일과 공부를 놀이로 만드는 힘이 된다. 정서적 성숙은 재택근무가 증가하고 비대면 학습이 일반화된 지금, 제한된 공간에서 많은 시간을 건강하게 보내기 위해 우리 아이들이나 어른들 모두에게 더욱 절실해지고 있다.

(4) 창의력과 협업능력 증가

창의력(creativity)과 협업능력(collaboration)은 이전에도 중요했지만, 인공지능 시대가 도래하면서 더욱 중요해졌다. 인간은 가졌지만 인공지능은 가질 수 없는 두 가지 능력, 즉 창의력과 협업능력의 바탕은 뭘까? 이 둘은 정서적 성숙도가 높을수록 더 좋아진다. 그래서 정서개발은 인공지능의 확산과 더불어 더 많이 필요해졌다.

(5) 회복탄력성 증대

회복탄력성(resilience) 또는 복원력은 시련과 실패를 딛고 일어서는 능력을 말한다. 미래가 불확실할수록 복원력을 높여야 한다. 그런데 이 복원력은 정서적으로 성숙한 사람일수록 높다. 일찍이 지금처럼 불확실성이 지배한 때는 없었다. 1997년의 외환위기 때도 지금보다는 덜 불안했다. 불확실성을 줄일 수 없다면, 불안에 대처할 정서적 성숙도를 길러야 한다.

위에서 살펴본 것처럼 정서적 성숙은 우리 삶의 질을 높인다. 학생들에게는 좋은 성적을 의미하고, 직장인에게는 높은 성과를 뜻한다. 정서적 성숙도가 높을수록 인간관계도 좋아진다. 자녀들의 역할모델이 되는 부모, 좋은 동료이자 친구, 훌륭한 이웃도 모두 정서적 성숙을 필요로 한다. 정서적으로 미숙하면 아무것도 제대로 할 수 없다. 그렇다면 정서적 성숙에는 어떻게 도달할 수 있을까? 두 가지 접근법이 있다. 하나는 철학적 접근법이고, 다른 하나는 과학적 접근법이다. 먼저 철학적으로 접근하기 위해 정서에 관련된 다양한 개념부터 정리해보자.

요약 정리

지금 우리가 정서를 공부하는 이유는 정서적 성숙도를 높이기 위해서다. 정서적 성숙이 필요한 이유는 집중력과 스트레스 대처능력, 면역력 등이 여기서 나오기 때문이다. 나 자신의 정서적 성숙도는 상, 중, 하 어디쯤인가? 생각해보면 좋겠다.

하영목

2. 철학의 눈으로 본 정서의 세계

정서는 길들지 않은 야생마인가

야생마는 쉽게 길들지 않는다. 몽골 초원에 서식하는 프르제발스키(Przhevalsky)종도 그렇다. 올가미를 묶은 밧줄을 물매(stone sling)처럼 돌려서 달리는 야생마 무리에게 던진다. 말의 목에 밧줄이 걸리면, 600kg 내외의 말을 길들일 차례다. 재갈을 물리고, 고삐를 휘어잡은 기수가 말의 잔등에 올라탄다. 이제 기수와 말의 승부가 펼쳐진다. 길들이려는 기수와 길들여지지 않으려는 말 중 누가 이길까?

말은 기수를 떨어뜨리려 필사적으로 점핑한다. 신체 구조상 말은 앞다리와 뒷다리로 번갈아 점핑한다. 말의 행동을 잘 아는 기수는 말이 주는 반동을 역이용한다. 걸음마와 말타기를 동시에 익힌 몽골 초원의 기수들은 말에서 떨어지지 않는다. 승리는 결국 기수에게 돌아간다. 이제 야생마는 가축으로 훈련될 준비를 마친 것이다. 정서와 이성의 싸움도 그럴까?

이성과 정서의 주도권 싸움은 조금 복잡하다. 실체가 보이지 않는 개념들이어서 그렇다. 아는 듯하지만 사실은 잘 모르는 개념적 정의부터 살펴보자. 정서란 정확하게 어떤 개념인가?

1

정서란 무엇인가

"단순하지만 중요한 비밀이 있어. 그것은 올바르게 보려면 마음으로 보아야 한다는 거야. 왜냐하면 중요한 것은 눈에 보이지 않거든."

- 생텍쥐페리(Antoine de Saint-Exupert, 1900~1944)

이 문장은 『어린 왕자』에 나오는 대사다. 정서는 여기서 말하는 마음의 눈으로 보아야 보인다. 정서에 관한 초기 연구자의 한 사람이자 정서에 관한 대중적인 저술을 가장 많이 남긴 대니얼 골먼은 정서지능(emotional intellegence)의 관점에서 정서를 이렇게 정의한다.

"정서(emotion)의 목적과 효력의 차원에서 생각할 때, 모든 정서는 (중략) 우리 행동의 안내자 역할을 함과 동시에, 우리는 세상살이에서 이것들이 갖는 힘이 있어서 생존이 가능하다."(『정서지능』 상, 22쪽)

여기서 대니얼은 정서가 곧 힘이고, 그 힘으로 우리가 생존한다는 점을 강조한다. 이어서 그는 다른 측면도 덧붙인다.

"모든 정서(emotion)는 독자적인 행동으로 옮길 만한 독자적인 힘을 갖추고 있으며, 각각의 정서들은 우리로 하여금 인류의 삶에서 반복되어온 도전을 올바르게 처리하도록 이끌어왔던 방향성을 제시한다."(『정서지능』 상, 23쪽)

여기서 대니얼이 강조한 것은 "정서가 곧 방향성"을 제시한다는 점이다. 결국 대니얼이 강조한 정서의 존재 목적과 기능의 핵심은 "정서가 곧 살아가는 힘이고 삶의 방향성"이라는 점이다.

이 책 『한국형 정서코칭을 말한다』는 정서지능보다 더 넓은 개념의 정서와 정서개발을 다루지만, 대니얼이 우리가 정서를 공부해야 하는 목적과 이유를 잘 설명했다고 하겠다.

2

정서의 개념적 ABCD

정서를 제대로 이해하려면 정서의 ABCD를 알아야 한다. '정서의 ABCD'라는 개념은 정서의 본질을 대변하는 개념어의 머리글자에서 따온 것이다. 정서의 ABCD란 '자동', '균형', '재구성', '역동성'을 뜻한다.

A(Automated): **정서는 자동화된 반응체계다.**

정서는 자동화된 반응이다. 자동화된다는 뜻은 "정서가 우리의 의지로 만들어낸 감정이 아니다"라는 뜻이다. 때로는 정서가 우리 삶에서 무거운 정서 꾸러미(emotional baggage)가 되는데, 그 보따리가 무거운 것은 우리의 선택이 아니었기 때문이다. 이렇게 자동화된 정서 시스템은 복잡한 균형 유지 시스템을 가지고 있다. 그런 의미에서 균형 시스템을 함께 알아보자.

B(Balance): **정서는 균형점을 찾아 스스로 조정한다.**

정서는 균형점을 찾아 움직인다. 가장 기본이 되는 시스템 균형은 자율신경계가 맡는다. 대표적으로 교감신경과 부교감신경이 상반된 역할을 분담한다. 교감신경은 각성을, 부교감신경은 이완을 맡는다. 각성만 계속되면 심장은 터져버릴 것이고, 이완만 계속되어도 심장은 동력을 잃고 잠들고 만다. 이러한 균형 유지 시스템 기능을 생리학적 관점에서 자세히 다룬다.

C(Continuous construct): 정서는 지속적으로 재구성된다.

정서는 고정되어 있지 않다. 실시간으로 다시 연결되는 인공지능 내부의 심층신경망과 같다. 마치 우리가 은닉층 내부의 정보처리과정을 이해하지 못하듯, 정서 시스템이 어떻게 재구성되는지에 대해서도 현대과학이 밝혀낸 것은 극히 일부에 불과하다. 이 부분에 대해서도 신경과학적 관점에서 더 세부적으로 다루겠다. 마지막으로, 정서의 재구성에 필요한 '힘(energy)'의 본질이라 할 역동성도 알아보자.

D(Dynamics): 정서의 존재가치는 역동성에 있다.

정서는 원상으로 돌아오는 힘이 된다. 이것이 아니라면 정서는 존재가치가 없다. 마치 선박의 평형수(ballast water)가 무게중심을 안정시키듯, 우리의 정서적 복원력이 균형을 회복하게 한다. 인생의 항로에서 파도를 두려워하지 않고 전진할 수 있는 것은 복원력을 믿기 때문이다. 선박은 세상의 파도가 아무리 거세다 해도 안전한 항구에만 머물려고 진수되지 않는다. 우리 정서체계도 그렇다. 문제는 파도가 아니라 복원력이다.

3

정서의 개념적 혼란

'정서'는 우리에게 익숙한 개념이다. 그러나 정서가 무엇인지를 제대로 설명할 사람은 몇이나 될까? 정서에 대한 이해는 사람마다 다르다. 근대철학을 태동시킨 영국의 계몽사상가 프랜시스 베이컨(Francis Bacon, 1561~1626)은 "어떤 개념에 대한 오해는 '잘못된 용어의 사용'에서 비롯된 오해(이를 '시장의 우상'이라 칭함)"라고 했다. 베이컨은 "바른 용어 사용"을 강조한 것이다. 정서와 관련된 용어들은 바르게 사용되고 있을까?

정서와 관련된 용어들도 비슷한 혼란 속에 있다. 융 학파인 예일대학교 힐만(James Hillman) 교수는 2013년 출간한 『이모션(Emotion)』에서 학자마다 자신의 필요에 맞게 정의하고 사용하다 보니 "명확하게 구분된 정의들을 찾기가 매우 어렵다"라고 말한다. 그 후로 8년이 흘렀지만, 아직도 상황은 비슷하다.

정서의 원어인 '이모션(emotion)'도 통일된 개념 정리가 안 되어 있는데, 한글로 번역된 어휘들은 더 혼란스럽다. 몇 가지 예만 살펴보자. 치유 분야의 고전이라 할 『상한 감정의 치유』(데이빗 시맨즈, 송헌복 옮김, 두란노, 2008)의 원제는 "Healing for Damaged Emotions"다. 이 경우에는 '상한 감정'이라 했으므로 (부정적 어감이 들어있는) '감정'이라 써도 좋다.

『심리치료에서 정서를 어떻게 다룰 것인가』(레슬리 그린버그 외, 이흥표 옮김, 학지사, 2008)의 원제는 "Working with Emotions in Psychotherapy"다. 이 경우에는 '심리치료'라는 영역에 한정해서 이야기하지만, 주제를 부정적 개념 속에 묶어두지 않으려고 ('감정' 대신) '정서'라는 중립적 어휘를 쓴 듯하다. 사실, 심리치료 영역에서는 '감정'이라고 써도 좋다.

한편 『감성지능 EQ』(대니얼 골먼, 황태호 옮김, 비전코리아, 1997)의 원제는

"Emotional Intelligence"다. 이 경우에는 이모션을 '감성'이라는 (시적이고) 긍정적인 어휘로 바꾸었다. 특히 대니얼 골먼은 '정서지능의 아버지'로 알려져 있어서 '정서지능'이라고 했다면 좀 더 중립적이었을 것이다.

이상에서 보듯이, 이모션(emotion, 정서)을 '감정', '정서', '감성'으로 달리 번역하고 있다. 책의 제목부터 이러하니 내용에 들어가서는 각 책이 한글로 재개념화한 혼란이 얼마나 클지 짐작된다. 이러한 것들만 뽑아도 책 한 권이 될 것이다. 그러한 사례들은 다음 기회로 미루고, 이 책을 위해 일곱 가지 개념어를 (한자 의미를 밝혀가며) 한국적으로 재정리한다.

4 정서 7형제의 개념 구분

(1) 정서(emotion, 뜻 情, 실마리 緖)

사람의 마음에 일어나는 여러 가지 감정의 실마리나 내적인 동인을 말한다. 때로는 어떤 감정이 유발되는 상황(situation)을 뜻하기도 한다. 정서는 범위가 넓고 중립적인 개념어여서 사용된 맥락에 따라 부정과 긍정이 결정된다. 정서는 자주 '감정(feeling)'이라는 부정적 맥락으로 잘못 번역되기도 하는데, 부정적 맥락이 아니라면 '정서'로 해야 옳다.

한편 정서는 분위기나 문화, 토양 등과 유사한 개념어로 쓰이기도 하는데, '한국인의 정서'라든지, '시골의 정서'라고 할 때는 분위기(mood)를 뜻한다.

(2) 정동(affect, 뜻 情, 움직일 動)

정동은 심리학 용어다. 심리학에서 쓰는 정동의 의미는 일반어휘로 쓰일 때와 다른데, 이를 제대로 이해하는 것은 개인심리학에서 매우 중요하다. 나는 장황한 설명을 혐오하지만, 이 개념은 제대로 설명해야 하므로 참고 읽어주시기를 당부드린다. 내가 이렇게 구분하는 이유는 지금까지 어떤 학자도 이렇게 구분하여 설명하지 않았기 때문이다.

많은 책에서 정서와 정동을 동일시하고 있는데, 이는 잘못된 것이다. affect는 동사와 명사로 쓰이는데, 동사는 "정서에 강한 영향을 주다"(맥밀리언 영영사전 기준)라는 뜻이다. 한편 명사는 "강한 (정서적) 자극으로 유발된 (신체 반응을 동반한) 반응"을 뜻한다. 핵심은 이 둘의 관계를 이해하는 것인데, 구체적인 예를 들어 설명하면 글이 길어진다. 따라서 정서의 작동원리에서 보충설명을 하기로 하고, 여기서는 결론만 적겠다.

심리학 용어로서의 정동은 "강한 정서적 기억의 뿌리"이자, "그러한 기억이 촉발시킨 강한 (정서적) 신체 반응"을 말한다. 예컨대, 뱀에게 물린 경험이 있다면 썩은 새끼줄을 보고도 놀란다. 이 경우, 뱀에게 물린 기억은 (명사적) 정동이고, 뱀이 아닌데도 깜짝 놀라서 가슴이 두근거리는 것은 (동사적) 정동이다. 이 둘은 동의어가 아니라 인과관계에 있다. 이 또한 정서의 작동원리에서 더 보충하겠다.

(3) 감정(feeling, 느낄 感, 뜻 情)

(이성보다) 느낌에서 생긴 마음이다. 감정적으로 연관되는 상대나 상황에 따라 생긴다. 기쁨, 노여움, 슬픔, 두려움, 쾌감, 불쾌감 등이 포함되지만, 주

로 부정적인 맥락에서 쓴다. '감정적'이라고 할 때는, 느껴진 감정보다는 감정을 다루는 태도를 말한다. 바꾸어 말하면, '감정적'이라는 말은 이성적이지 않다는 뜻을 내포한다.

한편, 한할 憾, 뜻 情을 쓰는 감정은 (위의 예에서 기쁨을 제외한) 언짢거나 원망하고 성내는 마음만을 뜻한다. 한글에서는 두 가지 발음이 동일하므로 맥락으로 구분해야 한다. 명백하게 부정적인 정서를 지칭할 때가 아니면, 정서를 감정으로 대체하는 것은 옳지 않다.

(4) 감성(sensitivity, 느낄 感, 성질 性)

자극에 무감각하지 않고, 느끼며 반응하는 성질이다. '감성적'이라고 했을 때나 영어로 '센시티브(sensitive)하다'라고 할 때는 자극에 반응하는 '민감성(sensitiveness)'을 강조한 말이 된다. 민감성이 좋은 의미로만 쓰이지는 않지만, '감성적'이라는 말은 '감수성이 높다'라는 뜻으로 (좋은) 맥락에서 쓰는 말이다.

(5) 기분(mood, 기운 氣, 나눌 分)

상대하는 대상이나 처한 상황에 따라 마음에 (저절로) 생겨 (잠시) 지속되는 유쾌와 불쾌 따위의 감정을 말한다. 상황 의존적인 감정이므로 상황이 사라지면 기분도 원상으로 회복된다.

(6) 마음(mind)

'몸(body)'에 대칭되는 가장 광범위하고 중립적인 개념어다. 그래서 마음 안에는 6개의 다른 형제 단어가 다 들어올 수 있다. 그러나 마음가짐(mindset)이라고 하면 '정신자세'를 말하고, (다음 항목인) 정신(spirit)에서 논하는 인격과 태도까지 포함하게 된다.

(7) 정신(spirit, 정기 精, 귀신 神)

육체나 물질(세계)에 대립되는 정기와 혼[魂](으로서의) 신[神]을 뜻한다. 정신은 마음의 가장 높은 위치에 있으면서 상황과 사물을 느끼고, 생각해서 판단하는 내적 힘(기운)의 근원이 된다. 따라서 정신은 인격을 이루는 주체로도

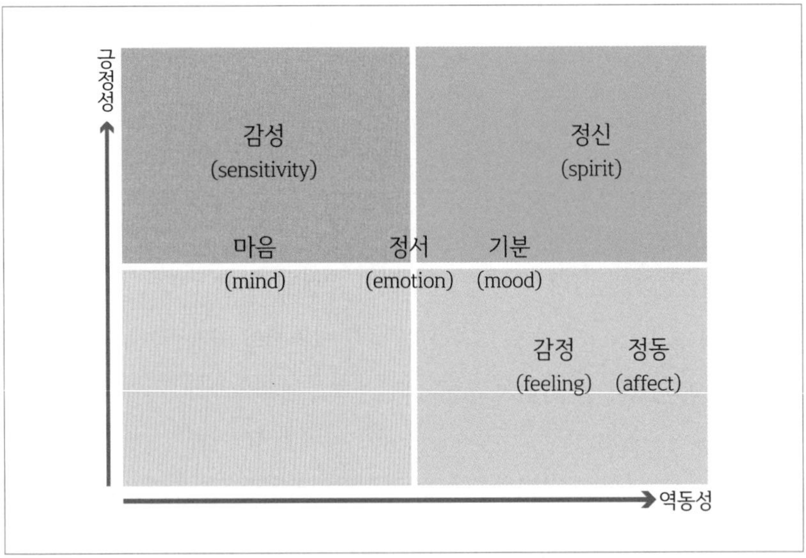

〈그림 1.1〉 정서 7형제의 개념적 위치도

여겨진다. 이러한 정신은 기운(energy)이므로 물리적으로 방향성을 가지게 되는데, 그 방향성이 옳은가 그른가에 따라 "정신자세가 바르다"라거나 "태도가 잘못되었다"라고 표현된다. 그런 뜻에서 정신은 '정신자세'나 '(정신적) 태도'와 동일시되기도 한다.

5

정서의 개념적 정의와 조작적 정의

이 책에서 쓰인 '정서'라는 용어는 아래와 같은 개념적 정의와 조작적 정의에 따른다. 먼저, 개념적 정의(conceptual definition)란 어떤 개념어(conceptual terminology)를 어떤 의미로 사용했는가를 정의하는 것이다. 반면, 조작적 정의(operational definition)는 개념적 정의로 밝혀진 용어를 측정하는 방법론과 기준을 정한 것이다. 이 책은 학술논문이 아니지만, '정서'가 혼선이 많이 빚어지는 용어에 속하므로 이렇게 나누어 정의한다.

(1) 정서의 개념적 정의

이 책에서 쓰는 정서를 개념적으로 정의하자면 이렇다.

"정서란 정서적 경험[1]과 그로 인한 정서적 기억[2]과 연관되어 본능적[3]으로 형성되는 마음의 상태[4]이고, 인지적(cognitive)[5] 인식이 아닌 모든 인식(perception)[6]이다."

정의의 구성요소를 나누어 다시 정의하면 아래와 같다.

1 '정서적 경험'이란 정서적 기억을 형성하게 될 만큼 강한 자극이 된 직접경험을 말한다. 이러한 경험에 부여한 주관적인 가치나 의미에 따라 정서적 기억이 형성되기도 하고, 기억이 휘발되기도 한다.

2 '정서적 기억'이란 정서적으로 충격을 받았거나 의미가 있었던 기억이 변연계의 해마에 기억되어 있다가 정서적 반응을 촉발하는 동인으로 작용하는 것을 뜻한다.

3 '본능적'이란 정서적 반응이 의지로 생각해낸 것이 아니라 자신도 모르게 자동으로 생긴다는 뜻에서 쓴다. 따라서 본능적이라는 표현은 정서가 자동화되어 있고, 강력하다는 뜻이 내포된다.

4 '마음의 상태'란 마음이 만들어낸 현상이라는 뜻으로, 정서를 정태적으로 개념화하는 용어가 아니다. 정서는 동적인 개념이지만, 마음의 현상을 말한다.

5 '인지적'이란 이성의 힘을 동원하여 추론한 생각이 아닌, 나머지 인식을 정서로 개념화한다는 뜻이다.

6 '모든 인식'이란 인지적 인식과 인식적 해석 등을 제외한 모든 인식을 뜻하며, 이것 때문에 정서는 가장 폭넓고 가치중립적인 개념어가 된다.

(2) 정서의 조작적 정의

정서는 눈에 보이지 않는 비인지적 인식이고, 이를 느끼는 정도도 개인차가 크다. 따라서 이 책에서 쓰인 '정서'라는 개념은 아래의 조작적 정의에 기반한 것이다.

"정서를 측정하는 방법에는 여러 가지가 있지만, 현실적으로 쓸 수 있는 방식은 '자기진술'이므로 이 책에서 '정서적 강약' 정도를 표현할 때는 설문이나 체크리스트, 카드 선택 등의 결과로 나타난 당사자의 자기진술임을 전제로 한다."

현재까지 개발된 모든 심리검사도 자기진술에 의존한다. 정서를 측정하는 방식도 다르지 않다. 그러나 앞으로 이 분야의 측정기술이 더 개발되어 과학적인 방법으로 정서상태를 측정할 수 있게 된다면, 지금의 혈압측정이나 심전도와 같이 정서도 표준화된 방법으로 측정할 수 있을 것이다.

요약 정리

이제 우리는 철학의 눈으로 정서의 개념을 이해했다. 이성의 눈으로 보면 정서는 야생마같이 보일 수 있다. 이성과 정서는 서로 대립적 위치에 있는 것은 분명하다. 그러나 이 둘의 위치가 가까울수록 정서적 성숙도가 높은 것이다. 이 방향으로 움직이기 위한 노력이 바로 정서개발이다.

하영목

3. 과학의 눈으로 본 정서의 세계

'정서'라는 주제는 더 이상 철학이나 심리학의 전유물이 아니다. 시작은 거기서부터였지만, 지금은 신경과학과 뇌과학, 생리학과 신경생물학, 심장외과와 심장신경학의 학제적인 연구대상이다. 어떤 주제에 대해 통섭과 학제적 연구가 필요하다는 것은 그 분야가 그만큼 복잡하다는 증거다. 복잡한 것을 쉽게 설명하기는 매우 어렵다. 그래서 지나칠 정도로 단순화시켜서 정서의 구성과 작동원리를 설명하려 한다.

정서를 세 가지 다른 각도에서 바라본다면 신경과학적 관점, 생리학적 관점, 심장신경학적 관점으로 나누어볼 수 있다. 서로 다른 관점으로 나누어 보는 것은 각 관점의 차이에 집중하기보다 "정서가 어떻게 구성되는지"를 다각도로 이해하고, "정서개발을 위한 현실적 방법론"을 얻기 위한 것임을 이해하기 바란다.

1

정서에 대한 신경과학적 관점

신경과학에서는 정서와 관련된 (전자기적) 신호체계를 중요시한다. 이 관점에서 보면 인간의 정서는 두 곳에서 처리된다. 하나는 변연계(limbic system)이고, 다른 하나는 대뇌피질(cerebral cortex)의 전전두엽(pre-frontal lobe)이다. 이 둘의 역할과 기능은 어떻게 나누어지고, 그것을 왜 이해해야 할까? 먼저 변연계를 살펴보자.

(1) 변연계의 정서관리

변연계란 라틴어로 '경계(shore)'를 뜻하는 림부스(limbus)에서 온 개념이다. 그 이름이 암시하듯, 변연계는 사고(cognition)를 담당하는 계와 정서(emotion)를 담당하는 계가 서로 만나는 경계영역이라는 뜻이다. 이 (변연)계 안에는 여러 작은 영역이 정서적 감각(perception) 형성에 관여하고 있다. 이들 전체를 설명하려면 책 한 권으로도 부족할 수 있다. 그래서 변연계 중에서 가장 중요한 역할을 맡은 3형제라 할 편도체와 해마, 시상까지만 살펴보기로 하자.

① 편도체(amygdala)

편도체는 인체의 비상벨과 같다. 말초신경과 중추신경을 거쳐서 들어온 모든 감각정보는 편도체의 검열을 받는다. 비상 신호가 섞여 있는지 판단하기 위해서다. 만약 응급상황이라 판단되면, 반사적으로 도망(flight)가게 하거나 대적(fight)하게 만든다. 편도체는 공포, 불안, 두려움 같은 고통스러운 감정을 신호로 삼아서 인간이 살아남기 위해 (본능에 가까운) 행동을 하도록 돕는다.

아몬드 크기만 한 이 기관의 특징은 죽기 직전까지 신경세포가 계속 생성되는 것인데, 아마도 마지막 순간까지 퇴화를 원치 않는 기관이라 해석할 수 있겠다. 편도체가 손상되면 공포나 두려움 같은 고통스러운 감정을 못 느낀다. 그러한 정보를 공포로 인식하지 않는 것이다. 그러한 관점에서 해리엇 레너(Harriet Lerner)는 『Dance of Anger(분노의 춤)』에서 "정서에는 부정, 긍정이 없고 모두 신호다"라고 해석한다.

② 해마(hippocampus)

해마는 정서적 기억을 담당한다. '해마'라는 이름은 이 기관의 모양이 마치 바다에 사는 해마와 유사해서다. 해마가 담당하는 기억기능은 기능성 자기공명장치(fMRI)가 개발된 1990년까지만 해도 이해하지 못했다. 해마는 좌 · 우뇌의 측두엽에 하나씩 존재하는데, 크기가 3~3.5cm^2에 불과하다. 대뇌피질의 1/100도 안 되는 작은 곳에 정서적 기억 전체가 저장된다는 것은 물리적으로 불가능하다. 해마가 정서를 기억하는 원리는 정서적 연결고리만 기억하는 것이다. 이것을 퀸즐랜드 두뇌연구소(Queensland Brain Institute)에서는 '인덱싱(indexing) 기능'이라고 비유적으로 설명한다. 좌측 해마는 최근의 연결고리를, 우측 해마는 일생 동안의 연결고리를 기억한다. 왜 그것을 기억할까? 바로 자신의 생존과 연관된 정보를 판단하기 위해서다. 어떻게 판단할까? 두뇌의 여러 영역에 분산 저장된 정보들을 정서기억으로 끌어와서 편도체가 비교하여 판단한다. 이 해마에 긍정적 정서기억을 많이 축적하는 것이 정서개발의 본질이다.

③ 시상(thalamus)

시상은 두뇌의 중심에 위치한 여러 개의 핵으로 이루어진 시스템이다. 시상의 기능은 감각정보의 물류기지 같은 것인데, 이곳을 통하지 않고는 (후각을 제외한) 어떤 정보도 대뇌피질로 전달되지 않는다. 시상을 거친 정보는 바로 아래 위치한 시상하부(hippothalamus)를 통해 자율신경계로 전달된다. 자율신경계의 기능은 아래의 '생리학적 관점'에서 보충하기로 하고, 여기서는 시상이 하는 정서적 기능만 정리하겠다. 시상의 역할은 물류 터미널 성격이라 했는데, 더욱 중요한 기능은 체온관리와 호흡, 호르몬 분비조절 같은 자동화 시스템의 관리이다. 그 의미는 체온과 호흡, 호르몬 분비 같은 생리적 정서 반응이 시상의 자율조정기능에 따른다는 것이다. 다시 말해 정서적 성숙은 이런 불수의적인 시스템의 항상성(homeostasis)을 높인다는 것이 핵심이다.

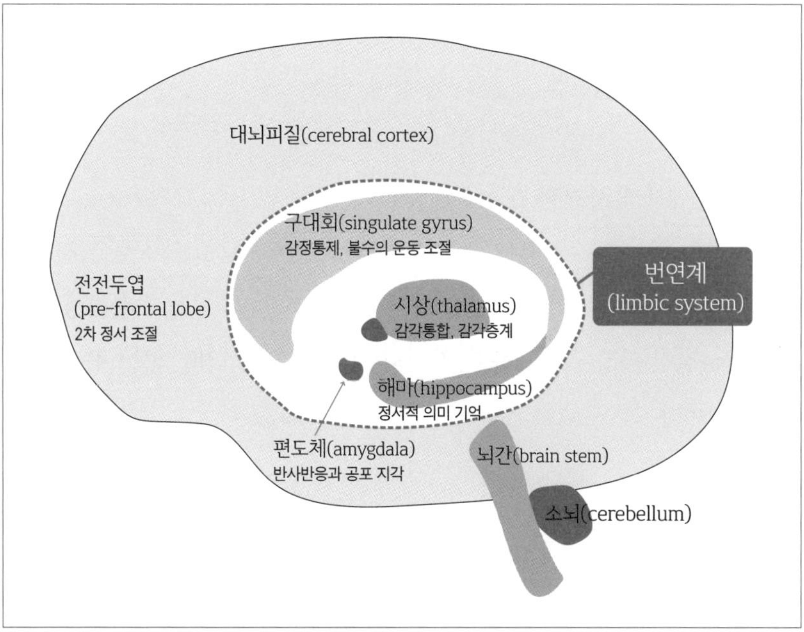

〈그림 1.2〉 변연계를 중심으로 본 정서반응 체계도

(2) 전전두엽의 정서관리

전두엽은 정서관리에서도 결정적인 역할을 수행한다. 특히 복내측전전두엽(ventromedial prefrontal cortex, 약칭 vmPFC)은 그 이름이 뜻하듯 전두엽의 가장 안쪽 기저부에 위치한다. 정서관리센터인 변연계와 가깝고, 둘의 협력도 긴밀하다. 전전두엽의 여러 기능 중에서 다음의 3가지 정서관리 기능은 인간의 사회화를 가능하게 한 기능이다.

① 정서적 반응통제

우리는 자주 정서적으로 과잉반응을 보인다. 정서적 반응의 원천이라 할 변연계가 의식의 통제권 밖에 있기 때문이다. 그래서 정서적 과잉반응은 (의식의 영역에서) 통제와 조정을 받을 필요가 생긴다. 이러한 정서통제관 역할을 수행하는 곳이 바로 전전두엽이다. 이 기능이 제대로 작동할 때 우리는 정서적 자기관리(emotional self-control)를 할 수 있다.

② 정서적 의사결정

우리가 하는 의사결정은 주로 정서가 주도한다. 중요도가 높은 결정일수록 이성은 의사결정의 주도권을 잡지 못한다. 이때 객관성과 합리성을 상실한 의사결정 과정에 개입하고, 결정의 타당성을 자기검열 하는 곳이 바로 전전두엽이다.

③ 정서적 기억관리

정서적 기억은 변연계에 속하는 해마에서도 관리되지만, 전전두엽에서도 관리된다. 전전두엽이 하는 정서적 기억관리는 두뇌의 여러 영역에 저장된 정서적 기억의 검색뿐 아니라, 관련 기억들을 불러와서 정서적 반응통제와 정서적 의사결정의 준거로 삼는다. 한마디로 전전두엽이 정서적 작업기억(emotional working-memory)을 관리하는 셈이다.

2

정서에 대한 생리학적 관점

뇌과학과 신경학이 정서의 전자기적(electro-magnetic) 신호체계에 집중한다면, 생리학은 정서와 관련된 생화학적(bio-chemical) 반응체계에 집중한다고 하겠다. 이 부분 역시 내용이 방대하다. 복잡한 내용은 과감하게 생략하고, 정서를 생리학적으로 이해하는 데 필수적인 핵심만 압축하자면, 자율신경계와 호르몬계로 단순화할 수 있다.

(1) 자율신경계(autonomic nervous system, ANS)

인간의 정서관리 체계는 (말초신경계를 구성하는) 자율신경계로 구성된다. '자율신경'이라고 이름 지어진 이유는 그것이 이성의 통제 밖에서 (자율적으로) 움직인다는 뜻에서다. 자율신경 중에서 핵심은 교감신경(sympathetic nervous system, SNS)과 부교감신경(parasympathetic nervous system, PSNS)의 역할 분담을 이해하는 것이다. 전문용어들에 주눅 들지 말고, 자율신경계의 작동원리만 이해하면 좋겠다. 이 둘의 관계를 살펴보자.

① 교감신경의 역할

교감신경의 역할을 비유적으로 설명하자면, 자동차의 가속페달과 같다. 두뇌와 심장, 다른 중요한 장기와 연결되어 각성상태를 만들어낸다. 심장박동이 빨라지고, 호흡이 가빠지고, 얼굴이 붉어지고, 동공이 확대되는 반응 등은 모두 교감신경이 각성된 반응이다. 만약 운전하면서 가속페달만 밟는다면 어떻게 될까? 사고가 난다. 그래서 브레이크가 필요하듯, 부교감신경이 필요하다.

② 부교감신경의 역할

부교감신경의 역할을 자동차 운전에 비유한다면 브레이크 페달이다. 과속단속카메라가 보이면 브레이크에 자동으로 발이 가듯이, 각성이 지나치다고 판단되면 부교감신경이 자동으로 작동해서 각성을 이완시킨다. 이완반응이 일어나면 맥박은 느려지고, 호흡도 느리고 깊어지며, 긴장된 근육도 풀린다. 이러한 각성과 이완의 교차반응은 약 5~7초 간격으로 우리 몸에서 지속적으로 반복된다. 여기까지가 전부라면 복잡할 것도 없다. 그러나 중요한 것은 마지막에 있는 법이다. 그것이 뭘까? 바로 호르몬계다.

(2) 호르몬계(hormonal system)

정서 시스템에서 호르몬이 하는 역할을 자동차에 비유하자면, 윤활유다. 정서를 이해하는 데 생리학적 관점이 중요한 것은 바로 호르몬 체계가 자율신경계와 대비되는 느린 시스템이기 때문이다. 느린 시스템이란 무슨 뜻이고, 어떤 가치를 지닌 것일까?

호르몬 시스템이 느린 시스템이라는 개념은 자율신경계가 빠른 시스템이라는 개념에 대비한 상대적인 개념이다. 빠른 시스템은 물리적 반응체계를 따르기 때문에 실시간으로 이루어지고, 느린 시스템은 화학적 반응체계를 따르기 때문에 느리다. 인체는 왜 느린 시스템과 빠른 시스템을 이중으로 운영하고 있을까? 그 이유는 일종의 안전장치로 이해된다. 하나의 시스템에 예기치 않은 오류가 생기더라도 다른 시스템이 스스로 보정하기 위한 신비로운 원리라는 것이다.

호르몬 시스템을 이해하려면 스트레스 호르몬(stress hormon)과 항스트레스 호르몬(antistress hormon)을 이해해야 한다. 엄밀히 말하자면 호르몬에는 스트레스나 항스트레스 같은 개념이 없다. 우리 인간이 스트레스를 부정적인 반응으로 해석하면서 이런 이름을 붙인 것에 불과하다. 각각의 개요를 살펴보자.

① 스트레스 호르몬

스트레스 호르몬이란 스트레스 반응에 따라 인체의 부신(콩팥)에서 배출되는 호르몬을 말한다. 대표적인 스트레스 호르몬이 코르티솔(cortisol)이다. 코르티솔이 하는 역할은 혈압과 혈당을 높여서 전투태세를 만드는 것이다. 그러기 위해 전투에 필요하지 않은 모든 기능에는 포도당 사용을 중지시키고, 오로지 전투태세를 만드는 데만 집중하게 한다. 따라서 코르티솔은 양날의 칼과 같다. 스트레스 상황에 대처하기 위해 전투력을 증강시키지만, 그 순간이 지나면 탈진할 정도로 피로하게 만든다. 이것을 '에너지 방전(energy drain) 현상'이라 부른다. 그래서 항스트레스 호르몬이 필요해진다.

② 항스트레스 호르몬

항스트레스 호르몬은 스트레스에 대처하기 위해 만들어지는 호르몬이다. 인체는 여러 종류의 항스트레스 호르몬을 만드는데, 모든 항스트레스 호르몬의 원조는 DHEA다. DHEA는 DHA(핵산)와 혼동하기 쉽다. DHEA는 코르티솔과 마찬가지로 부신피질에서 만들어진다. 이런 이유 때문에 인체는 스트레스 호르몬과 항스트레스 호르몬을 동시에 만들지 못한다.

DHEA의 역할은 좋은 호르몬들을 만드는 원료, 즉 전구체다. DHEA가 많을수록 스트레스에 대한 내성은 강해지고, 질병에 대한 면역력도 증가한다. 집중력과 기억력도 높아지고, 노화도 지연된다. 여기서 핵심은 DHEA가 언제 만들어지는가를 이해하는 것인데, 스트레스를 느끼고 있을 때는 코르티솔을 만들어야 하므로 DHEA는 만들지 못한다. 그래서 스트레스를 조절하고, DHEA가 만들어지도록 관리해야 한다. 그렇다면 언제 DHEA가 생성될까?

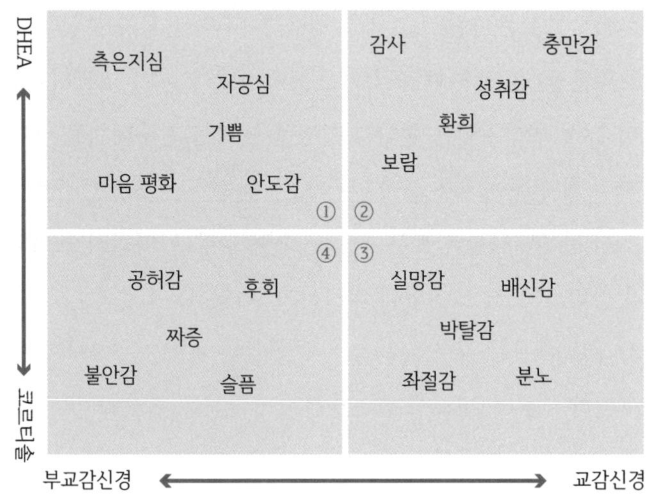

〈그림 1.3〉 자율신경계와 호르몬계의 상호작용 개념도

DHEA가 체내에서 생성되는 조건은 우리가 신체적으로 이완되어 있고, 정서적으로 긍정적인 상태에 있을 때다. 위 그림에서 우리 정서가 제② 상한에 있을 때 DHEA가 많이 배출된다.

3

정서에 대한 심장신경학적 관점

심장신경학(neurocardiology)은 역사가 아주 짧은 학문 분야다. 내가 정서의 세계에 발을 들여놓은 2000년대 초에 본격적인 연구가 시작되었다. 이 분야의 연구를 주도하고 지원하는 기관은 미국 캘리포니아주 볼더크릭에 위치한 비영리 연구기관인 하트매스연구소(HeartMath Institute)다. 2000년대 초에 방문했을 때 연구소를 둘러싸고 있는 수백 년 된 레드우드 숲의 위용에 놀라서 입을 다물지 못했던 기억이 생생하다.

아직도 이 분야의 연구성과를 '가설' 정도로 취급하는 전문가들도 있다. 그러나 측정과학의 한계 때문에 이 분야의 연구성과는 마땅히 받아야 할 인정을 못 받고 있다. 측정할 수 없다고 분명히 존재하는 현상이 부정되어서는 안 된다. 심장의 정서조절기능이 그렇다. 아직도 심장을 혈액순환이나 시키는 장기의 하나로 알고 있다면, 과학적 상식이 부족한 사람 정도로 취급받을 것이다.

(1) 심장의 정서조절기능

심장은 오랫동안 혈액을 순환시키는 펌프 정도로 오인되어왔다. 그러나 인간이 탄생하는 과정을 보면, (두뇌보다) 심장이 먼저 생긴다는 사실에서 "심장이 장기"라는 가설은 의심받기 시작했다. 그러다가 1968년 최초의 심장이식 수술이 면역반응 때문에 절반의 성공에 그치고, 1986년부터 치료제가 개발되어 심장이식이 보편화되면서 달라지기 시작했다. 심장이식을 하는 집도의들이 발견한 현상은 신비로웠다.

① 심장의 신비

처음 발견된 신비는 심장이 기증자의 신체에서 분리된 후에도 계속 박동한다는 사실이었다. 심장이 두뇌의 명령에 따라 펌프질이나 하는 장기라면 두뇌와 분리된 순간 박동이 멈춰야 정상이다. 그런데 그렇지 않았다. 다른 하나의 신비는 기증받은 심장을 수증자의 몸에 이식할 때 혈관만 연결할 뿐 신경은 연결하지 않아도 스스로 연결한다는 사실이다. 이러한 의문들에서 출발한 연구는 결국 심장에 두뇌의 한 센터와 맞먹는 3,900만 개의 뉴런이 존재하고, 이들이 정서조절에 깊이 관여할 것이라는 가설을 세웠다. 그 가설은 임상사례로 입증되었을까?

② 심장이식 환자의 임상사례

심장이 가진 정서조절기능에 대한 가설이 입증된 임상사례는 심장이식 환자들의 추적연구를 통해서다. 〈SBS스페셜〉 251회(2011. 6. 19, "심장의 기억")는 내가 제작을 자문한 프로그램이다. 방송에는 사례자들의 인터뷰가 실렸다. 그 내용은 다음 소주제에서 다루기로 하고 여기서는 심장이 어떻게 정서조절에 관여하는지만 설명한다.

심장이 두뇌와 정서조절에 협력하는 방법은 두 가지다. 하나는 전자기적 신호 교환이고, 다른 하나는 호르몬 균형 조정이다. 심장은 인체 중에서 가장 강력한 전자기파를 발생시키는 기관이다. 여기서 발생한 전자기파는 신경망으로 흐르고, 전자기 파동으로도 두뇌에 영향을 미친다. 한편 두뇌로부터 영향을 받기도 하는데, 이런 영향의 예는 큰 슬픔을 당했을 때 심장이 상처를 입는 상심증후군, 또는 (한국인에게만 존재한다는) '화병'도 같은 메커니즘이라 할 수 있다. 반대 방향으로 영향을 주는 예로는 직관적인 '육감'이 대표적인데, 그러한 육감은 심장이 가진 정서적 기억과 연관되고, 그래서 관련된 기억을 트리거(triggor)하는 자극이 생기면 심장이 가장 먼저 반응한다. 다음의 실제 사례를 통해 심장이 가진 기능적 신비를 만나보자.

(2) 심장의 정서적 기억기능

심장이 정서에 관여한다는 가설이 임상적으로 입증된 사실이 된 계기는 역시 심장이식 환자들의 추적관찰 사례에서다. 앞서 소개한 〈SBS스페셜〉 251회에는 그러한 사례자 3명이 나온다. 두 사람은 미국인이고, 한 사람은 한국인이다. 대표적으로 미국인 사례자의 경우만 보자.

미국인 사례자인 빌 홀(당시 63세)은 일밖에 모르던 사람이었다. 그런데 심장이식을 받은 후 스포츠광이 되었으며, 식성도 바뀌었다. 튀김을 좋아하던 그가 샐러드를 즐겨 먹게 되었다. 음악적 취향도 변했다. 하드록을 좋아했던 그가 소울 풍의 노래를 좋아하게 될 줄은 몰랐다. 그는 자신의 기질과 식성, 취향까지 모두 바뀐 이유가 궁금했다. 그래서 심장 기증자가 어떤 사람인지 알아보기 위해 찾아 나섰다.

그 결과 놀라운 사실을 마주하게 되었다. 심장 기증자는 마이클 브래디였는데, 그는 만능스포츠맨이었다. 유명한 스턴트맨이었으나, 영화 촬영 중 사고로 뇌사상태에 빠졌고, 그의 심장을 빌 홀이 기증받은 것이었다. 놀랍게도 심장 기증자가 좋아했던 노래와 음악, 식성이 수증자인 빌에게 모두 이전된 것이다. 이것은 인지적 기억의 이전이 아니라 비인지적 정서의 이전이었다. 이 프로그램에는 한국인 사례자도 나온다. 지면 관계로 쓸 수 없는 자세한 내용은 '다시 보기'를 이용하시기 바란다. 어떻게 정서적 취향까지 심장과 함께 이전될까?

우리 심장에는 3,900만 개의 뉴런(신경세포)이 있다는 사실을 잊지 않았을 것이다. 두뇌의 변연계, 그중에서도 해마에 정서적 기억이 저장되듯이, 심장의 막대한 신경세포 속에 이런 정서적 기억이 저장되는 것은 아닐까? 그렇게 저장된 정서적 기억이 마치 해마가 그렇게 하듯이 우리의 정서적 기억에 프라이밍 효과(priming effect)를 미치는 것은 아닐까? 현재 수준의 과학으로 설명할 수 없는 현상이라고 해서 '비과학적'이라고 부정하는 것은 가장 비과학적인 자세다.

〈그림 1.4〉는 우리 심장의 HRV(Heart Rate Variability; 심박변동률)를 두 가지 모습으로 보여주고 있다. 위의 그림은 심장박동이 일정한 규칙성 없이 제멋대로, 너무 자주 리듬이 바뀌고 있는 모습이다. 반면에 아래 그림은 일정한 주기를 가지고 규칙적으로 변하는 모습이다. 어느 쪽에서 심장이 더 리드미컬하고 힘 있게 작동하겠는가? 위의 경우라고 답한 사람이 있다면 (미안하지만) 이 책을 읽을 수준이 아니다. 그림에 나오는 심박변동률은 주기가 거의 일정하고, 변화의 파형이 부드럽고 깊을수록 건강한 리듬이다. 그때 우리 심장의 HRV와 두뇌의 EEG(뇌파)는 서로 동조형상을 보인다. 이러한 상태일 때 우리 정신과 정서는 하나로 통일되어 움직이고 집중도도 최고조에 달한다. 반대의 경우에는 집중이 유지되지 않는다.

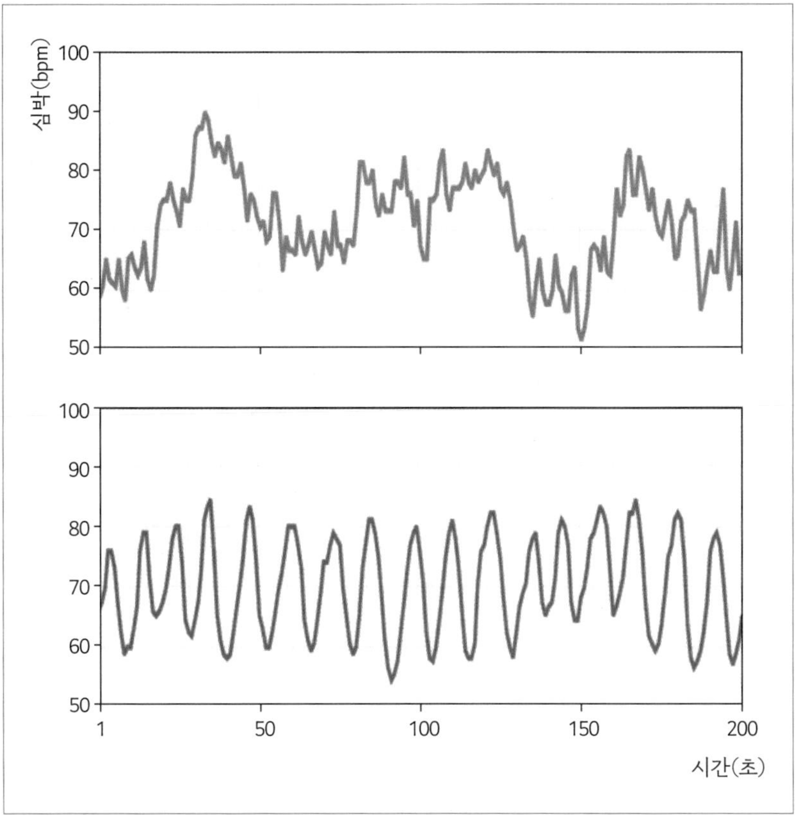

〈그림 1.4〉 심박변동률로 나타나는 심장의 스트레스 반응

지금까지의 내용은 정서의 철학적 개념과 정서 시스템의 과학적 작동 원리 이해에 중점을 두었다. 이를 바탕으로 정서를 어떻게 개발할 수 있는지 실무적인 방법론과 그 효과성도 알아보기로 하자.

요약 정리

이제 우리는 과학의 눈으로도 정서를 이해했다. 과학의 눈으로 보면 정서에는 측정의 한계가 분명히 있다. 그러나 자율신경과 호르몬의 상호작용이 정서반응을 만든다는 사실은 전통과학도 지지하는 사실이다. 이완과 정서적 재충전을 통해 정서체계를 건강하게 관리하는 것이 과학적 접근법의 정서개발이다.

하영목

4. 정서개발의 방법론과 투자 효과성

우리의 정서체계는 실시간으로 재구성된다. 두뇌가 만들어낸 생각이 그러하듯, 정서적 시스템이 만들어내는 정서상태도 그러하다. 정서 시스템은 순간순간마다 변연계의 좌측 해마에 정서적 기억의 뿌리를 남기며 실시간으로 강화되고 있다. 이것이 '정서 가소성(emotional plasticity: 정서가 실시간으로 재구성되는 것)'의 원리다. 여기서는 정서개발의 방법론과 그 효과성은 무엇인지 등을 알아보려 한다. 이 부분을 이해해야 정서개발을 실행에 옮길 수 있다.

1 정서개발의 네 가지 차원

정서개발의 차원은 세계적으로 통일된 하나의 표준이 있는 것은 아니다. 정서지능(emotional intelligence)을 진단하고 개발하는 모델들이나, 정서적 자기계발을 위한 훈련 모델들은 대체로 아래의 네 가지 틀(frame) 위에서 구성된다. 각각을 구분해서 기술하고, 동시에 상호관계도 병기하겠다.

(1) 정서적 자기인식

정서적 자기인식(emotional self-awareness)은 "정서적으로 자신이 어떤 사람인지 아는 것"을 말한다. 자신의 정서상태는 실시간으로 변하지만, 어떤 경향을 가졌는지 이해하는 것은 정서개발의 핵심이자 기초다. 왜 그럴까? 그 이유는 정서적 자기이해가 타인을 정서적으로 이해하는 준거도 되기 때문이다.

(2) 정서적 타인이해

정서적 타인이해(emotional awareness of others)는 다른 사람의 정서상태를 알아차리는 능력을 말한다. 이것은 정서적 자기이해의 기반 위에서 가능해진다. 이렇게 정서적 자기이해와 타인이해가 있을 때 정서적 공감(emotional empathy)이 가능해진다.

(3) 정서적 자기관리

정서적 자기관리(emotional self-management)는 정서적 자기이해와 정서적 타인이해가 선행된 상태에서 가능하다. 정서적 자기관리는 정서적인 통제불능 상태에 빠지지 않도록 자신의 정서를 관리하는 것에 한정되지 않는다. 자신과 타인의 정서적 차이를 이해하고, 타인도 정서적으로 자신을 이해할 수 있도록 자신을 정서적으로 (관리하며) 관계 맺기를 하는 것을 말한다. 이것을 잘하는 사람이 정서적 성숙도(emotional maturity)가 높은 사람으로 받아들여진다.

(4) 정서적 공감과 소통

정서적 공감(emotional empathy)과 정서적 소통(emotioal communication)은 정서개발의 마지막 단계다. 정서적 공감은 상대 입장에서 상대의 정서상태를 이해하는 것이다. 정서적 소통은 상대의 정서상태를 이해하고, 상대가 수용할 수 있는 방식으로 정서적 맥락을 유지하는 것을 말한다. 이러한 정서적 공감과 소통이 이루어질 때 상대는 나의 진정성(authenticity)을 이해하게 된다. 이렇게 전달된 진정성은 나와 상대의 관계를 질적으로 서로 신뢰하는 관계로 발전시키고, 이러한 과정을 거친 후에야 상대를 정서적으로 위로하거나 동기를 부여하는 것이 가능해진다.

2 정서개발 방법론들

정서개발을 위한 방법론들은 서로 분리되어 있지 않다. 여러 방법이 목적에 따라 재조합되고, 함께 사용될 수도 있다. 어떤 방법론을 쓰든 정서개발에는 주관적인 정서인식을 객관화할 필요가 있다. 심지어 정서상태를 말로 표현하는 어휘의 선택도 중요하다. 언어심리학과 정서심리학의 공동연구 결과를 종합하면 정서표현을 할 수 있는 적절한 어휘를 구사하지 못할 때는 해당 정서를 인식하거나 관리하기도 힘들다고 한다.

(1) 진단 기반의 방법들

앞의 조작적 정의에서 밝혔듯이, 정서적 진단은 자기진술식의 진단지와 체크리스트가 대표적이다. 한편, 설문지나 체크리스트 외에도 정서카드를 이용해서 자신의 정서를 대변하는 카드를 선택하고 이를 설명하는 것도 진단적 접근이라 할 수 있다. 체크리스트 방법은 이 책의 220~222쪽에서도 만날 수 있다.

(2) 놀이 기반의 방법들

정서개발을 위한 정서코칭에 놀이를 접목하는 것은 꼭 필요하다. 그 이유는 정서가 무형이어서 이를 인지하거나 표현하는 기준도 제각각이기 때문이다. 눈에 보이지 않는 정서를 보이게 만드는 데는 '정서카드 놀이' 같은 구체적 도구의 도움이 필요하다. 이 원리를 이용해서 '놀이정서(playful emotion)'를 개발하는 것이 핵심이라고 생각한다. 놀이정서란 "놀이를 하듯 즐길 줄 아는" 밝은 정서를 말하는데, 필요 이상으로 심각한 것은 건강한 정서가 아니기 때문에 놀이정서가 필요해진다. 이제 놀이와 정서를 연결해보자.

개개인이 가진 정서적 주파수(emotional wavelength)는 제각기 다른데, 마치 서로 주파수가 다르면 전자통신에서 교신이 안 되듯이 정서적 주파수 차이는 정서적 외딴섬을 만들고, 그 섬에 은둔하는 사람은 누구와도 정서적인 교감을 할 기회가 없어진다. 그래서 (눈에는) 보이지 않는 정서를 (밖으로) 드러나게 만들기 위해 놀이(play)가 필요하고, 그러한 활동을 촉진하는 도구로 정서카드가 필요하다.

정서코칭은 다양한 놀이 형태로 가능하다. 정서카드를 활용한 놀이나 정서개발을 목적으로 하는 게임, 정서개발을 위한 액티비티(activity)가 모두 여기에 해당한다. 이 책에서는 정서카드를 활용한 여러 가지 유형의 정서개발 방법론과 사례들을 소개하지만, 창의적인 두뇌를 가진 사람들의 상상력과 혁신성은 끝이 없다고 생각한다. 카드를 이용한 정서플레이에 익숙해지면, 카드가 없어도 다양한 정서플레이와 정서코칭을 즐길 수 있을 것이다. 아래에 예시한 상호작용 기반의 방법들도 정서코칭 방법론에 포함된다. 정서카드 게임만 예시해본다.

〈정서카드 게임 룰〉

- 인원: 3명 이상 12명 이내
- 도구: 정서카드 한 세트와 테이블
- 규칙: 촉진자가 제시한 조건에 맞는 정서카드 하나를 선택하고, 순차적으로 5분 동안 이유를 설명한다.
- 조건의 예들: 자신의 현재 또는 한 주간의 정서, 가족의 정서, 팀의 정서, 함께 만들고 싶은 정서 등
- 평가: 참가자 전원의 투표로 가장 잘 표현한 사람을 정하고, 그 사람이 다음 세트에서 카드 선택의 우선권을 갖는다. 선택권은 그 사람으로부터 시계 방향 또는 반시계 방향으로 돌아간다.
- 기대효과: 정서적 자기인식이 분명해지고, 정서적 표현능력도 개발된다. 짧은 이야기로 정서상태를 표현하는 스토리텔링 능력도 개발되고, 정서적 (표현의) 자기절제력도 키울 수 있다.

(3) 상호작용 기반의 방법들

정서카드를 활용한 상호 코칭이나 정서카드를 응용한 집단상담 활동이 대표적이다. 정서적 표현을 위한 팬터마임, 정서퀴즈 알아맞히기 등은 흔히 쓰이는 상호작용 기반의 그룹 활동이다. 이러한 정서적 상호작용이 주는 이점은 뭘까? 그것은 정서가 "자신과 타인의 관계" 속에서 생기고, 발달하고, 성숙해지기 때문이다. 상호작용이 없다면 어떠한 관계 형성도 성숙도 이루어질 수 없다.

① 정서퀴즈

정서카드 세트에서 각자 (자신의 정서를 대변하는) 카드 한 장을 선택하게 하고, 상대방은 그 카드를 알아맞히는 게임이다. 상대방이 알아맞히지 못한 경우에는 자신이 짧게 3분 스토리로 설명한다. 정서퀴즈는 적어도 세 가지 효과를 지닌다.

- 상대를 정서적으로 인지하고 이해하는 능력을 개발시킨다.
- 각자의 속마음을 드러내게 한다(그래서 교육 전에 분위기를 만들기 위한 아이스 브레이커로도 유용함).
- 협동심의 원천이 되는 상호친밀감을 높이기 위해 유용하다.

② 정서연기

자신의 정서상태를 비언어적으로 표현하고, 관찰자들이 이를 알아맞히게 하는 게임이다. 정서카드를 선택해서 표현할 수 있지만, 정서카드 없이도

할 수 있다. 단, 정서카드가 있으면 공유가 망설여지는 정서상태도 공유하게 강제하는 효과가 있다. 기대효과는 짧은 시간에 비언어적인 정서표현 능력의 개발과 정서적 친밀도를 만들 수 있다.

③ 정서전환

현재의 정서상태에서 원하는 정서상태로 전환하기 위해 하는 미술적 · 음악적 놀이나 치유적 활동을 말한다. 특히 자신의 정서를 그림으로 그리는 과정에 집중하면서 1차적으로 정서전환이 이루어지고, 그림을 설명하는 과정에서 2차적으로 정서적 귀속감과 공감대가 형성되는 효과가 있다.

(4) 정서코칭/상담적 방법들

정서개발을 목적으로 한 개인코칭이나 그룹코칭, 개인상담이나 집단상담 등이 모두 이 방법에 속한다. 목적을 정서개발에 한정하지 않고, 다양한 목적으로 활용할 수 있다. 몇 가지만 예를 들면 소통능력 개발, 공감적 경청능력 개발, 리더십 개발, 감수성 개발, 정서적 공감능력 개발 등의 목적으로 활용된다. 정서적 위로나 치유를 위한 목적에도 이 방법들이 활용될 수 있다. 아직은 개발단계에 있는 이 분야가 이 책을 계기로 더 빨리 발전하기를 기대해본다.

3

정서개발의 이점

정서개발의 이점은 1차적으로 개인에게 돌아온다. 확대해서 보면, 정서적으로 건강한 가정과 사회는 구성원 모두에게 많은 이익을 준다. 그래서 정서개발도 한 개인의 책임에 맡길 문제가 아니다. 옛말에 한 아이를 기르려면 온 마을이 필요하다고 했다. 정서개발에도 적용될 수 있는 말이다.

한편, 정서개발이 저조하면 그것이 어떤 부메랑이 되어 우리 자신과 공동체를 공격하고 파괴할지 알 수 없다. 이전에는 상상조차 할 수 없었던 범죄들이 뉴스 면을 장식하는 것을 보면서, 지금이 바로 우리의 관심과 투자를 정서개발 쪽으로 돌려야 할 적기라는 생각이 든다.

(1) 개인 차원의 이점

정서개발의 이점은 개인에게 가장 많이 돌아온다고 했는데, 그 이점은 구체적으로 무엇일까? 무엇보다 스트레스를 이겨내는 힘이 될 것이다. 이를 '스트레스 내성(stress tolerance)'이라고도 하지만, 나는 이것을 "스트레스를 건설적인 방향으로 전환하는 능력"이라 부르고 싶다. 생각의 패러다임만 바꾸어도 스트레스가 건설적인 에너지로 다시 전환된다. 어떻게 그것이 가능할까?

짧게 핵심만 정리하자면, 스트레스 내성과 도전 근성이 개발의 난이도가 가장 높은 인간 능력이라는 점에서 해답을 찾을 수 있다. 난이도가 높기 때문에 원초적인 에너지인 정서의 세계에 같이 뿌리를 내리고 있어야 필요할 때 그 정서적 힘을 이용할 수 있다.

(2) 조직 차원의 이점

조직 차원의 이점은 관계지향적으로 일할 수 있게 된다는 점이다. 정서적 성숙도가 높을수록 사람들은 관계지향적으로 일하게 된다. 관계지향적으로 일한다는 뜻은 과제지향적으로 일하지 않는다는 뜻이다. 관계지향적으로 일할 때 생산성을 극대화할 수 있고, 관계의 스트레스도 덜 받는다.

『레어 리더십(Rare Leadership in Workplace)』에서 저자인 마커스 워너와 짐 와일더는 "정서적 성숙도(emotional maturity)는 탁월한 리더십의 가장 중심에 위치한다"라고 했다. 팀워크를 통해 공동의 성과를 극대화해야 하는 조직의 리더들과 구성원들은 "함께 성장(growing together)"하는 것을 모토로 정서개발에 더 힘써야 옳다.

(3) 사회 차원의 이점

정서적으로 성숙한 사람일수록 자기 스스로도 스트레스를 덜 받지만, 사회적 관계망에 속해있는 다른 이해관계자들에게 스트레스를 주지 않는다. 정서적 성숙도가 높은 사람이 많은 사회일수록 서로가 하나로 연결되어있다는 의식을 가진다. 혼자만 잘살겠다고 다른 사람의 것을 탐내지도 않고, 혼자 편리하게 살겠다고 타인의 자유를 침해하지도 않는다. 사회질서와 타인에 대한 배려가 자연스럽게 실천되는 사회는 정서적 성숙도가 높은 사람들이 얼마나 많은가에 달렸다.

이러한 사회윤리와 도덕성은 직접교육이 불가능한 것으로 알려지지만, 건강한 정서개발을 통해 간접적으로 함양된다는 이론들이 나오고 있다.

4

정서개발의 투자 대비 효과성

정서개발의 범위가 넓은 만큼 투자 대비 효과성을 측정하기가 쉽지 않다. 그러나 투자의 효과성을 따지는 것이 당연한 조직의 입장에서는 이를 따지려 할 것이다. 그래서 아래와 같이 정리해본다.

(1) 정서지능 개발 분야

정서개발의 목적이 넓고 그 방법론들도 다양하기 때문에 투자 대비 효과성을 계산하려면 많은 측정기준이 만들어져야 한다. 조직 차원의 효과성은 이미 많이 밝혀져 있다. 특히 정서지능을 개발하기 위한 투자에 대비한 효과성은 최소 4배에서 최고 15배까지로 보고된다. 이 분야의 연구를 선도한 대니얼 골먼 박사는 "정서지능과 일반지능이 성공에서 차지하는 비중은 80% 대 20%"라는 주장으로 정서지능의 중요성과 개발투자의 당위성을 지지하고 있다.

(2) 스트레스 관리 분야

인접 분야인 스트레스 관리에서는 투자 대비 효과성이 많이 연구되고 있다. 코로나19의 영향과 세계적 불황이 맞물리면서 직장인의 업무집중도는 점점 하락하고 있다. 미국의 「2021년 직장인 정신건강 서베이(Work Health Survey 2021)」를 기준으로 보면, 직장인의 65%가 업무집중도 유지가 되지 않는다고 응답했다. 한국은 미국보다 재택근무 비중이 높아서 집중도 저하 문제도 이보다 더 심각할 것이다. 그래서 정서관리를 위한 투자가 필요하다.

재택근무 비중은 기업의 자율에 맡겨지지만, 30%까지 실시하도록 권고되고 있다. 최근의 조사에 따르면 코로나 상황이 종료되어도 66%의 직장인이 재택근무를 지속하기를 원한다고 세계경제포럼(World Economic Forum)이 보고했다. 이들의 업무집중도가 20%만 높아진다고 해도 그로 인해 늘어나는 생산성을 계산하면 얼마나 크겠는가? 나는 투자비의 50배 정도는 되리라고 추산한다.

(3) 가족 공동의 정서개발 효과

재택근무와 자녀들의 원격학습이 겹치는 현재 상황은 관리하기에 따라 극과 극으로 달라질 수 있다. 부모와 자녀가 정서카드 게임으로 서로의 정서적 표현 기회를 만들어보면 어떨까? 자녀들에게는 쉽게 표현하지 못했던 마음속의 정서적 이야기를 부모와 나누는 안전지대가 되고, 부모들에게도 갑갑했던 속마음을 털어놓을 적절한 시간이 될 것이다. 이렇게 이루어진 정서적 교감과 공감의 경험이 가족의 정서적 기억창고인 해마에 기록되고 그것이 정서적 자산이 된다면, 일생 동안 얼마나 좋은 영향을 지속적으로 끼치게 될까? 그로 인해 얻어지는 가치는 아이의 무한한 가능성에 비례해서 커지므로 천문학적인 투자 효과가 있을 것이라 생각한다.

요약 정리

정서개발 방법론에서 중요한 것은 놀이(playful) 마인드 개발이다. 우리는 대체로 필요 이상으로 진지하고 심각하다. 정서적인 측면에서 보면, 진지함보다 정서를 놀이로 취급하는 가벼운 마인드가 필요하다. 그런 마인드를 개발하도록 정서카드가 도울 수 있다. 정서적 성숙은 그런 노력의 결과로 얻어진다.

성찰질문

아래의 다섯 가지 질문에 스스로 답해보시기 바랍니다.

1. 인공지능의 시대에 왜 정서를 이해해야 하는가?
2. 정서가 발달하면 현실적으로 어떤 유익함이 있는가?
3. 성인이 되어서도 정서는 계속 발달하거나 성숙하는 것인가?
4. 정서발달 또는 정서개발을 위해 무엇을 할 수 있는가?
5. 정서플레이는 왜 주목받아야 할 정서코칭 방법론인가?

참고문헌

다니엘 G. 에이멘, 안현숙 옮김, 『그것은 뇌다』, 브레인월드, 2008.

더그 스트리챠크직, 피터 클러프, 이민경 · 안병욱 옮김, 『멘탈력: 정신적 강인함에 대한 최초의 이론적 접근』, 한국코칭수퍼비전아카데미, 2019.

데이비드 브룩스, 이경식 옮김, 『소셜 애니멀: 관계와 만남을 통해 성장하는 인간의 본성』, 흐름출판, 2016.

딘 버넷, 임수미 옮김, 『엄청나게 똑똑하고 아주 가끔 엉뚱한 뇌 이야기』, 미래의 창, 2018.

레슬리 그린버그, 샌드라 파이비오, 이흥표 옮김, 『심리치료에서 정서를 어떻게 다룰 것인가』, 학지사, 2008.

롤프 메르클레, 더리스 볼프, 유영미 옮김, 『감정사용설명서: 부정적 감정을 다스리는 치유의 심리학』, 생각의 날개, 2012.

모헤브 코스탄디, 조해영 옮김, 『신경가소성』, 김영사, 2019.

브레인미디어, "뇌의 구조와 기능", 2010. 12. 23 참조. https://www.brainmedia.co.kr

샌디프 자우하르, 서정아 옮김, 『심장: 은유, 기계, 미스터리의 역사』, 글항아리사이언스, 2019.

수전 그린필드, 정병선 옮김, 『브레인 스토리』, 지호, 2004.

케빈 톰슨, 이주일 · 오승훈 옮김, 『Emotional Capital』, 새로운 제안, 2000.

프란시스코 바렐라 외, 석봉래 옮김, 『몸의 인지과학』, 김영사, 2013.

B. 레이코프, M. 존슨, 임지룡 외 옮김, 『몸의 철학』, 박이정, 2018.

David M. Cote, Winning Now, Winning Later, Longlist, 2020.

Harriet Lerner, The Dance of Anger, William Morrow, 2014.

James Hilman, Emotion-A Comprehensive Phenomenology of Theories and Their Meanings, Routledge, 2013.

Marcus Warner, Jim Wilder, Rare Leadership in the Workplace: Four uncommon habits that improve focus, engagement, and productivity, Northfield Publishing, 2021.

MSD 매뉴얼 일반인용, 2020. 9. 1. 개정 「위치별 뇌기능 장애」 편 www.msdmanuals.com

II

PART

What

무엇이 정서를 움직이게 하는가?

"리더는 자신의 감정에 대해 인식할 줄 알아야 한다. 그리고 자신이 어떤 감정을 느끼고 있는지 디테일하게 분류할 수 있어야 한다."

- 대니얼 골먼

"정서로 놀이를 하면 얼마나 좋을까?"

처음 본하트(Boneheart) 정서카드를 만든 계기는 2012년 어느 날 자식을 둔 부모 입장에서 친구와의 대화로 시작되었다. 아이들을 키워가면서 감정과 정서에 대해 명확한 개념을 모른다는 것이었다. 정서의 개념을 알려주는 사전 같은 카드를 만들면 좋겠다는 아이디어에서 시작했다. 기존에 나와 있는 감정카드나 정서카드는 대부분 이미지 형식이었다. 정서를 알려주는 데 텍스트로 만들지 않아서 자의적으로 해석될 소지가 많았다. 하지만 감정이나 정서를 개념화하는 작업은 생각보다 참 어려웠다. 왜냐하면 감정을 이성적으로 설명한다는 것은 단지 의미만 알고 있으면 되는 작업이 아니었다. 시중에 나와 있는 것과 비교해서 확연히 차이가 없으면 의미 없는 작업이었기 때문이다. 본하트 역량카드나 소질카드보다 더 어려운 작업이 바로 본하트 정서카드였다. 카드 아이디어가 제일 먼저 떠올랐지만, 세 번째로 실행한 이유는 감정을 언어로 개념화하는 작업이 만만치 않았기 때문이다.

정서코칭을 해보면 짜증, 분노, 미움 등 몇 개의 단어로 감정을 표현하는 사람들을 만나곤 한다. 그들에게 하는 작업 중 하나는 바로 현재 느끼고 있는 감정을 떠올려보라는 것이다. "일주일 동안 느꼈던 감정들을 모두 써보세요"라는 미션을 준다. 실제로 만난 직장인들은 자신의 감정을 떠올리기도 힘들어하는 경우가 많았다. 감정이 마치 '굳어버린 물감'이 된 것이다. 감정에 정확한 단어로 이름 붙이기조차 힘들어하는 사람이 많다. 존 가트만 박사는 39년간 3,600쌍의 부부를 연구한 결과, 성격 차이와 이혼 사이의 상관관계가 오히려 적다는 걸 발견했다. 오히려 부부싸움을 할 때 싸움의 내용이 아니라 방식 때문에 갈등이 증폭되고 관계가 병든다는 사실을 발견했다. '비난', '방어', '경멸', '담쌓기'라는 독을 사용하는 사람들은 병들지만, 갈등 상황에서조차 서로 '호감', '존중', '감사', '배려'라는 약을 바르는 사람들이 감정을 잘 다스리게 된다. 존 가트만 박사는 "지금 느끼는 감정에 이름을 붙여주는 것은 '감정'이라는 문에 손잡이를 만들어주는 것"이라고 말한다. 당신이 지금 느끼는 감정은 무엇인가?

당신이 자주 느끼는 최근 정서는 무엇입니까?	이렇게 답한 이유는?
☐ 기쁨	________________
☐ 분노	________________
☐ 슬픔	________________
☐ 즐거움	________________
☐ 두려움	________________
☐ 사랑	________________
☐ 미움	________________
☐ 희망	________________

윤영돈

1. 정서와 감정의 차이

정서와 감정은 어떻게 다른 것인가?

감정과 정서는 유사하지만 구별된다. 카를 융(Carl G. Jung)에 따르면, '감정(feeling)'은 판단기능으로 확실한 신체 반응을 동반하지 않으나, '정서(emotion)'는 감정에 신체 반응을 동반한다고 여긴다. 어원을 보더라도 '이모션(e + motion)'은 'e(ex = out)'와 'motion'이 결합하여 '감정을 밖으로 내보내다'라는 뜻을 내포하고 있다. 예를 들어 싫어하는 사람에 대한 불쾌한 느낌은 '감정'이지만, 그 감정이 언어로 표출될 때 얼굴에 울긋불긋 신체 반응이 나타나면 그것은 '정서'가 된다. 뇌신경학자 안토니오 다마지오(Antonio Damasio)에 따르면, 감정이 "자극에 대한 지각과 이어서 나타나는 감정상태와 사고의 복합체"라면, 정서는 "정신적 상태에 대한 어떤 신체적 반응"이라고 했다. 쉽게 말하면 감정이 자극에 대한 인지적 기능이라면, 정서는 인지에 따른 신체적 반응을 동반한다.

	감정이란 무엇인가?	정서란 무엇인가?
재정의	예: 감정은 '흔들리는 줄기'다.	예: 정서는 '지탱해주는 뿌리'다.
당신의 재정의를 작성해보세요.		

감정(感情)이 어떠한 상태에 따라 일어나는 마음의 현상이라면, 정서(情緖)는 외부로부터의 자극이 희로애락(喜怒哀樂)과 같이 본능적 표출로 나타난다. 감정은 사람의 의지로 어느 정도 조절할 수 있지만, 정서는 무의식적 속성 때문에 잘 조절되지 않는다. 피가 머리로 솟구치는 것을 느끼고 나서야 실제로 분노가 일어난다. 감정이 내 마음에 작은 파문처럼 일시적으로 일어나는 움직임이라면, 정서는 강한 파도처럼 경험할 때 일어나는 갖가지 기분이다. 감정은 날씨처럼 하루하루 상태가 바뀌지만, 정서는 뿌리 깊은 마음의 터전이다. 감정이 내 마음에서 일어나는 생리에 대한 반응이라면, 정서는 내 인생에서 일어난 사건에 대한 몸의 기억이다. 당신은 감정을 어떻게 느끼고, 정서를 어떻게 표현할 것인가?

1

슬퍼서 우는 게 아니라 울어서 슬프다: 제임스-랑게의 정서 이론

윌리엄 제임스(William James)는 "행복하기 때문에 웃는 게 아니라 웃기 때문에 행복한 것이다"라고 말했다. 이는 감정이 신체 변화를 유발한다는 일반적인 통념과 반대되지만, 자세히 살펴보면 나름대로 설득력이 있다. '제임스-랑게의 정서 이론(James-Lange theory of emotion)'이라고 이름 붙인 이유는 미국의 윌리엄 제임스가 1884년에, 덴마크의 카를 게오르크 랑게(Carl Georg Lange)는 1885년에 거의 동시에 제창했기 때문이다. 정서경험은 외부 자극에 대한 신체 반응을 지각한 결과로 생긴다는 이론으로, 자극 → 정서 → 신체적 변화의 순서가 아니라 자극 → 신체적 변화 → 정서의 순서라고 주장한다. 제임스와 랑게는 무서움의 정서는 심장이 빨리 뛰고, 소름이 돋는 신체적 변화를 인지하면서 생기는 것이라 했다. 정서반응의 1단계는 정서자극을 지각하고, 2단계는 지각이 신체적 변화를 일으키며, 3단계는 신체적 변화가 뇌로 전달되어 정서를 경험한다.

2

우는 동시에 슬프다: 캐논-바드 정서 이론

1927년 생리학자 월터 브래드포드 캐논(Walter Bradford Cannon)과 그의 제자 필립 바드(Philip Bard)는 제임스-랑게의 이론을 강력하게 반박하며 정서자극이 자율신경계의 활동과 뇌의 정서경험을 동시에 일으킨다고 보는 이론을 만들었다. '캐논-바드 정서 이론(Cannon-Bard theory of emotion)'은 고양이의 교감신경을 모두 제거하는 충격적인 실험을 했더니 교감신경이 없는데도 똑같은 감정적인 행동을 보였다는 결과를 제시한다. 이를 바탕으로 신체 변화와 정서의 경험은 동시에 독립적으로 일어난다는 이론을 제안했다. 심리학자였던 제임스와 달리 생리학자였던 캐논은 자신의 이론을 지지하는 생리학적인 이유를 제시했다. 캐논과 바드는 시상에서 일어나는 반응이 정서와 신체 변화가 동시에 독립적으로 영향을 주어 두 영향이 동시에 나타나는 것이라고 주장했다. 하지만 캐논-바드 정서 이론은 시상의 중요성을 너무 강조한 나머지 뇌의 역할을 무시했다는 비판을 받았다.

3
우는 이유를 알아서 슬프다: 이요인 정서 이론

생리적인 반응이 중심이 된 정서 이론이 전개되었다면, 1962년 샤흐터와 싱어는 인지의 중요성을 강조한 '이요인 정서 이론(two factor theory of emotion)'을 발표한다. 예를 들면, 눈물을 흘릴 때 결혼해서 기뻐서 그러는지, 사람이 죽어서 슬퍼서 그러는지 알 수 없다. 이요인 이론에서는 '에피네프린'이라는 교감신경계를 자극하는 주사를 놓는 실험을 진행했다. 인간은 생리적인 반응이 일어났을 때 그 원인을 해석하면서 정서를 느낀다는 것이다. 먼저 개가 달려오는 것을 보고 심장이 빨리 뛰고, 그다음에 심장이 빨리 뛰는 이유를 주어진 상황에서 분석한 후, 마지막으로 개가 그 원인이라는 것을 알게 되면서 그때 두려움의 정서가 형성된다.

윤영돈

2. 정서의 분화

정서는 어른이 되면서 분화된다. 브리지스(Bridges)에 의하면, 신생아는 한 종류의 정서, 즉 일반적 흥분상태만 경험한다. 그러다가 생후 3주경에는 '흥분'에서 최초로 '불쾌'와 '쾌'로 분화한다. 반면 스로우페(Sroufe)에 따르면 "정서의 분화는 인지의 변화"라고 본다. 8개월이면 대상 영속성, 의도성, 인

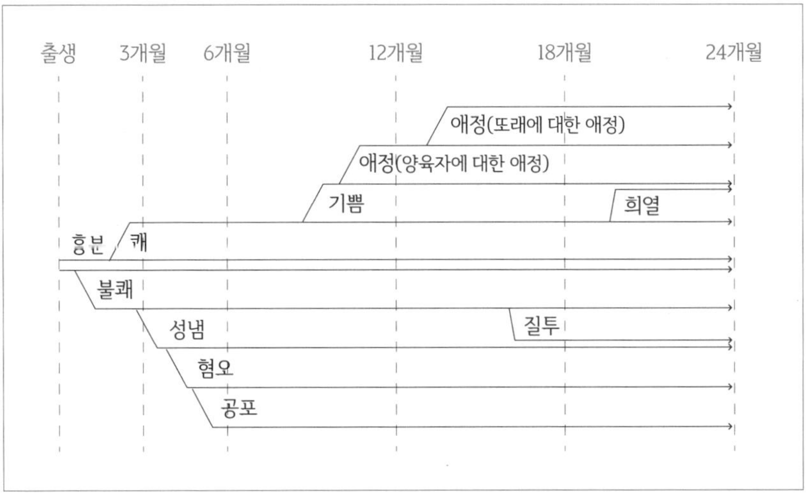

〈그림 2.1〉 정서의 분화

과관계를 이해하고 12개월이면 기억능력이 있어 예기치 않은 일에 놀라는 반응을 한다. 영아기의 정서발달은 생후 1년 사이에 '기질'과 '애착'이라는 두 가지 중요한 부분에 달려있다. 기질이 아기의 개인적 성향이라면, 애착은 아기와 양육자 사이에 형성되는 정서적 유대를 형성한다. 생후 2년까지는 이분된 쾌(快)과 불쾌(不快)에서 쾌감은 만족 · 사랑 · 즐거움으로 분화하며, 불쾌감은 노여움 · 혐오 · 두려움으로 분화해나간다. 인생 초반에 양육자와의 상호작용과 환경에서 겪는 정서적 경험들은 아기의 성격을 결정짓는 데 지대한 영향을 준다. 정서가 특별히 7세 이전 유아 시절에 뿌리 깊게 자리하는 이유는 유아 시절에는 아직 방어기제가 형성되지 않아 외부의 반응이 심각한 영향을 끼치기 때문이다. 정서를 형성한 유아 시절의 경험은 기억조차 나지 않지만, 성인이 되어서도 여전히 대인관계 속에서 드러나기 때문이다. 상담에서 정서의 파악은 종단적(longitudinal)이 아니라 횡단적(cross-sectional)으로 이뤄진다. 정서를 다룰 때 초기 기억을 물어보는 이유도 여기에 있다. 알프레드 아들러(Alfred Adler)에 따르면, 초기 기억(early memory)은 생후 6개월부터 만 8세까지 선별된 기억들로, 개인의 생활양식, 잘못된 신념, 사회적 상호작용, 행동목표에 대한 의미 있는 단서를 제공한다. 초기 기억이 전적으로 정확한지 아닌지는 중요하지 않을 수 있다. 당신은 왜 수많은 기억 중에 유독 그것을 기억할까? 가장 중요한 것은 당신이 자기 삶에서의 어떠한 경험들을 기억하는 방식이다. 당신이 무엇을 기억하고 어떻게 기억하는지를 밝히는 것이 현재 당신의 일관된 생활양식이다. 당신의 최초 추억을 떠올리기 위해 가장 초기의 구체적인 기억 5개를 써본다. 중요한 느낌과 감정을 포함해서 상세하게 묘사해보자. 당신의 첫 기억은 무엇인가?

1

1차적 정서

정서 중심 치료(emotion focused therapy)의 창시자 레스 그린버그(Les Greenberg)는 정서를 '1차적 정서'와 '2차적 정서', '도구적 정서'로 나눈다. 주요한 사건이 발생할 때 매우 강하고 압도적이면서 짧게 나타나는 것은 1차적 정서다.

1차적 정서(primary emotions)는 다시 '적응적인 1차적 정서'와 '부적응적 1차적 정서'로 구분한다. 적응적인 1차적 정서 반응은 주어진 자극에 대한 초기 감정적 반응으로, 현재 상황에서 분명히 유익한 가치가 있다. 예를 들면, 상실에 대한 슬픔, 위반에 대한 분노, 위협에 대한 두려움 등이 있다. 1차적 적응 감정 반응은 문제 해결을 안내하는 적응 정보와 생존에 도움이 되는 행동 방향으로 안내한다. 건강한 사람의 삶은 자연스럽게 나타나는 적응적인 1차적 정서의 연속이다. 슬픔은 사람들로부터 잃어버린 중요한 것과 다시 연결하도록 동기를 부여할 때 나타나는 적응형 반응이다. 소중한 사람을 잃고 슬퍼하는 것은 그 사람과의 시간을 정리하고 다른 사람과의 유대를 강화할 수 있다. 분노는 자신이 생각한 신념을 건드렸을 때 적극적인 행동을 취하게 하는 반응이다. 화가 나서 상대방을 공격함으로써 자신을 보호할 수 있다. 두려움은 사람들이 압도적인 위협을 피하거나 탈출하도록 동기를 부여할 때 나타나는 적응적 반응이다. 무섭기 때문에 미리 꼼짝하지 않거나 피함으로써 자신을 보호할 수 있을 것이다.

적응적인 1차적 정서가 자극에 반응해 충분히 느끼고 표현되지 못하면 제대로 해소되지 못한 채 마음속에 축적되어 부적응적인 1차적 정서로 작용하게 된다. 부적응적인 1차적 정서란 과거 경험이나 학습을 통해 해결되지 못하고 형성된 건강하지 못한 정서를 말한다. 예를 들어 남편에게 쌓인

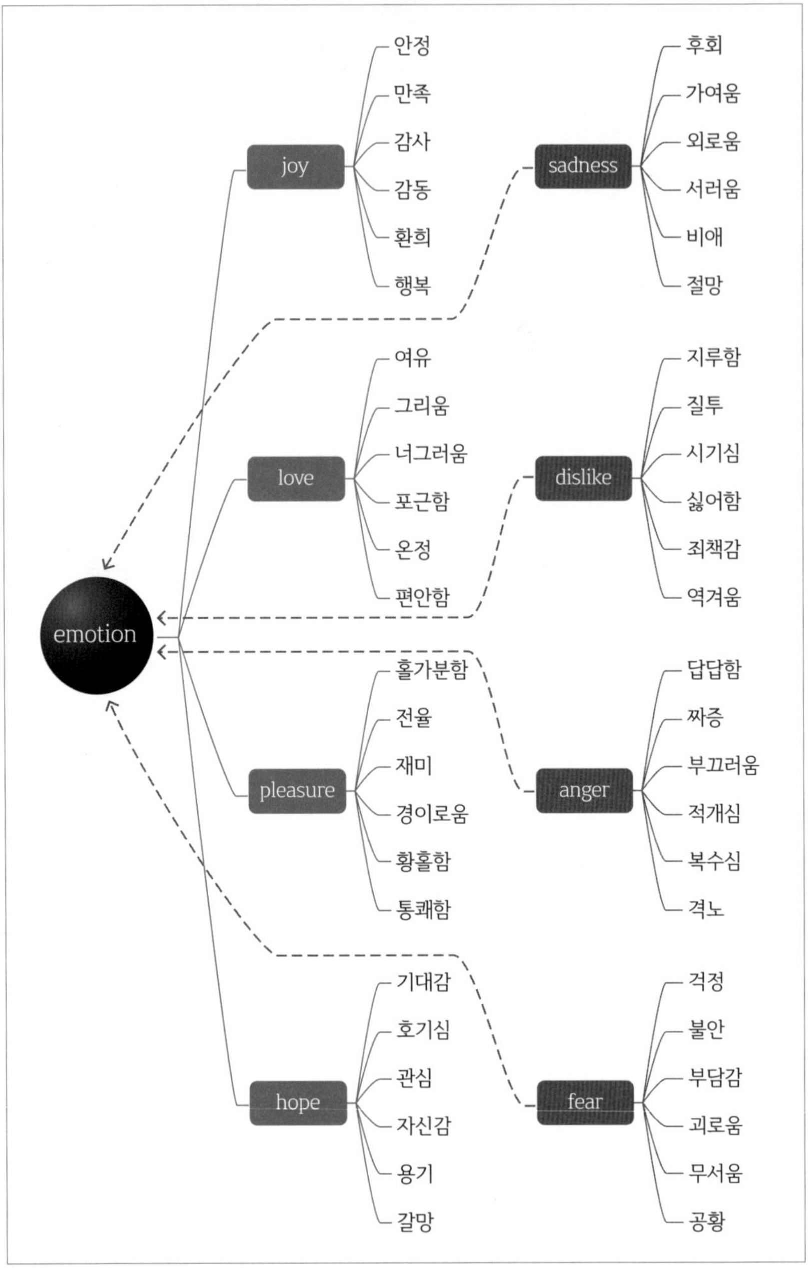

〈그림 2.2〉 정서의 지도 예시

분노를 숙제를 제대로 하지 않고 놀고 있는 자녀에게 심하게 화를 내는 것과 같다. 마치 자녀가 잘못이라도 하기를 기다렸다는 듯이 말이다. 부적응적인 1차적 정서는 표면적인 유발 자극이 실제로 표현된 감정의 원인이 아닐 수 있다. 자극에 비해 지나친 반응을 하고 동일한 감정 패턴이 반복되며, 자극이나 상황이 지나가도 오래 남아 있을 때는 부적응적 1차적 정서라고 할 수 있다. 이럴 때는 원래 어떤 자극이나 상황에 대해 유발된 감정이 무엇인지 질문해야 한다. 처음 상황에서 느꼈던 감정을 다시 느끼고 표현해야 해소될 수 있다.

2
2차적 정서

'2차적 정서(secondary emotions)'란 1차적 정서가 시간이 지나면서 다른 형태로 바뀌어서 진화되는 것이다. 누군가를 만날 때, 시간이 길어질수록 처음에 느꼈던 감정의 힘은 약해지고 더욱 복잡한 다른 감정들로 변모하는 형태를 볼 수 있다. 1차적 정서를 수용하지 못하고 숨기려 할 때 그 결과로 나타나는 정서다. 예를 들어, 분노를 피하기 위해 우울감이나 무기력을 느끼는 것과 같은 기본 감정 반응에 대한 방어일 수도 있다. 우울한 사람은 그 내면에 분노가 자리 잡고 있는 경우가 많다. 분노를 적당한 대상에게 적절하게 표출하지 못하기 때문에 자신에게 분노를 향하게 함으로써 우울해진다. 두려울 때 화를 표현하는 것과 같은 남자들의 반응이나, 화가 났을 때 슬픔을 표현하는 것과 같은 여자들의 반응은 사실 성 역할의 고정관념 때문에 오는 경우도 있다. 2차적 정서는 사고가 중요하게 작용하는 인지적 요소가 포함된 복합체라고 할 수 있다. 어떤 자극에 대해 화가 나는 감정을 느낄 텐데 두려움을 보인다면 그것은 2차적 정서다. 따라서 어떤 감정을 느낄 때 그것이 1차적 정서인지, 2차적 정서인지 구분해야 한다.

3

도구적 정서

무언가를 얻기 위해 습관적으로 표현하는 것은 '도구적 정서'다. 도구적 정서는 다른 사람들에게 세력을 행사하거나 조정하기 위해 표현되는 정서들이다. 예를 들면, 잘못했을 때 충분히 반성하거나 후회하지 않지만 죄책감을 느끼는 것처럼 행동하는 경우도 있다. 충분히 반성하는 모습으로 용서받을 가능성이 커지기 때문이다. 도구적 정서의 특징은 남에게 보여주는 사회적 관계에서 중요하게 작용할 수 있다. 예를 들어 시험 성적이 잘 안 나와서 담당 교수에게 난처한 감정을 전달하는 경우다. 또한 위선적 눈물을 가리킬 때 쓰이는 표현인 '악어의 눈물'이 그런 것이다. 악어가 먹잇감을 씹으며 잡아먹히는 동물의 죽음을 애도해 눈물을 흘린다는 이야기에서 전래된 것이다.

윤영돈

3. 정서의 오해와 진실

1 "감정은 어떻게든 억눌러야 해"

다른 사람에게 자신의 감정을 드러내는 것을 불편해하는 사람들이 의외로 많다. 솔직히 말했다가 괜히 손해를 보지 않으려는 심리다. 감정을 표현하고자 하는 욕구가 있는데도 이를 참고 억제하려는 과정에서 발생하는 내적 갈등을 '정서표현 양가성(ambivalence over emotional expressiveness)'이라고 부른다. 정서표현 양가성의 기저에는 자신이 정서를 표현하면 대인관계에 부정적인 결과를 가져올 것이라는 신념이 깔려 있다. 과거 감정을 이성적인 심리 과정을 방해하는 비합리적이고 본능적인 현상으로 보는 것이다. 무조건 감정을 억눌러야 한다는 것은 소극적으로 감정을 표현할 기회를 잃게 된다. 내가 솔직해져야 상대방도 솔직해진다. 상대방을 안다는 것은 사실 상대방의 정서를 아는 것이다. 감정을 억누르면 친밀함을 느낄 수 없어서 마음의 거리를 좁히기 힘들어진다.

2

"부정적 감정은 나쁜 거야!"

모든 감정은 정당하다. 어떤 감정이든 나름의 이유가 있다는 것이다. 모든 감정에는 좋고 나쁨이 없다. 좋고 나쁘다는 자의적 판단만이 있다. 감정에는 옳고 그름이 없다. 부정적 정서는 나쁜 것이 아니다. 부정적인 감정이 도움이 될 때가 많다. 시험을 앞둔 사람은 불안하면서도 더 많은 준비와 노력으로 시험을 잘 보는 경우도 있다. "내가 지금 불안하구나!" 부정적 감정은 수용할 때 비로소 마음속에서 해소되지만, 억압할 경우 언젠가 불안이 더욱 더 커질 수 있다. 좋아 보이는 감정에도 부정적인 측면이 있고, 나빠 보이는 감정에도 긍정적 측면이 있다. 예를 들면, 즐거움도 지나치면 조심성이 없어질 수 있고, 걱정이 많기에 더욱 철저히 준비하여 실수를 줄일 수 있다. 부정적인 정서를 느낀다 해도 항상 그 안에서 긍정적인 측면을 바라보는 마음 자세가 중요하다. 불쾌한 감정을 소홀하게 취급하고, 부정적인 정서를 제거해야 행복하다는 착각에서 벗어나야 한다. 부정적인 정서를 허락하고 그 가치를 인정할 수 있을 때 행복이 찾아온다.

3

"시원섭섭하다니! 이게 무슨 말인가?"

한 가지 사건에도 여러 가지 감정이 섞여 있다. 감정은 복잡하고 다양성이 있다. 결혼식에서 울고 있는 신부 어머니가 있는 반면, 싱글벙글 웃고 있는 신랑 아버지도 있다. 감정에 서툰 사람일수록 타인의 감정에 휘둘렸다고 생각한다. 하지만 감정은 특정 상황과 외부자극에 대한 자연스러운 반응이다. 지금 표현한 정서 아래에 원인이 되는 또 다른 정서가 있다. 예를 들면, 상대에게 '분노'를 표현하지만, 사실 그 안에는 무시당한 '서러움'이 있다. 앞서 설명한 '1차적 정서'와 '2차적 정서'로 설명될 수 있다.

4

"나는 분노의 화신인가?"

화가 난다고 모든 상황에서 화를 낼 필요는 없다. 정서는 곧 내가 아니다. 내가 잠시 겪는 '경험'일 뿐이다. "나는 화가 났어!"라는 말 대신 "나는 지금 화를 '경험하고' 있어"라고 말하자. 화가 났음을 알리는 것과 화를 내는 것은 다르다. 상대방에게 화가 났다는 것을 전달하는 표현과 상대방에게 짜증, 신경질, 분노, 격노 등으로 공격하는 행위가 화를 내는 것이 된다. "너 또 왔구나. 그러나 이것 또한 영원하지 않고 지나가겠구나!" 감정에 집착하지 말고 단지 우리 집에 찾아온 손님으로 대하자. 감정은 시시각각 변하지만 내 마음의 바탕은 변하지 않는다. 나는 주인이고, 감정은 손님이다. 손님에게 절대 집을 내주지 말자. 감정의 주인은 나다. 정서를 잘 다루면 소중한 동행자가 되지만, 감정에 휘둘리면 성난 난폭꾼이 된다.

5

"이 감정은 당신 때문이야!"

내 감정의 원인은 나에게 있는 것이지 다른 사람과 환경 때문이 아니다. 똑같은 외부자극을 받아도 저마다 사람들의 감정 반응은 다르다. 어떤 감정이든 있는 그대로 수용하고 경험하라. 누구에게 감정을 어떻게 표현할지 생각하라. 상대가 그 감정을 이해하지 못하더라도 누구의 잘못이 아니다. 다른 사람을 탓하거나 판단하지 말고 자신의 실제 감정에 대해 표현해야 한다. 자신의 표현이 잘못된 것도 아니고, 상대의 공감 능력이 부족한 것도 아니다. 나에게 이미 익숙하게 굳어진 특정 정서로 여러 상황에 반응하는 경우가 많다. 정서는 내가 이미 가진 신념에서 나온 결과물이다.

윤영돈

4. 정서의 바퀴에서 우산까지

인간의 정서를 분류한 학자는 철학자에서부터 심리학자까지 다양하다. 그만큼 정서가 복잡하고 미묘하기 때문에 다른 기준으로 나누고 있다. 폴 에크먼(Paul Ekman) 등의 학자들이 표정을 가지고 6개의 기본 정서를 파악했다면, 정서심리학자 로버트 플루치크는 표정과 몸짓을 대상으로 인간의 기본적인 정서를 여덟 가지로 나눴다. 두려움(fear), 분노(anger), 기쁨(joy), 슬픔(sadness), 수용(acceptance), 혐오(disgust), 기대(expectancy), 놀라움(surprise)이다. 필자는 이 서양학자의 8개 감정 분류가 동양에서 유래된 8개의 감정 분류와 유사하다는 사실을 발견했다. 기쁨(joy)은 희(喜), 분노(anger)는 노(怒), 슬픔(sadness)은 애(哀), 놀라움(surprise)은 낙(樂), 두려움(fear)은 구(懼), 수용(acceptance)은 애(愛), 미움(disgust)은 오(惡), 기대(acticipation)는 욕(欲)이라는 여덟 가지로 대칭을 이룬다는 것이 놀라웠다. 이 기본 정서들을 혼합해서 복합적인 감정을 만들어낸다. 마치 정서의 칵테일과 같다. 어떻게 섞느냐에 따라 각기 다른 감정이 생긴다. 예를 들면, '슬픔'은 '후회'와 '실망'의 조합이다. '슬픔'이라는 감정 자체도 복합적이지만, 그 원인도 다양하다. '기쁨'과 '수용'이 합쳐질 때 '사랑'이 된다. 슬픔의 강도가 가장 크고 센 감정은 '비탄'이라는 용어를 쓴다.

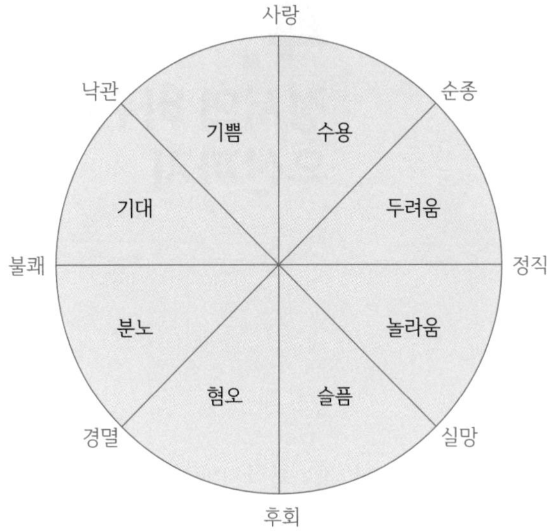

〈그림 2.3〉 플루치크의 정서바퀴

로버트 플루치크가 만든 정서바퀴(wheel of emotion)다. 하지만 한국의 정서와는 많이 다르다는 것을 알 수 있다. 이론적 토대로 삼지만, 한국 정서에 맞는 정서 개념을 만드는 것이 매우 힘들고 지난한 작업이었다.

'정서우산(emotion umbrella)'이란 자신의 정서경험을 탐구함으로써 정서여행(emotional journey)을 돌아보고 자기이해를 통해 스스로 휘둘리지 않도록 보호할 수 있게 만든다. 정서우산은 분노, 미움, 슬픔, 두려움, 즐거움, 희망, 기쁨, 사랑이라는 8개의 정서 색상으로 구분하고, 각각 7단계로 나눠 총 56장의 카드로 구성되어 있다.

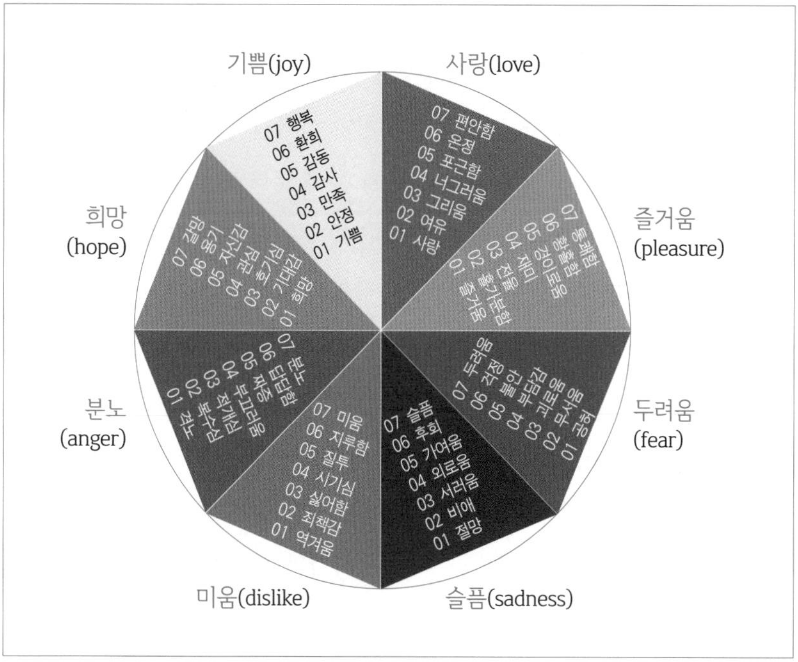

〈그림 2.4〉 정서우산

❶

비슷한 감정에 다른 이름 붙이기(emotion labeling)

감정적 경험을 잘 설명하는 적확(的確)한 감정어(感情語)를 찾는 것이 중요하다. 감정어를 잘 사용하는 사람들은 기쁨, 행복, 신남, 희열, 황홀감의 차이를 구분할 수 있다. 녹색이 연두색과 구별되듯 하나의 감정도 다른 감정과 구별되어야 한다. 분노와 두려움이 뒤섞일 수 있지만, 서로 다른 감정이다. 비슷한 감정을 잘 구분하여 다른 이름을 붙여야 한다. 감정에 맞는 이름을 붙이면 자아인식력이 높아지고, 사회적 의사소통을 할 때 오해를 줄일 수 있으며, 감정을 효과적으로 전달할 수 있다. 감정에 이름을 붙이면 불확실한 감정이 명료화되어 감정을 다루기가 쉬워진다. 감정에 분명한 이름이 없으면, 감정을 어떻게 처리해야 할지 몰라 혼란스럽고 대처 방법을 찾기 어렵다. 감정에 이름을 붙여주면, 어떤 감정을 어떻게 처리해야 할지 생각과 판단을 명료하게 할 수 있다. 어떤 상황을 겪을 때 느껴지는 감정에 이름을 붙여주는 행위는 당황하지 않고 현명하게 대처할 수 있게 한다. 감정에 이름을 제대로 붙이려면 상대방 입장에서 충분히 들어주고 공감해야 한다. 성급하게 감정을 단정 짓지 말라. 대화를 거부할 때는 무리하게 접근하지 말고, 감정을 그대로 비춰주고 기다리는 것도 좋은 전략이다. 비슷한 감정도 미묘한 차이가 있다. 기쁨과 즐거움, 시기와 질투 등이 헷갈리기 쉽다.

(1) 기쁨과 즐거움

기쁨과 즐거움의 차이는 무엇인가?

정서 중에서 가장 헷갈리는 것이 기쁨(joy)과 즐거움(pleasure)의 차이이다. 기쁨이란 내적 욕구가 충족되었을 때 안에서 뿜어져나오는 에너지를 말한다. 반면 즐거움이란 자신이 좋아하는 외부활동을 통해 대상에 몰입하는 정서를 말한다. 한자의 어원을 살펴보면 '기쁠 희(憙)'는 북을 치며 노래를 불렀다는 한자의 유래가 있다. '즐길 락(樂)'은 악기를 연주한다는 뜻이 있다. 기쁨이 북을 치며 소리를 내는 아웃사이드인(outside-in)이라면, 즐거움은 악기를 연주하는 인사이드아웃(inside-out)이다. 내가 가장 기쁠 때는 언제인가? 내가 기쁠 때는 모르는 것을 알아갈 때다. 진짜 미소로 유명한 '뒤센 미소(Duchenne Smile)'를 짓고 있는가? 내가 가장 즐거울 때는 언제인가? 나는 여행을 할 때 외부의 자극이 즐거움을 준다. 즐거움은 행동 뒤에 따라오는 느낌이다. 맛있는 음식, 유흥, 오락, 게임 등만 추구하면 그때뿐일 수 있다. 내면을 풍요롭게 하는 것이 더 중요하다. 기쁨이 깊은 깨달음이라면, 즐거움은 감각적인 쾌락이다. 기쁨이 내적 욕구가 충족되었을 때의 흡족한 느낌이라면, 즐거움은 자신이 좋아하는 활동을 통해 대상에 몰입하는 느낌이다. 기쁨이 내적이라면, 즐거움은 외적이다. 즐거움은 초콜릿을 먹는 것과 같다. 한 입은 맛있지만 좀 지나면 질린다. 운동, 성욕, 담배, 술, 마약이 그렇다. 모든 즐거움이 한두 번은 좋지만, 지나치면 건강에 좋지 않다. 기쁨은 그냥 생기지 않고 처음에는 고통이 따른다. 뼈저린 고통이 지나야 그 후에 기쁨을 얻는다. 성장통에서 오는 것이 기쁨이다. 그래서 기쁨은 잔잔하지만 흔들리지 않는다. 기쁨은 외부가 아니라 내면에서 오기 때문이다. 즐거움보다 기쁨이 우리 삶을 더 윤택하게 해준다.

- 내면에서 가장 기뻤던 일은 무엇인가?
- 즐거웠던 기억은 언제인가?

(2) 시기와 질투

시기와 질투의 차이는 무엇인가?

시기심(envy)이 불특정 다수를 향한 감정이라면, 질투(jealously)는 특정 대상에게 나타나는 감정이다. 시기심은 타인을 깎아내림으로써 불만을 해소하는 방식으로 작용할 가능성이 짙다. 질투는 사랑하는 사람에 대한 성장의 동력이 된다. 남과 비교하는 것은 결국 시기심과 질투로 표출될 수 있다. 질투

(嫉妬)란 특정 대상이 가진 무엇을 못마땅히 여기며 잘되는 것을 싫어하는 감정을 말한다. 시기심(猜忌心)이란 자신보다 다른 사람이 잘되는 것을 샘하고, 갖고 싶어서 미워하는 감정을 말한다. 시기심이 자기가 가지고 있으면서 더 가지려고 생각하는 탐욕이라면, 질투는 자기가 갖지 못한 것을 향해 생기는 감정을 말한다. 시기심이 마음속에 자리 잡으면 우리는 다른 사람을 끌어내린다. 내 마음에 질투가 자리 잡으면 행복할 수 없다.

- 가장 질투가 났던 사람은 누구인가?
- 시기심이 든 적은 언제인가?

2

현재 정서의 반대 감정으로 뒤집기(opposite emotion)

신경과학자 안토니오 다마지오에 따르면, 인간의 감정은 70%의 부정적 감흥과 30%의 긍정적 감흥으로 나뉜다고 한다. 감정은 동전의 양면처럼 양면성을 가지고 있다. 로버트 플루치크는 8개의 기본 정서를 제시하면서 '기쁨-슬픔', '분노-공포', '신뢰-혐오', '놀라움-기대'로 반대 정서를 묶어서 '정서바퀴'라고 명명했다. 슬픔과 기쁨은 동전의 양면처럼 반대 감정이다. 하지만 동전을 뒤집는 것처럼 바뀌는 것도 한순간이다. 결국 슬픔을 잘 느끼는 사람의 '마음결'은 기쁨도 잘 느낀다. 기본 정서는 사람의 '마음밭'과 같다. 지금 슬픔에 잠겼다면 포기하지 말고 내 안에 있는 기쁨 정서를 발견한다면 슬픔도 이길 수 있다. 단지 현재 정서의 반대 감정을 탐색하기만 해도 효과가 있다. 슬픔에 빠져 있는 사람의 마음결 반대편에 있는 감정인 '기쁨'을 불러오는 것이다. 지금 슬픔에 잠겼다면 포기하지 말고 내 안에 있는 기쁨 정서를 발견한다면 슬픔도 이길 수 있다. 이것은 반대 감정을 통해 어둠속에 있는 사람에게 빛을 보여줘서 빠져나오게 하는 것이다. 우리는 감정을 뒤집을 수 있다. 예를 들면, 결혼식에서 우는 신부를 보고 왜 우냐고 타박하는 사람이 있다면 그 신부의 마음을 헤아리지 못한 것이다. 부정적 감정에 영향을 준 핵심 신념을 찾아보자. 불쾌한 감정을 유발하는 핵심 신념은 공통적으로 미성숙한 사고에서 온다. "좋은 날에 왜 우느냐"고 말하는 것은 자신의 입장만 생각하고 상대방의 마음에 공감하지 못한 것이다. 우리는 자신이 느끼지 못하는 감정에 대해 무관심할 수 있다. 하지만 적어도 상대편이 어떤 감정을 느끼는지를 인식해야 한다. '시원섭섭하다'라는 우리말을 통해 감정에 시원한 면과 섭섭한 면이 공존한다는 것을 알 수 있다. 당신은 시원함을 느낄 것인가? 섭섭함을 느낄 것인가? 아니면 시원함과 섭섭함을 동시에 느낄 것인가?

(1) 두려움과 용기

두려움의 반대 감정은 무엇인가? 두려움의 반대 감정은 일반적으로 용기라고 할 수 있다. 주의해야 할 것은 반대 감정의 개념이 절대적이지 않고 상대적이다. '두려움[懼]'이 어떤 상황이나 대상이 위협적으로 느껴져 불안한 마음이라면, '용기(勇氣)'는 역경이 오더라도 도망가지 않고 정면으로 맞서는 씩씩하고 굳센 기운을 말한다. 두려움을 많이 느끼는 기질이 있지만, 두려움도 학습된다. 두려움은 위험을 감지하도록 해준다. 두려움을 느끼면 심장박동과 호흡이 가속화되고, 근육은 수축되며, 두 손은 떨린다. 두려움은 종종 무의식적으로 느꼈음을 깨달으며, 다른 감정보다 먼저 감지되는 정서다. 두려움은 위험을 피할 수 있게 하는 벗이자 얼어붙게 해서 기회를 놓치게 만드는 적이다. 새로운 일을 할 때 마음속 시소는 용기와 두려움이 팽팽하게 맞서기 쉽다. 이때 누군가가 용기에 조금만 힘을 보태주면 두려움은 어느새 내려가고 갑자기 용기가 올라오기 시작한다. '두려움(fear)'이 미래를 준비하고 예방하게 해주는 에너지라면, '용기(courage)'는 비록 겁이 나더라도 굴복하지 않고 헤쳐나가게 해주는 동력이다.

- 지금까지 가장 큰 용기를 내었던 경험은 무엇인가?
- 최근 경험한 가장 큰 역경은 무엇인가?

(2) 부담감과 홀가분함

부담감의 반대 감정은 무엇인가? 부담감(負擔感)이 자신에게 주어진 어떠한 책임을 져야 한다는 감정을 말한다면, 홀가분함은 거추장스럽지 않으며 가볍고 편안한 감정을 말한다. 부담감(pressure)이 가슴을 누르고 있는 힘으로 잘하려고 하는 동기라면, 홀가분한 마음(light-heart)이 있으면 자유로울 수 있다. 부담스러운 상황이 아닌데도 지나치게 부담을 느끼면 성과가 낮아지게 된다. 부담감이 커질수록 삶이 피폐해진다. 삶의 활력을 잃고 불면증도 생기며, 식욕 균형이 깨지면서 쉽게 탈진한다. 부담감은 '성공이냐 실패냐' 하는 식으로 극단적으로 민감하게 느끼게 한다. 우리의 에너지는 총량의 법칙으로 한정되어있다. 뇌가 부담을 많이 느끼면 정작 필요할 때 쓰지 못하게 된다.

한국인은 부담감을 많이 느껴서인지 홀가분함이 가장 좋은 감정으로 조사될 때가 많다. 서울대학교 심리학과 민경환 교수팀의 '한국어 감정단어' 연구에 따르면, 사랑, 행복, 기쁨처럼 '쾌(快)'를 표현하는 말은 전체의 30%도 안 되고, 참담, 배신 등 '불쾌(不快)'를 나타내는 단어가 70%를 넘는다. 좋은 감정 중 최고는 '홀가분하다'였고, 나쁜 감정으로는 '참담하다'가 가장 강한 단어였다. 홀가분함은 과거나 미래의 부담을 갖지 않아 과도한 욕심이나 집착이 없는 상태다. 잠을 잘 자야 신진대사가 원활해지면서 몸이 가벼워진다. 1시간 이상 걷는 행위는 과거의 집착을 털어내는 데 큰 효과가 있다. 걸을 때는 허리를 똑바로 펴고 씩씩하게 걷자. 남 탓하지 않고 내 탓으로 할 때 자기 마음의 주인이 된다. 지나치게 밝은 조명과 밀집된 환경에 장시간 노출되면 과잉흥분이 될 수 있으니 주의를 요한다. 홀가분한 감정은 마음을 누르고 있던 무언가가 사라졌기 때문에 생기는 날아갈 것 같은 감정으로, 부담감이 없으면 존재하지 않는다. 부담감이 우리의 인생을 책임지게 만든다면, 홀가분한 감정은 우리를 자유롭게 만든다.

- 지금까지 가장 부담이 되었던 일은 무엇인가?
- 날아갈 것 같이 가벼웠던 때는 언제인가?

적절한 시기에 감정 표현하기(emotion expressing)

감정을 표현하지 않으면 좋은 관계를 맺기 어렵다. 버스 지나간 뒤에 손 흔든다고 세워주지 않는다. 적절한 시기에 감정을 표현해야 한다. 억압된 분위기에서 자란 사람은 감정을 표현하는 것이 낯설다. 감정을 억압하지 말고 잘 표현해야 하는데, 감정을 표현하는 방법 중의 하나를 소개한다. '정서곡선(emotion line)'이란 태어났을 때부터 현재까지 감정의 높낮이를 연결해서 그려봄으로써 인생 전반의 정서상태를 한눈에 알 수 있다. 즉, '인생 그래프(life graph)'를 그린다. 가장 어렸을 때 기억나는 사건을 떠올리고 그때 감정을 생

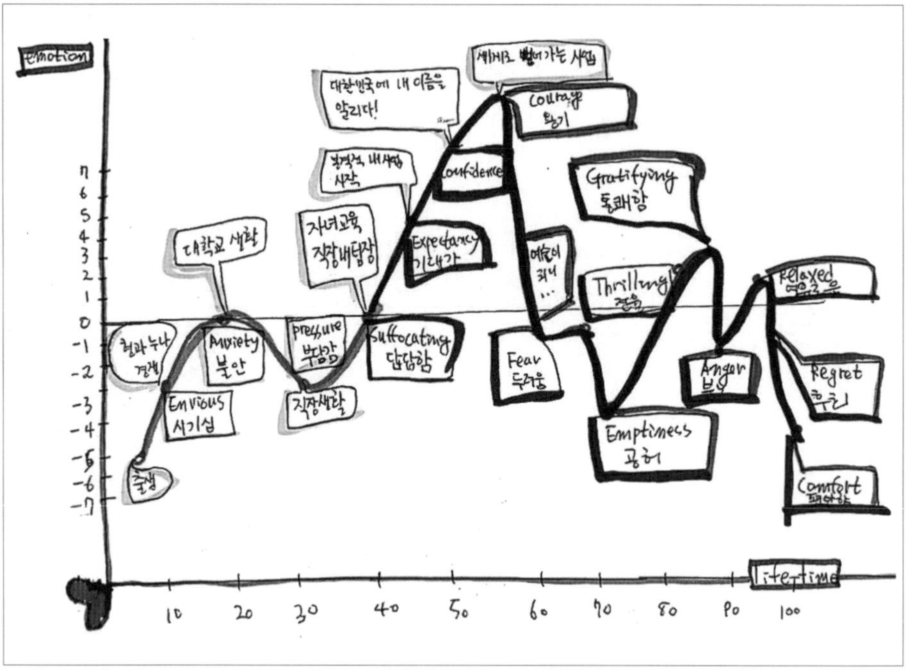

〈그림 2.5〉 정서곡선 예시

각해본다. 태어나서 현재까지 중요한 사건을 떠올려본다. 보통 6~9개 정도의 중요한 사건에서 느꼈던 주요 감정을 정서카드에서 찾아 나열해본다. 가장 많이 나온 색상을 기억한다. 예를 들어 빨간색이 가장 많이 나왔다면 분노 정서가 있다는 것이다. 해당 정서카드 앞장에 나온 그림과 색깔을 보면서 인생 사건과 느낌을 이야기해본다. 그런 다음 해당 정서카드 뒷장에 나온 개념을 읽고 다른 사람과 느낌을 나누는 활동을 한다. 또한 해당 정서카드의 질문을 읽고 답변을 해본다. 이야기가 단답식이 되지 않도록 상황, 행동, 결과로 질문한다. 마지막으로 활동 후 피드백을 통해 자신의 정서를 인정하고 격려와 응원을 한다.

(1) 분노와 슬픔

분노(憤怒)란 엄청나게 성이 나서 뿜어져나오는 기분을 말하며, 슬픔[哀]이란 원통한 일을 겪을 때 마음이 아프고 괴로운 감정을 말한다. 자신이 기대했던 것과 다르더라도 감정에 휩쓸리지 않을 때 마음의 평화를 찾을 수 있다. 사람들은 예상 가능한 일을 선호한다. 분노(anger)의 핵심 원인으로는 자신의 경계가 침범당하고 공격받을 때, 목표 획득이 방해될 때, 자존감이 손상되었을 때를 들 수 있다. 사람마다 자신의 경계가 다르다. 어떤 사람은 가족까지 자신의 경계 안에 포함하기도 하고, 어떤 사람은 자신이 구입한 가방까지 포함하기도 한다. 분노는 인간이 지닌 가장 자동적인 방어기제다. 달갑지 않은 상황이 화를 부른다. 화가 나면 몸에서 반응이 일어난다. 근육이 긴장되고, 심장 박동수가 증가한다. 분노는 자신을 보호하고, 굉장한 추진력을 발휘하게 만드는 유용한 역할도 한다. 슬픔(sadness)의 핵심 원인은 돌이킬 수 없는 상실이라고 한다. 무엇인가를 잃었을 때 슬픔을 느낀다. 상실 자체가 슬픔을 일으키는 것이 아니라, 상실로부터 돌이킬 수 없다는 무력감을 가질 때 슬픔을 느낀다. 슬픔을 느끼면 신체적으로 혈압이 떨어지고, 근육이 이완되며, 공허감과 박탈감이 커진다. 슬플 때는 만사가 귀찮고 부정적이고 비관적인 사고를 한다. 슬픔은 가까운 사람과의 관계를 유지하면서 보호받을 수 있게 한다. 타인과의 유대를 강화해주고, 반성의 시간을 얻으면서 자신을 되돌아볼 수 있다. 자기 안으로만 위축된 행동이 지속되면 슬픔이 오랫동안 방치될 수 있다. 슬픔은 의도하지 않더라도 동정심을 느끼게 하고, 다른 사람의 공감과 위로를 통해 기쁨을 되찾아 회복된다.

- 스스로 놀랄 정도로 화를 낸 경험은?
- 지금까지 가장 슬펐던 때는 언제인가?

(2) 미움과 사랑

'미움[惡]'이란 어떤 사람의 모습 또는 행동이 마음에 들지 않거나 눈에 거슬리는 감정을 말하고, '사랑[愛]'이란 어떤 존재를 몹시 아끼고 귀중히 여기는 감정을 말한다. 미움(hate)은 보이지 않는 적을 내 마음에 두어 가시처럼 마음이 불편한 반면, 사랑(love)은 모든 감정 중에서 제일 강한 것으로 그 사람의 존재를 인정하고 빛나게 하는 것이다. 모든 것은 어머니와의 애착에서 시작된다. 시선, 몸짓, 쓰다듬기, 빨기 등의 주고받는 표현으로 나타난다. 어른이 된 후에도 느끼는 넓은 의미에서의 사랑은 아기 때 어머니에 대해 발달시켰던 애착의 상당 부분을 포함하고 있다. 사랑은 상대를 보호하기 위해 자신의 한계를 뛰어넘을 수 있는 능력까지 발휘하게 하며, 자신의 약점을 받아들일 수 있게 해준다.

최근 사랑과 증오는 뇌의 동일 영역에서 처리하는 감정이라는 사실이 밝혀졌다. 영국 런던대학교 세미르 제키 교수팀은 남녀 17명을 대상으로 사랑하는 사람과 미워하는 사람의 사진을 각각 보여주면서 뇌 활동의 변화를 뇌 스캔 촬영 사진으로 조사했다. 그러자 두 경우 모두 뇌 과학자들이 '증오 회로'라 부르는 뇌 부분을 활성화시켰다. 증오 회로가 활성화되면 공격적 행동이 유발되고, 성난 감정을 행동으로 옮기기 위한 작동이 시작된다. 증오 회로에는 뇌의 피각-섬엽 두 부위가 포함된다. 이 두 부위는 모두 뇌의 생각하는 작용 지대인 대뇌피질 뒤에 위치한다. 피각은 경멸-혐오의 감정, 그리고 행동을 취하는 작동 시스템과 관련이 있다. 섬엽 부위는 뇌의 고통 반응과 관련된다. 증오하는 사람의 사진을 볼 때나 사랑하는 사람의 사진을 볼 때 피각-섬엽이 모두 활성화된다는 것이다. 두 부위 모두 공격적인 행동 시작과 관련이 있으며, 이는 사랑하는 사람을 넘보는 경쟁자가 나타났을 때 공격적 행동을 취하게 되는 것에서도 증명된다. 사랑과 미움에는 다른 큰 차이가 남아 있다. 사랑은 '한 사람'을 대상으로 하는 반면, 미움은 한 사람은 물론 특정 인종, 성별, 사회문화적 배경, 정치적 신조 등 폭넓은 대상을 향할 수 있다는 점에서다. 미움도 모든 한계를 뛰어넘게 하는 가장 훌륭한 감정인 사랑으로 회복될 수 있다.

- 극도로 혐오했던 상대는 누구인가?
- 가장 사랑을 받았던 경험은?

성찰질문

아래의 열 가지 질문에 스스로 답해보시기 바랍니다.

1. 어린 시절 자주 느꼈던 정서는 무엇인가?
2. 부모님에게 가장 많이 느꼈던 감정은 무엇인가?
3. 가장 기뻤던 일은 무엇인가?
4. 화가 났을 때 그 느낌은 어떻게 설명할 수 있을까?
5. 지금까지 살아오면서 가장 즐거웠던 때는 언제인가?
6. 처음 느낀 죽음은 언제였으며, 그때 감정은 어떠했는가?
7. 우울할 때 어떤 행동을 하는가?
8. 두려웠던 상황은 언제인가?
9. 감정을 털어놓기 쉬운 상대방은 누구인가?
10. 가장 허무해질 때는 언제인가?

참고문헌

그린버그 외, 김현진 외 4인 공역, 『정서중심치료 사례개념화』, 학지사, 2018.

다니엘 골먼 외, 장석훈 옮김, 『감성의 리더십』, 청림출판, 2006.

로버트 플루치크, 박권생 옮김, 『정서심리학』, 학지사, 2004.

마크 브래킷, 임지연 옮김, 『감정의 발견』, 북라이프, 2020.

박종수, 『융 심리학과 정서』, 학지사, 2013.

안토니오 다마지오, 임지원 옮김, 『스피노자의 뇌』, 사이언스북스, 2007.

윌라드 B. 프릭, 손정락 옮김, 『자기에게로 가는 여행』, 교육과학사, 2008.

유동수, 『감수성훈련』, 학지사, 2009.

유지혜, "한국어 감정단어 434개 72%가 불쾌한 감정표현", 서울신문, 2006.02.16.

이지영, 『정서 조절 코칭북』, 시그마프레스, 2011.

정은지, "'사랑과 미움은 한끗 차이' 뇌과학이 증명", 코메디닷컴, 2008.10.29.

존 가트맨, 최성애 · 조벽 옮김, 『내 아이를 위한 감정코칭』, 한국경제신문, 2011.

프랑수아 를로르, 크리스토프 앙드레, 배영란 옮김, 『내 감정 사용법』, 위즈덤하우스, 2008.

함규정, 『감정을 다스리는 사람, 감정에 휘둘리는 사람』, 청림출판, 2010.

III

PART

How

어떻게 정서를 활용하는가?

정한나

1. 정서의 패러다임 전환

"스트레스는 피할 수 없을 뿐만 아니라 반드시 나쁜 것만은 아니다. 스트레스는 신체를 보호한다.
스트레스를 받은 사람은 주변 환경을 경계하고, 위험을 피하기 위해 계획을 세운다.
반면 즐겁고 태평한 사람은 함정 속으로 걸어 들어가고 있음을 알아차리지 못할 것이다."

– 브루스 맥웬(미국 록펠러대학교 교수)

1

부정 정서와 마주할 용기

흔히 사람들은 두려움, 수치심, 분노 같은 정서를 부정적인 정서로 여기며 억누르거나 회피하려고 한다. 그러나 정서를 온전히 마주하고 받아들여야 부정적이라고 여겼던 정서도 삶의 건설적인 에너지가 될 수 있다.

엄마: 오늘 ~~ 일이 있었어. 너무 화가 나!

나: 겨우 그런 일로 화내지 마. 뭐 하러 그렇게 일일이 화를 내. 긍정적으로 생각해봐. 그리고 엄마도 잘못한 게 있으니까 그런 거지.

엄마: 이해를 못 하는 게 아니라 그래도 화가 나니까 얘기하는 거지. 엄마가 화가 나면 '그랬구나!' 하고 이야기를 들어주고 공감해주면 얼마나 좋아.

위와 같은 대화를 나누어본 적 있는가. 감정을 마치 흑백논리와 같이 구분하여 부정적인 감정은 있어서는 안 되는 나쁜 감정으로 여겼다. 그러나 감정은 잘못이 없다. 단지 지금은 그런 감정을 느끼고 있을 뿐이다. 감정은 내 마음에 일시적으로 찾아온 손님과도 같다. 이미 내 마음에 찾아왔기에 무시할 수 없고, 내 마음에 오랫동안 머물 필요도 없다. 따라서 "그랬구나, 화가 많이 났겠다. 어떤 점에서 가장 화가 많이 났어? 왜 그럴까? 다음에도 같은 상황이 발생하면 어떻게 해야 할까?"라며 공감해주고 그 감정을 해소할 수 있도록 도왔다면, 일시적인 감정을 해소하고 이후에는 어떻게 하면 좋을지 건설적인 방향을 생각해볼 수 있었을 것이다.

필자는 매사에 긍정적인 태도로 임하여 감정조절을 잘하고 있다고 여겼다. 따라서 스트레스 관리 역시 잘하고 있는 줄 알았다. 그러나 우연히 스트레스 진단을 했다가 스트레스 지수가 현저히 높게 나와 놀란 적이 있다. 낙관적인 태도는 내 삶의 원동력이 되었지만 한편으로는 길들여진 긍정 정서에 갇혀 무엇이 진짜 나의 정서인지 지각하지 못하고 있는 것이었다. 그 결과, 걱정과 부담감이라는 일시적인 감정을 해소하지 못했고, 그 감정들은 시간이 흘러 불안이라는 부정 정서로 자리 잡고 있었다. 실제로 일어나지 않은 미래의 일에 대해서도 두려워하는 불편한 정서가 생긴 것이다.

정서를 회피하다 보면 의식하지 못해 통제하기 어려워진다. 이러한 정서는 충동적인 행동을 유발할 수 있다. 의도하지 않은 행동으로 인해 후회 또는 죄책감을 느끼게 된다. "인간의 행동은 욕망, 감정, 지식에서 나온다"라는 고대 그리스 철학자 플라톤의 말처럼 감정은 어떤 행동을 유발하기 때문에 정서가 안정되어야 의도한 대로 행동할 수 있다. 부정 정서를 지각하고 건강한 정서로 환기할 줄 알아야 하는 이유다.

자신을 지배하고 있는 부정 정서와 마주할 용기가 있는가. 그동안 부정 정서를 무조건 없어야 할 나쁜 정서로 치부하거나 회피하진 않았는지 돌아볼 필요가 있다. 내 생각, 내 의도와는 다르게 말과 행동이 잘못 나오는 실수가 반복된다면 잠시 그 자리에 멈춰 나의 정서와 악수를 청하자. 나의 정서와 악수하며 그동안 애써 외면하고 회피했던 나의 부정 정서를 마주하고 관찰하자. 정서코칭을 통해 부정 정서를 해방하고 건설적인 방향으로 나아갈 수 있는 내 삶의 에너지 근원으로 전환해보기를 바란다.

2
주된 부정 정서 '두려움', '수치심(부끄러움)', '분노'

부정 정서의 분류체계는 여러 가지가 있겠지만, 감정은 성격과 긴밀한 관계가 있어 성격 유형의 구분과 맞물려 있는 에니어그램에 기반하여 다루기로 한다. 『정신분석 용어사전』에 따르면, 성격이란 "타인에 의해 지각된 개인의 사고, 감정 그리고 행동의 습관적인 방식"을 말한다.

에니어그램에서 정의하고 있는 에너지중심에 대해 알아보고, 각 에너지중심별 주된 부정 정서인 '두려움', '수치심', '분노'에 대해 알아보자. 에니어그램이란 '에니어(annear, 9, 아홉)'라는 단어와 '그라모스(grammos, 도형 · 선 · 점)'라는 단어의 합성어다. 즉, 에니어그램은 그리스어로 '아홉 개의 점이 있는 그림'이라는 뜻이다. 에니어그램은 사람의 에너지중심을 생각중심, 감정중심, 행동중심의 세 가지로 분류하고 있다. 그리고 에너지중심에 따라 성격을 9개 유형으로 분류하고 있다.

에니어그램에서 이야기하고 있는 에너지중심이란 일상생활에서 활력을 얻는 원천을 말하는 것이며, 이는 성격 유형의 뿌리가 된다. 똑같은 상황이 주어졌을 때 어떤 사람은 일단 행동부터 하는 반면, 어떤 사람은 자신의 감정이 우선이고, 어떤 사람은 생각하는 시간을 갖는 것을 우선으로 한다. 이처럼 에니어그램에서는 사람의 성격 유형을 에너지중심에 따라 생각중심형, 감정중심형, 행동중심형의 세 그룹으로 분류한다.

사실, 우리는 어떤 성격 유형이든 이 세 가지 에너지를 모두 활용하고

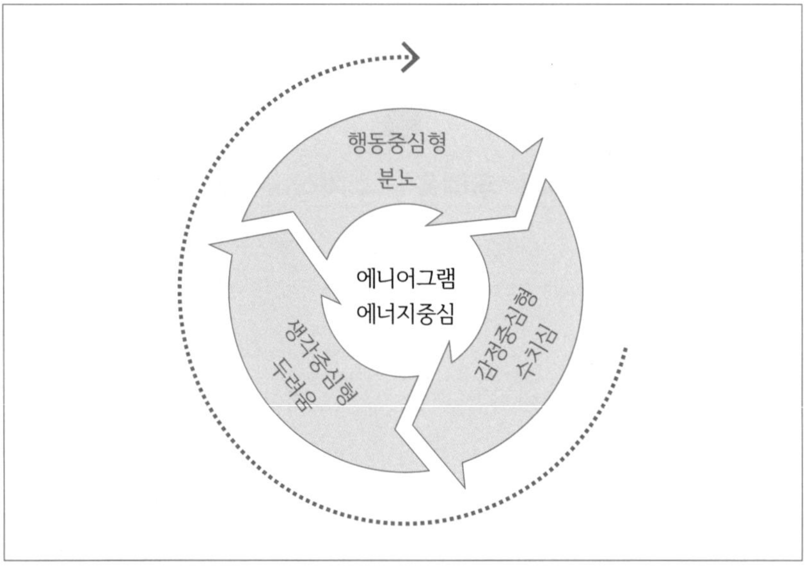

〈그림 3.1〉 에니어그램 성격 유형의 세 가지 에너지중심과 주된 부정 정서

있다. 각기 상호작용하기 때문에 한 가지만 쓸 수는 없다. 다만, 나에게 가장 강하게 형성되어 있는 에너지중심이 있을 수 있다. 그리고 각 성격 유형에 따라 에너지가 좋을 때와 좋지 않을 때 반복적으로 나타나는 특성이 있다. 특히, 에니어그램에서는 에너지가 좋지 않을 때 그 중심별로 가장 자유롭지 못한 속박된 주된 부정 정서가 무엇인지 제시하고 있다.

자신의 주된 부정 정서에 따라 나름대로의 방어나 대처 전략을 갖고 있을 것이다. 스트레스 상황에서 나타나는 행동 패턴이 바로 그것이다. 부정 정서는 대체로 의도하지 않은 행동으로 표출되어 우리를 더욱 힘들게 한다. 따라서 나의 에너지중심을 찾아봄으로써 주된 부정 정서가 무엇인지 알아보자. 그리고 정서코칭을 통해 성숙한 태도로 감정을 인지하고 표현하는 정서의 패러다임 전환을 경험해보자.

본래 에너지중심을 알기 위해서는 에니어그램 성격유형검사를 해보는 것이 좋겠으나 여기서는 성격 유형이 아니라 에너지중심만 다루고 있으므로 간략한 테스트를 통해 자신의 에너지중심을 찾아보는 방식으로 진행해보겠다. 다음의 다섯 가지 질문에 답해보자.

〈표 3.1〉 에니어그램 에너지중심 찾기 질문

Q1. 1주일 뒤에 보고서를 제출해야 하는 팀 과제가 주어졌다. 보기에서 가장 괴로운 상황은?
① 많은 사람 앞에서 내가 발표하게 되었다.
② 싫어하는 사람과 같은 조가 되었다.
③ 다들 어떻게 해야 할지 고민만 하고 소극적이다.

Q2. 팀 과제 수행을 위한 역할 분담을 마친 상태다. 보기에서 내가 가장 먼저 할 행동은?
① 과제와 관련된 정보를 수집하고, 의문이 드는 사항은 다시 확인한다.
② 서로에 대해 알아가며 친해지기 위한 시간을 갖는다.
③ 완벽하게 이해하지 못했어도 일단 시작한다.

Q3. 마트에서 계산하려는데 계산원이 다른 사람과 잡담하느라 계산이 늦어지고 있다. 보기에서 나와 가장 유사한 행동은?
① 뭐라고 하고 싶지만 일단 참고, 상황을 파악한다.
② 기분이 나쁘다는 것을 넌지시 표현하며 기다린다.
③ 계산원에게 계산해달라고 재촉한다.

Q4. 내 실수로 친구가 기분이 상했다. 보기에서 나와 가장 유사한 행동은?
① 진정할 때까지 기다렸다가 사과한다. 문제 상황과 원인이 무엇인지 파악한다.
② 분위기와 친구의 감정 상태를 살피며 미안하다고 사과한다. 관계가 악화될까 봐 불안하다.
③ 단도직입적으로 사과한다. 적극적으로 해결 방법을 찾는다.

Q5. 여행 계획을 세운다. 보기에서 나와 가장 유사한 행동은?
① 기간, 교통수단, 일정 등 상세 계획을 세운다.
② 누구랑 갈지 정한다.
③ 일단 어디에 갈지 정도만 정하고 구체적인 계획은 가서 생각한다.

보기의 ①은 생각중심형, ②는 감정중심형, ③은 행동중심형일 가능성이 높다.

위 진단으로 유형을 단정 짓기보다는 그러한 경향이 있음을 확인하고 자신의 주된 부정 정서를 찾는 데 참고하기를 바란다. 에니어그램의 기본 철학은 내가 어떤 유형이든지 그 유형을 벗어날 때 성숙할 수 있다는 것이다. 따라서 유형을 찾고 그 유형뿐만 아니라 다른 유형까지 이해하는 것이 중요하다.

〈표 3.2〉 에니어그램의 세 가지 에너지중심 유형

에너지중심	내용
생각중심형	• 미래에 대한 불안감에 관심을 가진다. • 주로 느끼는 감정은 두려움이다. • 두려움은 예측되지 않고 안전하지 않다고 느낄 때 일어난다.

감정중심형	• 과거 경험으로부터 형성된 자아정체성에 관심을 가진다. • 주로 느끼는 감정은 수치심이다. • 수치심은 자신이 원하지 않는 모습이 다른 사람에게 드러났다고 느낄 때 일어난다.
행동중심형	• 자신의 가치관과 맞지 않는 현실에 대한 저항에 관심을 가진다. • 주로 느끼는 감정은 분노다. • 분노는 자기 스스로 또는 타인과의 관계 속에서 공격, 억압과 관련된 문제가 발생했다고 느낄 때 일어난다.

3

정서의 패러다임 전환 Play

(1) 부정 정서의 순기능 찾기

긍정 정서와 부정 정서 모두 순기능과 역기능이 있다. 예를 들어 어떤 업무를 추진할 때 만족감만 갖고 통상적으로 반복하다가 평소와는 다른 상황이 발생했을 경우, 당혹스러워하며 실수할 수 있다. 그러나 미리 걱정하고 돌발 상황에 대비했다면 좀 더 안정적으로 일을 추진했을 것이다.

감정중심형의 사람들은 다른 사람이 자신을 좋게 봐줄 것을 기대하며 곱지 않은 시선을 받을 때 수치심을 느낀다. 따라서 다른 사람의 시선을 의식하고 집단의 기준에 맞추어 행동하려고 노력한다. 수치심을 느끼지 않는 사람들은 범죄를 저지를 가능성이 커진다. 생각중심형의 사람들은 돌발 상황이 발생하면 두려워한다. 따라서 상황을 예측하여 대비하고 예방하려고 한다. 두려움을 느끼지 않는 사람은 실수하거나 사고를 칠 가능성이 커진다. 행동중심형의 사람들은 다른 사람들이 자신의 기대치에 따라주기를 바라며

〈표 3.3〉 '두려움' 감정 바로잡기

두려움을 가중하는 태도	두려움을 완화하는 태도
• 두려움을 회피하거나 부정한다. • 두려움은 무의식적인 영역이며 극복할 수 없다. • 두려움을 완전히 없애려고 한다.	• 두려움을 창피하게 생각하지 말자. • 어느 정도의 두려움은 용인하자. • 두려움의 강도를 조절하는 방법을 찾자.

그러지 못할 때 분노한다. 따라서 자신의 신념을 지키기 위해 노력한다. 분노하지 않는 사람들은 그만큼 기대하는 바가 없어 성장하기 어렵다. 즉 두려움, 수치심, 분노 같은 감정이 없다면 우리는 위험으로부터 자신을 보호하지 못하거나 지금 상태에서 발전하거나 성장할 필요성을 느끼지 못할 것이다.

생각중심형의 주된 부정 정서인 '두려움'은 자신의 능력이 부족할 때 느끼는 감정이다. 두려움이란 어떤 상황이나 대상이 위협적으로 느껴져 불안한 마음을 말한다. 생각중심형의 사람들은 안전하게 자신을 보호하기 위해 과거나 현재보다는 앞으로 어떤 일이 벌어질지 예측하며 대비하기 위해 고민한다. 그리고 자신이 안전하지 못하다고 느끼면 상당한 두려움을 느낀다. 돌발 상황이 발생하거나 명확한 지침 없이 무에서 유를 창조하는 것이 괴롭고, 타인 또는 환경으로부터의 위협에 민감하게 반응하며 두려워한다. 이러한 두려움이 지나치면 자기 생각을 행동으로 옮기지 않는 소극적인 태도로 변하고, 대외 활동을 등한시하게 된다.

하지만 이러한 두려움이 있기 때문에 생각중심형의 사람들은 뛰어난 문제해결능력을 지니고 있다. 두려움의 또 다른 정의는 '미래를 준비하고 예방하게 해주는 에너지'다. 위험을 민감하게 감지하고 위기 상황에 대처할 수 있다. 따라서 두려움을 회피하기보다는 자신을 신뢰하고 세상에 이로운 영향을 주기 위해 생각을 행동으로 옮겨도 좋다. 두려움을 바로잡아보자.

두려움을 느끼는 것은 창피한 일이 아니다. 또한 두렵지 않다고 말해보아도 두렵지 않은 것은 아니다. '두렵긴 하지만 내가 극복할 수 있을 정도의 두려움이다. 나는 용기를 내어 극복할 수 있다'와 같이 어느 정도의 두려움은 용인하되, 강도를 조절하려는 노력이 필요하다. 심호흡하기, 긍정적인 결과 상상하기, 몸을 움직여 긴장 풀기, 몸을 따뜻하게 하기 등 자신만의 방법을 찾아 노력해보자.

그리고 기억하자. 살면서 생각보다 그렇게 큰일은 일어나지 않는다. 어떠한 문제가 발생하더라도 어차피 내가 해결할 수 없거나, 충분히 내가 해결할 수 있는 경우가 대부분이다. 아직 벌어지지 않은 일에 대한 두려움보다는 현재 내 눈앞에 보이는 일부터 잘해내보자.

감정중심형의 주된 부정 정서인 '수치심'은 나의 관념에서 벗어날 때 느끼는 감정이다. 수치심(부끄러움)이란 일을 잘 못하거나 양심에 거리껴 볼이 빨갛게 된 상태를 말한다. 감정중심형의 사람들은 타인의 시선을 의식하고 호감과 인정을 받기 위해 노력한다. 이상적으로 생각하는 모습, 타인에게 보

〈표 3.4〉 '수치심' 감정 바로잡기

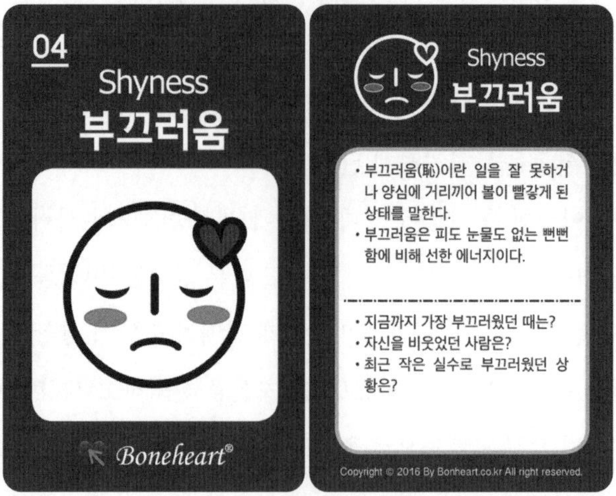

수치심(부끄러움)을 가중하는 태도	수치심(부끄러움)을 완화하는 태도
• 다른 사람의 기대를 완벽하게 충족시켜야 한다. • 모두에게 인정받고 사랑받아야 한다. • 문제 상황을 유발한 요인은 부족한 나에게 있다.	• 나의 신념을 상기하며 수치심의 정당성을 다시 판단하자. • 상황을 피하기보다는 극복하려는 말과 행동을 하자. • 수치심을 고백하고 상대로부터 나에 대한 호의를 발견하자.

이고 싶은 모습을 설정하고 그 모습대로 보이기를 원한다. 따라서 보이고 싶지 않은 모습을 보였을 때, 또는 비난을 받거나 실패하는 모습을 보였을 때 몹시 괴롭다. 호감을 사지 못하거나 인정을 받지 못하면 자신의 열등함, 무능함 등을 느끼며 고통스러운 수치심을 느낀다. 이러한 수치심이 지나치면 우울증에 빠지거나 사회공포증을 초래할 수 있다.

하지만 수치심(부끄러움)의 또 다른 정의는 '피도 눈물도 없는 뻔뻔함에 비해 선한 에너지'다. 감정중심형의 사람들은 이러한 수치심이 있기 때문에 도덕적으로 행동하려고 하며, 다른 사람의 본보기가 된다. 자신의 부족함을 찾고 인정하며, 성장하려고 노력한다. 다른 사람과 비교하며 자신을 비하하거나 좌절하기보다는 상대방에 대한 배려와 성장 욕구로 승화하여 자기 자신을 있는 그대로 사랑하려는 노력이 필요하다. 수치심을 바로잡아보자.

수치심을 느낀다고 해서 무작정 그 자리에서 벗어나려고 하지 말자. 수치심을 느껴야 하는 상황이 맞는지 다시 판단해보고 극복하기 위해 노력해보자. 오해가 있으면 풀어보자. 잘못이 있으면 사과하자. 얼마든지 좋은 상태로 되돌릴 수 있다. 그리고 원치 않는 상황이 발생했을 경우 특정 상황, 말과 행동에 잘못이 있을 수 있다. 나라는 존재 자체가 잘못이 아니다. 고개를 들고, 어깨를 펴고, 자기 자신을 있는 그대로 받아들이는 연습을 해보자.

그리고 기억하자. 또한 내가 세상 모든 사람을 인정하고 좋아할 수 없듯이 타인도 마찬가지다. 각자의 신념이 있기에 모두가 동일하게 인정하고 좋아하기는 어렵다. 자신의 신념에 자부심을 갖자.

행동중심형의 주된 부정 정서인 '분노'는 나 자신, 타인, 환경, 상황 등이 나의 기대에 못 미칠 때 느끼는 감정이다. 분노란 엄청나게 성이 나서 뿜어져나오는 기분을 말한다. 행동중심형의 사람들은 존중받지 못하거나 자신이 지키고 싶은 것을 지키지 못했을 때 좌절감에 분노한다. 부당한 대우를 받거나 부도덕한 행동을 본 경우에도 분노한다. 상대의 배려가 부족했거나 의도적으로 잘못을 범했을 때 그 강도가 높아진다.

이러한 분노라는 감정이 있기 때문에 상대방으로부터 위협을 느꼈을 때 화를 냄으로써 만만하게 보지 않도록 하여 자신의 신체나 권리를 보호받을 수 있다. 또는 잘못된 것에 대해 '분노할 줄 알아야 한다'라는 말처럼, 잘못된 것에 대해 주변에 알리고 깨우쳐 개선과 발전을 도모하고 동기부여를 해주기도 한다. 그러나 이러한 분노가 지나치면 과도한 행동으로 이어져 상

〈표 3.5〉 '분노' 감정 바로잡기

구분	분노를 가중하는 태도	분노를 완화하는 태도
화를 낸다	• 화를 내는 것은 정당하다. • 화를 내야 내가 원하는 것을 얻을 수 있다. • 화를 내야 존중받을 수 있다.	• 화를 내는 것만이 유일한 방법도, 최고의 방법도 아니다. • 화가 나지만 지금은 자리를 피해 판단해보자. • 상대방의 입장을 고려하고 상대방에게 만회할 기회를 주자.
화를 참는다	• 나는 언제나 좋은 사람으로 보여야 한다. • 그럴만한 이유가 있어도 화를 내면 안 된다. • 화를 내면 죄책감을 느낄 것이다.	• 모든 사람의 마음에 드는 사람이 되기는 어렵고, 그러지 않아도 괜찮다. • 그럴만한 이유가 있다면 때로는 화를 낼 필요가 있다. • 사람이 아니라 말과 행동에 화를 내는 이유가 있다.

대방을 공격하는 행동을 유발하거나 해를 끼칠 수 있다. 반대로 이러한 분노를 억지로 참는 것을 반복하면 극심한 스트레스로 화병이 날 수 있다. 따라서 분노를 담아두지 말고 스스로를 안정시키는 방법을 찾아야 한다. 자신이 기대했던 것과 다르더라도 감정에 휩쓸리지 않을 때 마음의 평화를 찾을 수

있다. 분노를 바로잡아보자.

화가 나는 것이 절대적으로 당연하고 정당한 상황이 있을 수는 있다. 그러나 모든 상황이 그렇지는 않다. 화를 내기 전에 잠시 자리를 피해 정당성에 대해 다시 한번 생각해볼 시간을 갖자. 자신의 지나친 욕심이나 기대치로 인해 상대방을 배려하지 않는 주관적인 감정일 수도 있다. 내가 아는 것이 전부가 아니다. 자신이 추구하는 바가 모두 정답은 아니며, 저마다 사정에 따라 다를 수 있다는 것을 꼭 기억하자. 또한 화를 내는 것이 정당하다고 해도 화를 내는 것만이 유일한 방법도, 최고의 방법도 아니다. 분노의 순기능을 상기하며 화를 내야 하는 상황과 그렇지 못한 상황을 구분하자. 그리고 되도록 마음의 안정을 찾기 위해 노력하자. 그래야 감정에 휩싸여 의도하지 않은 행동으로 이어지는 것을 방지하고, 좀 더 이성적으로 판단하며, 현명하게 대처할 수 있다. 성숙한 태도로 분노를 올바르게 해소하려는 노력이 필요하다.

그리고 기억하자. 모든 일을 완벽하게 하기는 어렵다. 또한 완벽하다는 기준 역시 사람마다, 상황에 따라 달라질 수 있다. 따라서 지금 내가 할 수 있는 최선을 다하고, 최선을 다했다면 만족감을 누려보자.

(2) 주된 부정 정서의 원인이 되는 경험 찾기

주된 부정 정서로부터 해방되고 싶다면 기억하자. 시시각각 찾아오는 감정의 원인은 나에게 있다. 다른 사람 또는 환경 때문만이 아니다. 같은 경험을 하더라도 정서 반응은 저마다 다르다. 예를 들어 깜짝 놀랄 이벤트를 해주면 어떤 이는 큰 기쁨을 느끼지만, 어떤 이는 부끄러움을 느낀다. 갑자기 혼자 남겨졌을 때 어떤 이는 외로움을 느끼고, 어떤 이는 공포를 느낀다.

저마다의 과거 경험으로 인한 것일 수 있다.

과거 경험에 의해 학습되어 부정 정서를 느낄 상황이 아닌데도 느껴지거나 불필요하게 높은 강도로 느껴질 때가 있다. 이는 나의 정서에 지속적으로 동반하는 부정 정서가 된다. 자신의 주된 부정 정서를 발견하면 그 정서에 통제당하는 것이 아니라 언제, 어떻게 일어날지를 예측할 수 있다. 또는 일시적으로 왜 이런 감정이 드는지 인지하고 해소하며 굴레에서 벗어나 건설적인 방향으로 해방될 수 있다.

감정이 행동으로 이어져 손이 덜덜, 입이 파르르 떨리거나 불안한 눈빛이 바쁘게 돌아갈 때가 있다. 또는 몸이 차갑게 식거나 얼굴이 뜨겁게 달아오르고 식은땀이 나는 등 감정에 따라 신체가 반응한다. 두려울 때는 손이 차가워지고 얼굴이 창백해진다. 소름이 돋기도 하고 긴장되며 떨림이 느껴진다. 수치스러울 때는 얼굴이 화끈거리면서 붉어지고, 고개를 숙이거나 시선이 아래로 떨어진다. 분노할 때는 근육이 긴장되며 힘이 들어가고 심장 박동수가 증가한다. 신체가 열기로 달아오르기도 한다.

생각이 감정으로 이어지는 경우도 있다. "생각만 해도 벌써 두려워, 생각만 해도 벌써 부끄러워, 생각만 해도 벌써 화가 나"라는 말을 한 적 있는가.

이와 같은 감정의 전이는 감정의 강도가 높고 지속적으로 반복된 경험일수록 더 강하게 나타난다. 과거에 언제 이러한 반응을 경험했는지 떠올려보자. 그리고 지금 같은 상황이 다시 발생한다면 어떤 생각이 들지 이야기해보자. 이야기한 후에 지금은 어떤 감정인지 카드를 다시 골라보자. 지금은 상황이 다르다. 같은 상황이 발생하더라도, 나의 감정은 생각보다 나아졌는데도 과거의 감정을 동일하게 느낀다고 착각하고 있는 경우도 많다. 과거와 지금을 구분하고, 지금의 내가 과거의 나에게 해주고 싶은 말은 무엇인지 이야기해보자.

(3) 감정의 강도 알기

부정 정서를 완전히 없앤다는 것은 위험하다. 또는 불필요하다. 이제는 부정 정서가 나에게 주는 순기능이 있다는 것을 잘 알고 있을 것이다. 그뿐만 아니라 완전히 없애기란 쉽지 않다. 애써 없애려고 노력했으나 실패경험이 되어 부정 정서가 오히려 가중될 수 있다. 어느 정도는 용인하자. 그 대신 부정 정서를 느끼더라도 하던 일을 지속할 수 있도록 강도를 조절하는 노력이 필요하다.

내 감정의 강도는 어떻게 알 수 있을까? 우리의 표정을 보고 가늠해보는 방법도 있다. 사실, 감정에 휩싸여 있을 때는 이성이 말을 듣지 않아 글도 눈에 잘 들어오지 않는다. 이럴 때는 나의 표정을 관찰해보자. 누군가의 미소 짓는 모습을 본다면 '기분이 좋은가 보네', 잔뜩 찡그린 얼굴을 본다면 '기분 나쁜 일이 있었나 보네'라고 생각한다. 이처럼 우리의 정서는 표정으로 표출된다.

우리는 사회적 상호작용 과정에서 다른 사람의 표정을 통해 그 사람의 정서를 파악하며, 우리 스스로도 표정을 통해 자신의 정서를 드러내기도 한다. 표정에 대한 고전적인 연구들은 적어도 기쁨, 분노, 슬픔, 공포, 혐오 등 몇 가지 정서를 나타내는 표정들이 진화적으로 발달한 생득적인 기제로 문화보편적인 양상을 띤다고 주장한다(Ekman, 1993).

온전히 자신에게만 집중하여 감정을 알아차리기 위해 나의 표정을 살펴보자. 나의 표정을 관찰하고 정서카드에서 나의 표정과 유사한 카드를 찾아보자. 정서카드의 왼쪽 상단을 보면, 숫자(01~07)가 있다. '01'은 근원이 되는 감정을 의미하며, 숫자가 높아질수록 강도가 높아지는 것을 의미한다. 나의 표정과 유사한 표정을 찾아보고, 카드 뒷장의 감정에 대한 정의를 읽어보며 진짜 나의 감정이 무엇인지 찾아보자. 생각보다 강도가 높을 수도 있고, 낮을 수도 있다. 나의 감정을 온전히 알아차려야 강도를 조절할 수 있다.

(4) 부정 정서의 원인이 되는 감정 찾기

표출된 감정 아래에 원인이 되는 또 다른 감정이 있을 수 있다. 예를 들어 지금 분노를 표출하고 있지만, 그 분노는 사실 서러운 감정 때문일 수 있다. 즉 각기 다른 상황, 과거 경험으로부터 이미 나에게 굳어진 특정 정서로 반응한다. 알고 보면 전혀 분노할 상황이 아닌데 과거에 분노했던 감정을 기억하고 습관처럼 반응하는 것이다. 따라서 내가 표출하고 있는 감정 기저에 원인이 되는 감정을 찾아야 그 부정 감정을 해소할 수 있다. 현재 나의 감정에 해당하는 카드를 찾아보고, 그 감정이 일어난 원인, 이유가 무엇인지 다른 감정카드 하나를 더 찾아보자. 그리고 카드 뒤에 적힌 정의를 읽어보며 감정의 원인과 흐름을 파악해보자.

(5) 부정 감정의 반대 감정 찾기

정서에는 양가감정(兩價感情)이 존재한다. 양가감정이란 동일한 대상에게 정반대의 상대적인 감정을 동시에 느끼는 것을 말한다. '시원섭섭', '애증' 등을 예로 들 수 있다. 이처럼 부정 정서는 긍정 정서를 동반한다. 따라서 주된 부정 감정을 고르고, 긍정 정서에서 그 부정 감정을 극복하기 위한 반대 감정을 찾아보자. 사람마다 같은 부정 감정을 느낄지라도 극복하기 위한 반대 감정은 다를 수 있다. 나의 부정적인 감정을 극복할 수 있는 긍정적인 감정을 찾아 상기하며, 긍정적인 에너지로 패러다임을 전환해보자.

4

정서의 패러다임 전환을 위한 정서코칭 사례 Before & After

정서의 패러다임 전환은 자신의 정서에 온전히 집중하며 스스로 진행해보기를 바란다. A씨의 사례를 통해 정서의 패러다임을 전환하는 과정을 살펴보자. 그리고 A씨가 했던 정서코칭 순서와 방법에 따라 독자도 함께 실행하여 셀프 정서코칭을 통해 정서의 패러다임을 전환해보자.

Before

A씨는 에니어그램 에너지중심 중 '생각중심형'에 해당한다. A씨의 주된 부정 정서는 '두려움'이다. 평소에 A씨는 주어진 업무를 정확하고 신속하게 처리하는 것에 자신이 있다. 그러나 사람들 앞에 서서 발표해야 하는 업무는 생각만 해도 두렵다. 준비를 아무리 열심히 했어도 실수하면 어쩌나, 잘못을 지적받으면 어쩌나 불안하다. 예상치 못한 질문이 나오면 어쩌나 걱정도 된다. 물론, 잘해낼 수 있을지도 모르지만 잘해내지 못할 수도 있다는 가능성이 있기에 두렵다. 두려움으로 예민해질 때면 다른 사람에게도 신경질적으로 대할 때가 있다. 그런 자신이 싫고, 주변 사람들에게 미안해서 죄책감이 든다.

Play 1

자신의 주된 부정 정서를 근원으로 하는 정서카드 중에서 자신이 자주 느끼는 감정이라고 생각되는 카드를 골라본다.

↳ A씨는 자신의 주된 부정 정서인 '두려움'을 근원으로 하는 카드 중에서 '두려움' 카드를 골랐다.

[두려움]

Play 2 거울을 보고 자신의 표정을 관찰한 후, 유사한 표정이 있는 카드를 찾아본다.

↳ A씨는 '부담감' 카드를 골랐다.

Play 3 '생각만으로 고른 감정카드'와 '표정을 보고 고른 감정카드'를 나란히 놓는다. 그리고 뒷장에 적혀있는 감정에 대한 정의를 읽어본다.

↳ A씨는 자신의 표정을 보기 전에는 '두려움' 카드를 골랐다. 그러나 표정을 보니 '부담감'이라는 것을 발견했다. '두려움' 감정의 강도는 '1'이지만, '부담감' 감정의 강도는 '4'로 '두려움'보다 더 높은 강도의 감정이었다.

Play 4 앞에서 고른 2개 카드 뒷면의 내용을 읽어본다. 상단의 내용을 통해 감정의 순기능을 알 수 있다. 그리고 하단의 세 가지 질문에 답해본다.

↳ A씨는 '두려움', '부담감' 2개 카드 뒷면의 내용을 읽어보았다. 감정의 정의를 읽어보니 실제로 두려움보다는 부담감에 해당하는 감정이었음을 확인했다. 그리고 부담감은 잘하려고 하는 동기에서 비롯된 감정이라는 것을 깨닫고 나니 이제야 왜 그런 감정을 지속적으로 느꼈는지 이해가 되었다고 한다.

↳ 또한 A씨는 부담감 카드 뒷면의 하단에 제시된 세 가지 질문 "지금까지 가장 부담이 되었던 일은 무엇인가?", "가장 날아갈 것 같아 기뻐했던 때는 언제인가?", "최근 책임져야 하는 것은 무엇인가?"에 대해 스스로 답변해보았다. 답변을 해보면서 침착하게 상황을 파악해보고, 감정을 표현해볼 수 있었다고 한다.

Play 5	질문에 대한 답변을 통해 생각을 정리해보았으면, 이제 자신이 느끼는 감정에 대해 스스로 재정의해보자. ↳ A씨는 자신이 주로 느꼈던 부정 감정을 "잘하고 싶은 마음에 부담을 느끼는 상태"라고 정의했다.
Play 6	자신이 주로 느끼는 부정 감정의 원인을 파악해보자. 그리고 원인에 적합한 격려의 말을 찾아보자. ↳ 그동안 A씨는 주변 사람들로부터 "발표 연습을 많이 해보세요", "스피치 학원을 다녀보는 것은 어때요?", "대충 해" 등의 말을 들어왔다고 한다. 그러나 좀처럼 감정이 나아지지 않았다. ↳ 만일 A씨의 감정이 '두려움'이었다면 그 감정을 느끼는 원인은 미리 준비하고 예방하지 못했기 때문이었을 것이다. 그러나 A씨의 진짜 감정은 '부담감'이었다. 부담감의 원인은 잘하려고 하는 동기였기 때문에 아무리 준비하고 예방하려고 해도 예민해지고 신경질적으로 변하는 모습은 지속되었을 것이다. 따라서 A씨에게는 "충분히 잘해낼 수 있을 거예요", "최선을 다했다는 것을 알고 있어요, 잘했어요" 등의 말이 부담감으로부터 해방시키는 데 도움이 될 것이다.
Play 7	부정 정서의 반대 감정을 찾아보자. 같은 부정 정서여도 극복할 수 있는 반대 감정은 저마다 다를 수 있다. ↳ A씨는 부담감에 대한 반대 감정으로 '용기'를 선택했다. 카드 뒷장의 상단 내용을 읽어보자. "용기란 역경이 오더라도 도망가지 않고 정면으로 맞서는 씩씩하고 굳센 기운을 말한다. 비록 겁이 나더라도 굴복하지 않으면 우리는 성취할 수 있다." 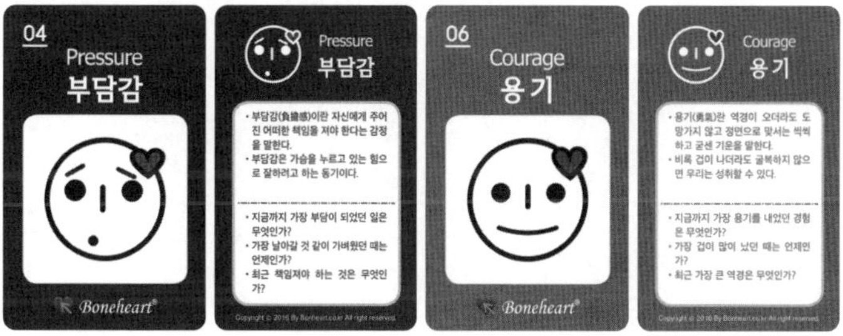 ↳ A씨가 그동안 그토록 두렵고 부담스러워했던 발표를 해내왔다는 것은 그만큼 용기를 냈다는 것이다. A씨는 용기를 냈을 때 부담감을 이겨낼 수 있었다. 더 나아가 스스로만 굴복하지 않으면 어떤 일이든 성취해낼 능력이 있다는 것을 깨달았다. 따라서 지금 느끼는 부담감을 나쁜 감정으로만 여기고 억누르며 스트레스가 심화되도록 내버려두지 않을 것을 다짐했다. 또한 주변에

	신경질적으로 대하는 자신의 모습은 스스로 원하는 모습이 아닌 것을 기억하며 그럴 때마다 더욱 용기를 내보기로 했다.
After	A씨는 정서코칭을 통해 그동안 부정 감정으로만 느꼈던 '두려움'이 사실은 '부담감'이었다는 것을 알게 되었다. '부담감'은 잘하고자 하는 동기이며, '용기'를 갖고 임한다면 무엇이든 성취할 수 있다는 것을 기억하기로 했다. 또한 '용기' 카드를 잘 보이는 곳에 두고, 부담감을 느낄 때마다 그 카드를 보며 부정 정서를 건설적인 에너지로 전환하기 위해 노력하고 있다. 그 결과, 사람들 앞에 나서서 발표해야 할 때면 여전히 두렵고 부담감을 느끼지만, 이러한 감정을 사람들과 나누기 시작했다고 한다. 그리고 자신의 잘하려고 하는 태도가 다른 사람에게 신뢰를 주고 있다는 것을 깨달았다고 한다. 이에 대한 자부심을 갖고 좀 더 용기를 낼 수 있게 되었다.

성찰질문

아래의 여섯 가지 질문에 스스로 답해보시기 바랍니다.

1. 나의 에너지중심과 주된 부정 정서는 무엇인가?
2. 내가 자주 느끼는 부정적인 감정 또는 가장 느끼고 싶지 않은 부정적인 감정은 무엇인가?
3. 부정적인 감정을 느꼈던 가장 어릴 적 경험은 무엇인가?
4. 가장 최근에 부정 정서를 느꼈던 경험은 무엇인가?
5. 부정적인 감정의 원인은 무엇인가?
6. 부정적인 감정을 극복할 수 있는 반대 감정은 무엇인가?

참고문헌

돈 리처드 리소, 러스 허드슨, 주혜명 옮김, 『에니어그램의 지혜』, 한문화, 2019.

레이첼 브라이언, 노지양 옮김, 『걱정 덜어내는 책』, 아울북, 2021.

프랑수아 를로르, 크리스토프 앙드레, 베요운란 옮김, 『내 감정 사용법』, 위즈덤하우스, 2008.

DK 심리 원리 편집위원회, 장근영 · 이양원 옮김, 『심리 원리: 인포그래픽 심리학 팩트 가이드』, 사이언스북스, 2019.

신은주

2. 정서코칭 로드맵

"내가 그의 이름을 불러주기 전에는 그는 다만 하나의 몸짓에 지나지 않았다.
내가 그의 이름을 불러주었을 때, 그는 나에게로 와서 꽃이 되었다."

– 김춘수, 「꽃」

1 감정의 정체성

하루에도 수없이 많은 감정이 나에게 찾아온다. 그런 감정들을 내가 얼마나 이름을 불러주며 따스하게 맞이해주고 있는가 생각해보면, 어떤 감정은 스쳐 지나가게 두고 그런 감정을 느꼈는지조차 인식하지 못하는 때도 있고, 어떤 감정은 떨쳐버리려고 해도 잘되지 않아 나를 괴롭히든 누군가를 괴롭히든 머물러 있는 것을 발견하기도 한다. 어떻게 하면 감정들을 잘 맞이하고 명료화시켜서 잘 정리하고 잘 보내줄 수 있을까? 그것은 감정의 정체성을 찾는 것에서부터 시작된다. 먼저 내가 느끼는 감정의 이름을 찾아 불러주자. 하루를 시작할 때, 하루를 마감할 때, 정서카드를 펼쳐놓고 그냥 순간순간 때때로 내가 느끼는 감정들을 눈길과 손길이 가는 대로 카드를 지나치지 말고 마음을 열어 잡아주자. 김춘수의 「꽃」이라는 시에서도 말하고 있듯이 말이다. 눈길을 주며 감정을 찾아 이름을 불러주기 전에는 그저 하나의 몸짓에 지나지 않았지만, 눈길과 손길이 가는 곳에서 멈추고 그 순간 나의 감정의 이름을 찾아 불러주고 마주하며 탐색해준다면 달라진다. 비로소 나에게 와서 꽃이 되고 소중하고 특별한 감정으로 자리하게 된다. 그러면 왜 내가 그런 감정이 느껴졌는지 인식하게 되고, 그런 다음에는 앞으로 어떻게 해야 하는지에 대한 해결책도 찾을 수 있게 된다. 순간순간 무심코 지나칠 수 있는 나의 감정에 정체성을 찾아주고 이름을 불러보자.

정서코칭을 처음 시작하려고 할 때 단계별로 길을 찾아갈 수 있는 정서코칭 로드맵을 소개하고자 한다. 처음은 누구나 설레고 기대되고 긴장될 것이다. 어떤 사람은 두렵기도 하다고 표현한다. 정서코칭을 하고 싶고, 받고 싶은데 무엇부터 시작해야 할지, 어떻게 해야 하는지 어려워하는 분들을 위해 총 7회차로 정서코칭의 회차별 로드맵을 구조화해보았다. 물론, 이 중에 한 가지만 잘해도 정서코칭은 충분하다. 또한 7회기가 아니라 더 충분히 길들 때까지 반복해서 많이 해줘도 좋다. 정서관리를 위한 정서코칭은 내가 얼마나 습관으로 만들어가느냐에 따라 마음에 길들여져서 아름다운 정서 팔레트로 물들어가기 때문이다.

〈표 3.6〉 정서코칭 로드맵

회차	코칭 내용	소요 시간(분)	과제
1회차	[만남] 정서관리도 코칭이 필요해 [기대와 동기 정립] & [봄 이름표 만들기]	60	[영화 보기] 〈인사이드아웃〉 마음관리=정서관리
2회차	[확립] 정서대화의 시작! Stop thinking, Start feeling!: 기분점수척도, 감정온도계	60	한 주간 감정온도계, 기분 그래프 그리기
3회차	[소통] 핵심 정서 뿌리 찾기: 듣기 싫었던 말, 듣기 좋았던 말	60	정서인식 질문을 통한 핵심 정서 뿌리 찾기
4회차	[위로] 나의 인생, 정서로 물들이자: 내가 살아온 인생의 감정곡선 그리기	60	나의 인생, 감정으로 색칠하기
5회차	[행복] 메타감정 그리고 메타인지: 감정의 바람[욕구] 인식하기	60	감정 손님, 욕구 찾아주기
6회차	[변화] 정서와 소통하는 삶 - 정서에 집중하라: 자가정서관리법[정서일기]	60	정서일기를 쓰자!
7회차	[통합] 정서와 동행하는 삶: 정서와 마주하며 동행하기	60	정서 동행의 출발 행복의 비밀 [성숙한 방어기제]

2

1회차[만남] 정서관리도 코칭이 필요해

"감정이 뭐죠? 감정을 느끼는 걸 허용하지 않고 살아온 것 같아요."

감정을 느끼는 걸 허용하지 않고 살아왔다는 한 대상자. 그러면 감정은 사라지는 것일까? 감정의 역할은 무엇일까? 허용할 수 있는 것인가, 허용하지 않아도 괜찮은 것인가?

감정의 이름은 정말 다양하다. 그러나 감정이라는 이름에 익숙하지 않다고 말하는 대상자가 많다. 익숙하지 않다는 것은 사용한 빈도수가 그만큼 적다는 것을 의미한다. 어떻게 하면 익숙하게 해줄 수 있을까? 방법은 간단하다. 표현할 기회를 늘려서 감정의 길을 만들어주는 것이 정서코칭의 로드맵을 만들게 된 큰 계기가 되었다. 내가 느끼는 것은 내가 필요해서 느끼는 것이다. 그 필요를 채워주려는 노력이 곧 나라는 존재를 인정하고 수용하고 존중하는 것이다. 내가 느끼는 감정 밑에 진짜 감정과 바람(욕구)을 찾아주고, 나의 핵심 정서의 뿌리를 찾아서 현재의 나에게 어떤 역할을 하고 있는지를 알아가는 과정이 필요하다. 이것을 알면 나를 알고, 상대를 알아서 소통하고 공감할 수 있게 된다. 그래서 정서관리에도 나의 정서를 알아차리고 느끼고 집중할 수 있도록 도와주는 아주 특별한 코칭이 필요하다. 마음관리에서 가장 중요한 것은 정서를 관리하는 것이다.

(1) 감정대로 행동하면 어쩌죠?

어떤 사람들은 이렇게 질문한다. 감정을 알면 너무 감정대로 행동하게 되는 게 아닌지 궁금해한다. 감정대로 행동하는 것은 감정이 하는 역할을 제대로 알지 못하고 감정의 한 부분만 가지고 분석과정 없이 바로 행동으로 옮기기 때문에 나타나는 현상이다. 감정을 안다는 것은 그 감정이 가지고 있는 에너지의 성질, 그리고 표출되는 방향과 그에 따른 해결방법도 함께 알게 되는 것이다. 그러면서 진짜 바라는 욕구를 인식하게 된다. 따라서 감정을 제대로 알면 어떻게 행동해야 하는지에 대한 해답이 보이고, 그 해답을 통해 현재 상황에서 가장 합당한 말과 행동이 표현되도록 제어할 힘을 갖게 된다. 따라서 감정대로 행동하면 어쩌나 고민하고 있는 이들에게 감정과 행동을 연결해주는 욕구를 찾아주고, 그 역할에 대해 탐색하는 과정이 꼭 필요한 것이다.

(2) 자존감이 너무 낮아요

자존감(自尊感)이라는 한자에서도 알 수 있듯이 느낄 感은 '느끼다', '마음을 움직이다', '고맙게 여기다'라는 뜻을 내포하고 있다. 이것으로 보아 자존감은 자기 자신이 가치 있고 소중하며, 유능하고 긍정적인 존재라고 믿는 마음, 그렇게 느끼는 감정이라는 것을 알 수 있다. 즉 내가 나를 높여 귀하게 대하고, 나를 존중하고 소중하다고 느끼는 감정이다. 사실상 감정은 '높다', '낮다'라는 개념보다는 '깊다', '얕다'라는 차원으로 쓰는 것이 더 어울린다. 내가 누군가에 대해 잘 모를 때 아직은 관계가 얕다고 한다. 그러나 만나면 만날수록 그 사람에 대해 많은 것을 알게 되고, 관계가 전보다 더 깊어졌다고 표현한다. 이렇듯 자존감을 느낌, 감정의 차원에서 본다면, 나를 존중하는 마음이 낮다는 것은 곧 나에 대해, 내가 느끼는 감정에 대해, 왜 이런 감정이 느껴지는지에 대해 잘 모른다는 말과도 같다고 할 수 있겠다. 왜 나에 대해 잘 모르는 것일까? 알려고 하지 않은 것은 아닐까? 단면만 보고 이렇다 저렇다 평가한 것은 아닐까? 자존감이 너무 낮다고 여기고 있다면, 나와의 깊이 있는 정서적 소통을 통해 나에 대해 깊이 있게 몰입하고 알아가는 시간을 가져보면서 깊이를 더해가자.

(3) 자신감이 필요해요

자신감(自信感)은 "어떤 일에 대(對)해 뜻한 대로 이루어낼 수 있다고 스스로의 능력(能力)을 믿는 굳센 마음(출처: 디지털한자사전 e-한자)"으로, 이러한 마음을 느끼는 감정, 즉 자기신뢰감이다. 자신감이 있으면 우리는 무엇이든 해낼 수 있게 된다. 그렇다면 자신감은 언제 어떻게 느낄 수 있을까?

(4) 자존심을 지키고 싶었어요

자존심(自尊心)이란 "남에게 굽히지 아니하고 자신의 품위를 스스로 지키는 마음(출처: 표준국어대사전)"이다. "남에게 굽히지 않고 자기(自己) 몸이나 마음을 스스로 높이는 마음(출처: 디지털한자사전 e-한자)"을 말한다.

남, 즉 다른 사람으로부터 자기 자신을 존중받고자 하는 마음이다. 이는 남이 어떻게 생각하든지 간에 자신을 지키고 싶고, 자신을 존중하는 마음을 유지하고자 하는 태도라 할 수 있겠다. 남을 의식한다는 데서 자존감, 자신감과는 차이가 난다. 그렇다면 무엇이 먼저일까? 자존감일까, 자신감일까, 자존심일까? 이 세 가지 모두 잘 유지할 방법은 무엇일까?

(5) 소확행 봄 이름표 만들기

가볍게 정서대화를 시작해보자. 정서코칭에 참여한 참가자들과 첫 번째 시간에 하는 소확행 봄 이름표 만들기를 통해 특정 감정에 대해 몰입해서 탐색하는 시간을 갖는다. 주제는 소확행의 의미처럼 '행복'이다. 처음부터 부정적인 감정에 몰입하게 하기보다는 일상 안에서 행복이라는 감정을 찾아보는 활동을 통해 감정을 탐색하는 것에 관심을 갖게 해보자. 우리가 궁극적으로 추구하는 감정은 '행복'이기에, 누구나 행복해지고 싶은 욕구가 있기에 '행복'이라는 감정으로 먼저 시작해보자.

① 최근에 경험한 소확행(소소하지만 확실한 행복)을 찾아보자.
② 어떤 경험이었는지 나누어본다.
③ 그 경험 위에 '~(해)봄'이라고 감정 이름을 붙여 표현해본다.

이를 통해 최근 겪은 수많은 경험 중에서 행복이라는 감정에 집중해서 찾아보는 경험을 하게 된다. 설사 최근 경험에 행복이라는 감정이 없었더라도 괜찮다. 행복을 찾아가는 과정 자체가 행복을 추구하는 것이기에 그 참가자에게는 '행복 찾아 기대해봄'이라고 지어주어도 좋겠다. 어떤 경험이든지 감정 이름을 붙여서 앞으로 함께 걸어갈 정서코칭 로드맵에 대해 기대감을 갖게 해주자. 왜 그래야 하는가? 감정은 찾는 과정이 필수이기 때문이다. 나의 기분, 나의 느낌, 나의 감정, 나의 정서를 찾아가는 여행을 떠나보자.

정서코칭 참가자의 소감

오늘 수업을 들으며 감정 전이가 가장 핵심이었던 것 같다. 오늘 주제와 아주 알맞게 어제 엄마의 감정이 전이되어버리고 말았다. 내 감정은 대부분 가족으로부터 영향을 받는다. 특히 엄마에게 영향을 많이 받는데, 어제 엄마의 분노표출로 인해 어제오늘 너무너무너무 힘들었다. 잠수 탈까 생각하기도 했다. 진짜 사라지고 싶은 하루였다. 하루빨리 독립을 해야 할 것 같은데 아직 따라주지 못하는 현실이 또 답답할 뿐이었다. 그나마 오늘 기분전환을 할 수 있었던 것은 봄 이름표 덕분이었다. 공원에 앉아서 하늘을 바라보며 눈물 한바탕 흘리고 나니 개운했고, 타이밍 좋게 하늘에 무지개가 보이니 갑자기 기분이 좋아졌다. 이렇게 보면 난 참 단순한 사람이다. 오늘 수업하면서 울지도 모르겠다고 생각했는데 정말 울어버렸다. … 그래도 오늘 함께한 구성원들에게 많은 위로와 감동을 받았다. 진심으로 위로해주심에 감사하고, 또 내가 알지 못했던 부분도 알려주고 다들 마음이 좋아서 덕분에 한결 가벼워졌다. 공허카드로 '내 노력에 대한 인정 욕구가 큰 사람이구나'라는 것을 알았고, 더불어 가족을 사랑하지 않는다고 생각했는데 오히려 반대였다는 것을 알게 되었다. 또 정말 사소한 것에 행복해할 만큼 단순한 사람이라는 것을 알았다. 감정을 선택할 수 있다는 것이 무슨 말인지 몰랐는데, 봄 이름표로 간단하게 바뀔 수도 있다는 것을 오늘 많이 느꼈다.

3

2회차 [확립] 정서대화의 시작

정서지능을 높이는 정서대화로 소통하자!

정서대화로 만들어가는 감정의 인지적 재구성의 시작!

정서지능을 높이고 싶다면 정서대화를 해봐야 한다. 즉, 정서를 인식하는 정서대화 질문을 나 스스로에게 먼저 적용해보아야 한다.

첫째, 나의 오늘 기분은 어떤가 질문해보자. 하루를 시작하기 전, 또는 하루를 마무리하기 위해 잠자리에 들기 전, 때로는 감정이 느껴지는 모든 순간이 이 질문을 던질 절호의 타이밍이 될 수 있을 것이다.

둘째, 그 기분에 점수를 매겨보자. 방법은 다양하다. 날씨를 나타내는 온도를 사용해서 영하 5℃, 영상 10℃ 등으로 설정하거나, 물의 끓는점 100℃를 사용해도 좋고, 우리 몸의 체온인 36.5℃를 기준으로 사용해도 좋을 것이다. 숫자 자체가 주는 의미보다 내가 그 숫자에 부여한 의미가 더 중요하게 인식되기 때문에 어떤 점수를 사용해도 무방할 것이다.

셋째, 스스로 그 점수에 의미를 부여해보자. 그때 숫자에 불과했던 점수에 나의 시선, 나의 관점이 만들어져서 감정의 인지적 재구성이 일어나게 된다. 그 점수는 나에게 어떤 걸 의미하는지 나만의 시선, 나만의 관점을 만들어 의미를 부여해보자.

넷째, 얼마나 이 기분에 만족하는지 물어볼 수 있겠다. 현재의 감정에 대해 매겨본 점수에 만족할 수도 있고, 더 높이고 싶거나 변화를 주고 싶을 수도 있다.

다섯째, 만족한다면 이 점수를 유지하기 위해 자신에게 해주어야 할 것,

필요한 것이 무엇인지, 즉 욕구를 탐색한다. 반면에 만족하지 않는다면, 지금의 점수를 만족한 수준에 이르게 하기 위해서 어떤 것이 나에게 필요한지 탐색해본다. 이러한 탐색은 순수하게 나에게 집중하는 시간이 되어 감정이 바라는 진짜 욕구를 찾게 될 것이다.

정서대화 다섯 가지를 먼저 자신에게 적용해보면서 나의 기분 그래프를 차곡차곡 쌓아가보자.

이렇게 하면 무심코 스쳐 지나간 순간, 하루, 일주일을 한눈에 알아볼 수 있게 되면서 나의 기분이 어떤 것들과 관련되어 있는지, 그 기분이 언제, 어디에 영향을 주게 되었는지 등이 읽혀 나의 기분이 나를 어떻게 이끌고 있는지 분명하게 인식하게 될 것이다. 나의 감정, 기분, 느낌을 인식하는 것. 정서대화의 시작이다! 시작해보자!

(1) 정서대화로 시작하자!

하루를 시작하는 아침이나 잠들기 전, 또는 하루 중 감정을 탐색하고 싶은 어느 순간이어도 좋다. 5분이면 충분하다. 정서에 집중해볼 수 있는 5단계 정서대화를 통해 정서를 관리하자.

① 오늘 기분은 어때요?
② 기분에 점수를 매겨보세요.
③ 그 점수는 어떤 걸 의미하나요?
④ 이 점수에 얼마나 만족하나요? 유지하고 싶은가요? 변화를 주고 싶나요?
⑤ 만족한 기분 점수를 얻기 위해 어떤 게 필요할까요?

(2) 마음의 온도는 시절을 모른다

우리는 대부분 자기 감정을 억누르고 참는 것이 옳다고 생각하고 살아간다. 언제부턴가 나를 표현하는 것은 해서는 안 되는 것이라 여기고 살게 되었고, 그렇기에 나 자신의 감정은 중요하지 않다고 생각하며 살아간다. '그 감정을 정서로 인지하는 것, 그 감정을 이기는 방법은 나에게 질문하는 것'이 해답이다. 우리가 정서를 관리해야 하는 이유는 바로 '늘 나 자신, 타인, 그리고 사회와 싸우고 갈등하기 때문'이다. 그렇기에 마음의 온도는 시절을 모르고 느닷없이 찾아온다.

(3) 나의 온도, 계[파이플 에디터의 시선 에세이]

독립출판물 『파이플』 7호 「온도감각」 편에 실린 이야기를 소개하고자 한다.

마음의 온도, 내가 가장 어려지는 시간

우리는 '감정'이라는 '마음의 온도'에 이끌려 살아간다. 마음은 사람을 움직이는 가장 큰 무기라고 할 수 있다. 그 아무리 강한 사람이라도 온도에 따라 행복하기도, 슬프기도 한다.

요즘 사람들은 '괜찮다'라는 말로 자신을 위로하며, 마음의 온도인 감정을 억누르며 살아간다. 그러나 억누른 감정에서 만들어진 생채기는 끝없이 우리를 괴롭힌다. 이를 알면서도 왜 우리는 감정을 억누르는 것일까? 바로 감정을 '약한 모습'이라고 생각하는 데서 비롯되기 때문이다. 하지만 감정은 스스로를 지키기 위해 보내는 신호이자 나를 지키는 방법이다. 그 감정이 원하는 것이 무엇인지 욕구를 알아차리고, 이를 해결해나갈 수 있을 때 비로소 안정감을 느끼게 된다. 어쩌면 마음의 온도가 뚜렷하게 드러나려고 할 때면, 우리가 가장 어려지는 시간이 필요하다는 알람이 울리는 게 아닐까.

우리에게 찾아온 감정을 억누르지 말고 그 알람 소리를 가만히 들어보자. 감정은 나에게 원하는 것이 있기에 찾아온다. 생각으로 감정을 누르지 말고 잠잠히 느껴보자! 느낌이 중요하다. 느끼지 못하면 자기 것이 아니다. Stop thinking, Start feeling! 영화 속 명대사이기도 하다. "생각하지 말고, 느껴라!(Don't think. Feel it!)"

4

3회차[소통] 핵심 정서 뿌리 찾기

상대의 마음을 읽고 싶은 그대여, 정서인식 질문으로 나를 찾는 여행을 떠나보자!

내 마음을 알면 상대방의 마음을 이해하고 알 수 있다는 말을 처음 듣게 되었을 때, '정말 그럴 수 있을까?' 하는 생각에 반신반의하는 분도 보았다. 그러나 간단하다. 나의 마음이 어떠한지 알 수 없으면 누구의 마음도 감정도 생각도 느끼기 어렵지만, 나의 마음, 생각, 감정이 어떠한지 잘 느낀다면 내 주변 누구의 말과 행동을 통해서도 그 사람의 마음을 읽을 수 있게 된다. 더 정확히 말하자면 읽는다는 것은 느낀다는 것이다. 그렇게 느끼고 소통하기를 반복하다 보면 자신과 더 가까워짐을 느끼게 되고, 살아오면서 그저 참고 누르고 견디는 것에 익숙해져 있던 나의 정서를 있는 그대로 바라보게 된다. 그동안 내가 정말 어떤 색깔의 사람인지조차 잃어버리고 살아온 시간을 돌이켜보고, 다시금 나만의 정서 색깔을 조금씩 찾아갈 수 있는 여행을 떠날 수 있게 될 것이다. 두려움과 불안 속에 떠나게 되는 여행이 아닌, 나에 대한 관심과 기대, 자신감과 용기를 가득 안고서 말이다. 오늘도 자신의 마음을 들여다보기 위해 마음에 노크하자. 스스로를 치유해가는 나만의 1시간을 가지면서 나의 감정의 소중함과 특별함, 그리고 나의 진정한 가치성을 다시금 느낄 수 있길 바란다.

(1) 정서인식을 위한 10가지 질문[윤영돈 박사]

정서인식을 위한 10가지 질문들로 나의 핵심정서의 뿌리를 찾는 시간을 가져보자. 진행자가 참가한 구성원들에게 한 문장씩 돌아가면서 질문하고 답을 들어도 좋고, 참가자들끼리 질문하고 싶은 사람을 릴레이식으로 선택하며 질문해서 답을 들어도 좋다. 또는 좀 더 한 대상과의 깊이 있는 소통을 일으키고 싶다면, 짝을 지어서 짝끼리 인터뷰하는 형식으로 해도 좋다. 이렇게 참가한 구성원들 간의 진실되고 온기가 가득 담긴 마음과 따뜻한 눈으로 경청하고 바라보면서 그 여행길을 따라가다 보면, 상대의 어린 시절을 만나게 되고 어느새 마음 깊이 공감하고 있는 자기 자신도 만나게 될 것이다. 그 역동 속에서 나의 정서가 여기서 시작되었구나 하는 것을 통찰하게 되는 소중한 순간을 맞이하게 될 것이다.

① 어린 시절 자주 느꼈던 정서는 무엇인가?

② 부모님에게 가장 많이 느꼈던 감정은 무엇인가?

③ 가장 기뻤던 일은 무엇인가?

④ 화가 났을 때 그 느낌은 어떻게 설명할 수 있을까?

⑤ 지금까지 살아오면서 가장 즐거웠던 때는 언제인가?

⑥ 처음 느꼈던 죽음은 언제였으며, 그때 감정은 어떠했는가?

⑦ 우울할 때 어떤 행동을 하는가?

⑧ 두려웠던 상황은 언제인가?

⑨ 감정을 털어놓기 쉬운 상대방은 누구인가?

⑩ 가장 허무해질 때는 언제인가?

(2) 말에 담긴 부정적인 감정과 긍정적인 감정을 함께 만나보자

살아오면서 듣기 싫었던 말과 듣기 좋았던 말을 떠올려보자. 그런 다음에 내가 실수했을 때로 상황을 설정한 후, 그 당시 내가 듣기 싫었던 말, 듣기 좋았던 말, 듣고 싶었던 말을 떠올려보자. 그러면 더 잘 떠올릴 수 있을 것이다.

① 듣기 싫었던 말

- 네가 그럼 그렇지.
- 네가 하는 게 다 그렇지.
- 너 원래 그러잖아.
- 또 너지?
- 너 그럴 줄 알았다.
- 해가 서쪽에서 뜨겠네.
- 기대 안 해.
- 또야?

② 듣기 좋았던 말, 듣고 싶었던 말

- 괜찮아, 그럴 수 있지~.
- 누구라도 그랬을 거야.
- 많이 놀랐겠다.
- 괜찮아질 거야.
- 너니깐 그만큼 대처한 거야.
- 나 같아도 그랬을 거야.
- 누구나 실수는 해.
- 네 잘못이 아니야!
- 내가 도와줄게.
- 충분히 이해해.

이 말들은 감정을 포함하고 있다. 그때 내가 느낀 감정들이 모이고 쌓여서 내 정서의 뿌리를 만들었을 것이다. 당시 느꼈던 감정을 정서카드에서 뽑아보자. 진정으로 내가 듣고 싶었던 말, 그리고 느끼기를 바랐던 감정이 분명히 있었을 것이다. 그때는 듣지 못했지만, 앞으로 그런 좌절의 순간이 와도 내가 원하는 감정을 느끼기 위해서는, 타인이 아닌 내가 나를 위로해줄 수 있어야 한다. 위기의 순간에 나에게 어떤 말을 해줌으로써 위로해주고 공감해주고 싶은가? 이를 깊이 통찰하면서 정서카드를 뽑아보고, 왜 그런 말과 감정을 나에게 느끼게 해주고 싶은지에 대해 소통하는 시간을 가져보자!

5

4회차 [위로] 나의 인생, 정서로 물들이자

(감정곡선 그리기: 내가 살아온 인생을 정서로 물들이자!)

먼저 나의 정서관리를 통해 주변 사람들과 마주하는 상황들에 의해 생기는 감정에 대해 유연하고 의연하게 대처하게 하는 원동력인 내면의 힘을 기를 수 있게 된다. 나의 감정을 컨트롤할 힘을 갖추게 된다면, 앞으로 어떤 위기의 순간이 와도 감정을 이해하고 진짜 욕구를 탐색함으로써 어떤 행동을 선택해야 하는지에 대한 기준과 방향을 잡아줄 수 있다. 정서를 관리하는 내면의 힘이 삶 속에서 익숙하게 자리하게 된다면, 자신을 둘러싼 환경과 상호작용하는 자신을 있는 그대로 받아들일 용기가 생긴다. 자신에게 긍정적인 감정도 있고 부정적인 마음도 있지만, 그것들이 내 안에서 싸우는 것이 아니라 같이 균형을 맞춰갈 때 진정한 이해와 사랑하는 마음이 표출될 수 있다. 그것이 나를 찾아가는 방법이고, 있는 그대로의 나를 이해하고 수용하면서 나를 더 알아갈수록 자신감도 자존감도 지킬 수 있게 된다.

감정은 나의 능력과 역량에 많은 영향을 준다. 부정적인 감정이든 긍정적인 감정이든 내가 해야 할 일과 대인관계, 사랑에 많은 영향을 준다는 것은 누구나 겪어보았을 것이다. 그런데도 내 감정을 들여다보는 노력을 하지 않는다면, 늘 '나는 왜 이러는지 도무지 모르겠다'며 자신을 오해하고 회피하게 될 것이다. 깊이 있게 자신을 이해하고 싶은 마음은 설레기도 하겠지만, 사실 두려운 일이기도 하기에 용기가 필요하다. 지금까지 어떤 인생을 살아왔는지 한 번쯤은 인생 곡선을 그려봤을 것이다. 현장에서 수많은 사람의 인생 곡선을 들어왔지만, 그저 그때그때 있었던 사건을 나열하는 데 그친다. 이번 회차에서 그려볼 인생 곡선은 내 인생의 핵심적인 일들 속에 드러나지 않았지만, 숨어있던 감정들을 하나둘씩 꺼내보자. 사건 중심의 이야기가 아니라 당시 내가 느꼈던 감정을 정서카드에서 찾아 이야기해보자.

태어나서 현재까지 인생을 살아오면서 주요 사건 세 가지를 떠올려보고 이를 그래프로 나타내보자.

그때 내가 느꼈던 감정을 정서카드에서 뽑아서 그래프 위에 놓아보자.

사건이 아닌 당시 느꼈던 감정들을 위주로 통찰해보자. 지금의 나를 한층 더 깊이 있게 이해하게 될 것이다.

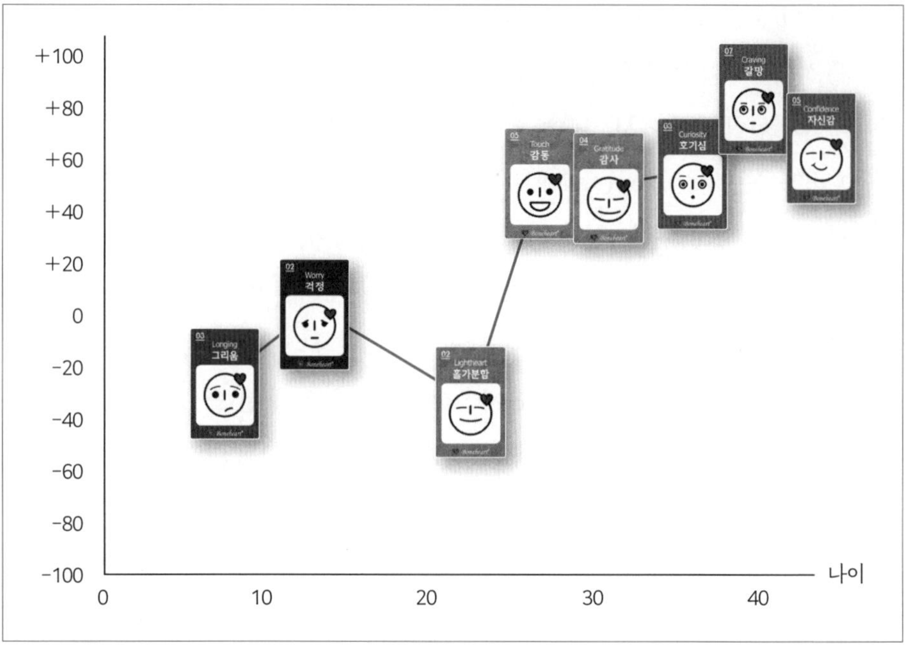

〈그림 3.2〉 감정곡선

6
5회차[행복] 메타감정, 메타인지

공감의 치유적 기능

하인즈 코헛(Heinz Kohut)은 "공감이야말로 인간 정신을 치유할 수 있는 가장 중요한 요인"이라고 말했다.

우리는 함께하는 구성원과의 집단역동을 경험하면서 묘한 마음의 위로와 감동을 받기도 하고, 주기도 한다. 집단역동이란 집단과정에서 발생하는 집단 구성원 간의 언어적 · 비언어적 상호작용의 총체로서 상호작용과 그 결과로 생성된 집단 내의 균형과 변화를 일컫는 말이다. 이처럼 집단 구성원 간에 '서로가 느끼는 감정이 비슷하구나. 나도 똑같이 느꼈는데' 하는 것을 알아차리게 되면, 공감과 함께 위안의 감정을 얻게 된다. 또 옳고 그름의 차원이 아닌 마음을 열어놓고 순수하게 자신이 느낀 기분과 감정언어로 소통하는 시간이 되었다면, 그것은 정말 어디에서도 얻을 수 없는 값진 시간을 경험하는 것이 된다. 관계의 양이 중요한 것이 아니라, 얼마나 대화가 잘 통하고 공감할 수 있는 관계인지에 따라 나에게 행복감이 찾아오게 되고 내면에 힘이 생긴다. 그리고 자기 자신도 누군가에게 그런 관계의 질을 가진 사람이 될 수 있도록 노력하고 싶어지는 마음도 갖게 된다. 어떻게 하면 이렇게 느낄 수 있을까?

① 감정을 이해하기보다 먼저 느껴보기: 감정을 명료화하고 있는 그대로 수용하기
② 감정 자체는 옳고 그름이 없음을 인식하기: 감정 자체가 옳고 그름, 좋고 나쁨이 있는 것이 아니라 그 감정으로 인해 어떤 행동을 선택했는가에 따라 행동의 옳고 그름이 결정될 수 있음을 인지하기
③ 감정의 원인이 되었던 선행 사건 탐색하기: 감정의 출발점이 되었던 사건, 상황 안에서 사실과 의견을 분석하고 필요한 정보 수집하기
④ 분석된 사실과 의견을 바탕으로 합당한 감정 찾기: 감정 위의 감정인 메타감정을 인지 위의 인지인 메타인지로 연결해서 이 감정이 나에게 주는 영향력을 느끼고 인지해보고 표현해보기
⑤ 이 감정이 진짜 원하는 욕구가 무엇인지 통찰하고 명료화하기

이 5단계 과정을 셀프 코칭으로 사용해보면 도움이 될 것이다. 가능하다면 나를 잘 공감해줄 수 있는 대상자와 함께해도 좋다. 이 5단계를 통해 감정이 나에게 주는 영향력을 금세 알아차릴 수 있을 것이다. 감정 자체는 좋고 나쁜 것이 아니다. 그러나 대부분 부정적인 감정이 올라오면 '어떻게 내가 이런 감정을 느낄 수 있지?' 하는 생각으로 감정을 차단한다. 하지만 감정은 그런 차원으로 해석될 수 없는 인간의 고유한 영역인 자유의지로 느낄 수 있는 차원의 것이다. 더 중요한 것은 그러한 감정이 행동에 영향을 주게 되면서 어떤 감정은 좋은 행동으로 나타나게 되고, 어떤 감정은 나쁜 결과를 낳게 된다. 감정을 부정적으로 가졌다고 해서 모든 행동을 부정적으로 선택하지 않을 수도 있다는 것은 그 과정에 메타감정과 메타인지가 작용함으로써 가능해진다. 나의 감정을 다시금 바라보며 메타감정을 알아차려보자. 그 안에 도식화된 나의 메타인지도 알아차려보자. 앎으로 모든 것은 쉬워진다. 그래야 진정으로 자신에 대한 진실한 공감이 힘을 발휘하게 된다. 이 과정을 수없이 반복해보자. 자신을 공감하고 타인을 공감하게 되는 것은 꾸준한 연습과 훈련이 그 결과를 말해줄 것이다.

핵심 감정을 탐색하고 메타감정 & 메타인지로 구성원들 간 집단역동으로 공감을 나눈 후의 소감

사례 1 시선의 변화

핵심 감정을 살펴보면서 그때의 내 감정을 내 시선으로 바라보는 것뿐만 아니라 타인의 시선으로 바라보고, 그 감상을 들으면서 이전의 나를 다르게 볼 수 있게 되었다. 나는 항상 나를 〈인사이드 아웃〉 영화 속 캐릭터 중에서 겁쟁이, 소심이로만 생각했는데 내가 생각보다 용기 있는 사람, 소신 있는 사람이라는 것을 발견할 수 있는 시간이었다. 조직 생활을 하면서 많이 부딪히는 것이 관계를 맺을 때 누군가의 감정에 공감하고 위로해주어야 하는데 그러질 못하는 것이었다. 나는 슬픔이 핵심 감정인데, 타인의 감정을 이해하는 것이 어렵다고 느껴진 것을 보면, 아직 내가 내 슬픔을 온전히 이해하지 못하고 있다는 것을 느꼈다. 앞으로 주어진 과제를 꾸준히 해서 습관으로 만들고, 내 슬픔을 바라보고 이해하고 위로할 수 있는 사람이 되고 싶다. 그리고 타인을 품을 수 있는 그릇으로 발전하고 싶다.

사례 2 긍정 감정으로 가는 지름길

나의 예전 모습을 돌아보니 부정 정서들이 많았다. 특히 슬픔, 소심이 주를 이루고 있었는데, 이러한 감정들이 나의 생각, 행동 패턴에 영향을 미치는 것인지 이전에는 알지 못했다. 하지만 정서코칭을 통해 다시금 인지하고, 감사한 것은 스무 살에 많은 경험을 통해 좋은 분들과 좋은 만남을 통해 이 감정들이 반대되는 희망, 기쁨으로 발현될 수 있다는 것을 알게 되었다. 부정적인 감정이 있기 때문에 긍정적 감정이 발현될 수 있다고 하셨다. 어려운 부분들이 있기에 소망이 생기는 이치와 같은 것 같다. 부정적 감정을 잘 느끼는데, 그에 따른 욕구를 찾으면 긍정적 감정으로 나아가기 더 쉽다고 해주셨다. 이제 긍정 감정을 느끼는 지름길을 찾은 것 같다. 핵심 욕구들을 채워가며 맞닿은 긍정적 감정들을 더 오래, 자주 머무를 수 있도록 해야겠다.

사례 3 비로소 나를 인정한 홀가분한 시간

나무에 결이 있듯이 인생에도 결이 있다. 자세히 들여다보지 않고 '누구나 다 있는 거야'라고 생각하며 다시 마주하기 싫어 지나갔던 일들을 정서코칭을 통해 나를 온전히 돌아보는 시간을 가졌다. 막막하기만 했다. 지난 감정인데, 생각하기 싫은데 뭘 느끼라는 건지…. 솔직히 인정하고 싶지 않았다. 나의 나약함도 부끄러움도 부족함도 창피함도 열등감도. 부딪치고 인정하지 않았기에 나의 감정은 어릴 적 그대로 멈춰 있었다. 비로소 인정하고 나서야 홀가분해진 느낌이다. 인정하며 느끼며 울고 나니 비로소 나에게 해줄 말이 생겼다. '괜찮아. 내가 온전한 네 편이 되어줄게. 언제나 함께할게!' "말이 곧 나의 내면, 정신의 힘이다"라는 말을 다시 새기며 나를 있는 그대로 인정하고 긍정과 희망과 감사와 사랑의 말로 나로 이끌어 성장해가야겠다.

7

6회차[변화] 정서와 소통하는 삶 - 정서에 집중하라

(자가정서관리법: 정서일기)

정서코칭에 참여하게 되면 감정 인지력 향상으로 스쳐 지나가던 감정들을 자주 느끼게 되는 현상을 경험하게 된다. 처음엔 어색해서 자꾸 그 감정을 붙잡고서 생각에 꼬리를 무는 모습을 보이게 된다. 그러나 모든 감정을 그렇게 붙잡고 탐문하기만 한다면 오랜 시간이 걸려서 감정이 느껴지는 자체를 불편하게 여길 수도 있다. 때로 인지했다면 곧바로 꼬리를 물듯 탐문하기보다는 우선 상황과 여건에 따라 차이가 날 수 있겠지만, 복잡하게 여겨진다면 잠시 물 흐르듯 흘려 보내주는 것도 해소하는 방법이 될 수 있다. 그리고 상황적 여건이 준비되었을 때 단순한 방법으로 감정을 정리해주는 것만으로도 얼마든지 정서관리 효과를 볼 수 있다. 정서일기가 그 대표적인 방법이라 할 수 있다.

의외로 걱정을 안 하는 것 같아도 걱정하고, 차분한 것 같아도 차분하지 않기도 하고, 활발한 것 같은데도 그렇지 않은 점들이 모두가 하나로 모여서 오늘날 자신의 모습을 만들어낸다. 나타난 결과보다는 과정, 내용에 하나하나 집중해보자. 앞 차시에서 언급했듯이 정서관리에서 가장 중요한 것은 내 안에 불편한 감정이 올라왔을 때 그것이 신호라는 것을 민감하게 인지해야 한다는 것이다. 내게 불편한 감정이 올라왔다는 것 자체를 인정하고 수용하게 되면 그다음에 이 불편한 감정이 무엇인지 명료화하는 과정이 필요하다. 2차시에 언급한 5단계를 매일매일 한눈에 보이도록 기록해가는 습관을 지녀보자. 나의 정서와 대화하고 소통해가면서 자신의 감정을 아름다운 무지개색으로 표현할 수 있게 된다. 이렇듯 감정은 무지개색처럼 다채롭고 다양하다는 것을 인정하고 수용하게 됨으로써, 내가 느끼는 감정을 소중히 여기듯 진정으로 나 자신도 소중히 여기고 사랑할 수 있게 된다.

정서코칭 참가자의 소감

[나와 너, 우리]

맞닿은 감정을 찾아보니 역시 인생은 무지개색이다. 나쁜 게 다 나쁜 게 아니고, 슬픈 게 다 슬픈 게 아니고, 두려움의 보라색 옆에는 희망이라는 파란색이 있었는데 왜 한 가지만 보려 했을까!

나의 감정을 전하니 당신의 감정이 느껴진다. 나의 색깔을 비추니 비로소 당신의 색깔도 보인다. 알록달록한 봄날의 꽃들처럼 우리의 색들이 채워진다. 나와 너, 우리는 그렇게 닮아가고 채워져간다.

8

7회차[통합] 정서와 동행하는 삶 - 정서와 마주하며 동행하기

(1) 행복에는 비밀이 있다

성숙한 방어기제의 중요성

행복에 대해 어려서부터 생각을 많이 해왔을 것이다. 어떤 어려운 상황에서 행복할 방법을 생각하다 보면 결국 현재 상황, 감정을 인정하고 더 나은 방법을 생각하려고 했던 것이 어려움을 극복하는 데 많은 도움이 되었을 것이다. 앞으로도 그렇게 행복해지도록 노력하기 위해 꼭 알아야 할 것은 행복에도 비밀이 있다는 것이다. 바로 성숙한 방어기제의 중요성이다. 방어기제는 결국 자신을 지키기 위해 나타나는 것이다. 이를 심도 있게 다룬 책 『하버드대학교 인생성장보고서: 행복의 조건』이다. 인간이 진정으로 행복할 수 있는 조건이 있다고 생각한다면 한 번쯤은 읽어보아야 할 책이다. 무려 75년이라는 기간 동안 인간이 행복할 수 있는 조건에 대해 연구한 책으로, 연구기간이 가장 긴 연구로 꼽힌다. 총 네 번이나 책임자가 바뀌면서까지 지속되었던 이 연구 결과에서 인간이 행복할 수 있는 조건의 첫째로 꼽힌 것이 바로 '고난에 대처하는 자세', 즉 성숙한 방어기제였다. 성숙한 방어기제에는 이타주의(altruism), 예측(anticipation), 유머(humor), 승화(sublimation), 억제(suppression)가 있다. 이타주의(다른 사람이 내게 해주었으면 하는 대로 상대방에게 행동하는 것), 예측(미래에 다가올 고통을 알아차리는 것), 유머(너무 심각한 상황에 빠지지 않으려 하는 것), 승화(고통스러운 상황을 극복하기 위해 다른 만족스러운 상황을 찾는 것), 억제(어려움을 견디는 것)는 긍정적인 정신건강 상태에서 나타난다. 또한 성숙한 방어기제를 발달시키려면 공감해주고 안전함을 느끼게 하고 본보기가 되는 타인에 의해 도움을 받아야만 한다.

성숙한 방어기제는 느낌, 의식, 인간관계, 적응해야 하는 실제 상황을 매우 우아하고 탄력적인 과정을 통해서 변형시킬 수 있다. 이러한 적응 방어기제는 덕으로 생각되고, 다른 사람들은 이들의 행동에 공감하는 경향이 있다. 또한 이것은 유머나 이타주의에서 볼 수 있듯이 타인과의 민감한 관계를 통해 얻을 수 있다. 현대사회에서 가장 어렵다고 여기는 것이 대인관계라고 한다. 그렇다. 이러한 고난은 사람과 사람 사이에서 너무도 많이 일어난다. 그렇기에 그 속에서 경험하는 것들, 상황 속에서 느끼게 되는 감정 반응에 집중한다면 그러한 부정적 감정이 나를 더욱 긍정으로 향하게 하는 갈망의 정서로 성장시킬 수 있는 양분이 되어왔음을 느낄 수 있게 된다. 그러니 고난을 피하지 말자. 나의 것으로 소유하자. 그러면 그 고난이 탄탄한 정서의 뿌리로 지탱해주는 기회가 되고 있음을 깨닫게 될 것이다.

(2) Connected: 행복은 전염된다

제임스 파울러는 10여 년간 연구를 통해 인간관계의 비밀을 밝혀냈다. 니컬러스 크리스태키스, 제임스 파울러의 공저 『행복은 전염된다』는 우리 자신이 네트워크를 만들어낸다고 소개하고 있다. 네트워크 자체가 생명력을 가지고 대인관계 속에서 느껴지는 수많은 감정이 서로 영향력을 주고받는다는 것이다. 친구의 친구의 친구에 이르기까지 그 영향력은 지속된다. 즉 직접 연결된 사람이 행복하면 당사자가 행복할 확률이 15%, 2단계 거리에 있는 사람이 행복하면 10%, 3단계 거리에 있는 사람이 행복하면 6%로 행복할 확률이 증가한다. 감정은 소셜네트워크를 통해 사람들 사이에서 퍼져나가게 된다. 소셜네트워크를 지배하는 규칙인 연결(connect)과 전염(infection)이 정서코칭을 해야 하는 중요성에 대해 시사하는 바 크다고 할 수 있겠다. 감정은 전이를 통해 다른 사람들 간에 전파되어 많은 사람을 감염시킨다. 친구와 이야기하다가 나도 모르게 친구의 감정에 전염된 상태를 많이 경험해보았을 것이다. 이로써 감정은 대물림된다는 것은 당연한 이치라고 볼 수 있겠다. 먼저 나의 감정을 인지하고 선택하고 표현하는 것은 나와 내 주변 모두를 위해서도 중요하다.

> 나는 어떤 감정을 전염시키고 있는가?
> 나는 어떤 감정을 전파시키고 싶은가?

정서코칭 참가자의 소감

각자 느끼는 감정이나 공감되는 것이 서로 다른 것은 마음결이 다르다는 것. 사람들을 만나고 그 사람에게서 풍기는 이미지로만 판단했는데 그 풍기는 이미지가 생겨나기까지 참고, 인내하고, 경험하며, 도약하려 했던 과정들이 숨겨져 있다는 것을 새삼 알아가는 시간이었다. 그 사람의 내면에 들어가서 돌아보고, 느껴보며, 공감이 되니 나 자신에게서 찾지 못한 답을 찾을 수 있었다. 결국 사람은 혼자서 살 수 없기에 내가 잘하는 것은 나눠주고 부족한 것은 도움받으며 서로를 이해하고 의지하도록 만들어진 프로그램 같았다. 내가 오늘 느끼는 감정이 다양한 것은 신이 주신 큰 축복이지 않을까 싶다.

성찰질문

아래의 다섯 가지 질문에 스스로 답해보시기 바랍니다.

1. 나의 어린 시절 핵심정서는 어떻게 형성되었는가?
2. 내 인생에서 가장 추웠던 위기의 순간은 언제인가? 그때 위기를 극복할 수 있게 도와준 것은 무엇인가?
3. 내 인생에서 가장 따뜻했던 행복의 순간은 언제인가? 그때의 행복감에 가장 큰 영향을 준 요소는 무엇인가?
4. 지금까지 나의 정서에 가장 핵심적인 영향을 주고 있는 대상은 누구인가?
5. 나의 정서를 부드럽게 물들이고 길들이기 위해 지금 나는 무엇부터 시작할 것인가?

참고문헌

김정원, 『PIEPL』, 「온도감각」, Autumn & Winter, No. 07, 2019.11.12.

니컬러스 크리스태키스, 제임스 파울러, 이충호 옮김, 『Connected 행복은 전염된다』, 김영사, 2009.

조지 베일런트, 이덕남 옮김, 『행복의 조건』, 프런티어, 2010.

손병민

3. 미술치료를 통한 정서코칭의 실제

"평화로운 삶을 바란다면 자기 감정의 주인이 되어야 한다. 스스로를 통제할 수 있는 사람은 자유로워지기 때문이다."

-레온 브라운(미국 야구선수)

우리는 앞선 내용에서 '행복함'의 비밀은 '성숙한 방어기제'에서 온다는 것을 알게 되었다. 또한 '성숙한 방어기제'란 스스로 통제할 수 있는 자기감정의 주인이 되는 '정서관리'에서 온다는 것도 정서코칭 내용과 사례를 통해 충분히 전달되었을 것이다. '정서코칭 로드맵'으로 자신과의 정서대화 방법을 알아봤다면, 이 장에서는 미술치료를 통해 정서를 어떻게 확인하고 관리하는지 살펴보도록 하자. 참고로, 정서관리 방법은 저마다 다르게 해석될 수 있다. 그래서 이 장에서뿐만 아니라 앞으로 소개할 파트별 내용은 당신이 '감정의 길'을 만들 때 좋은 아이디어가 될 거라 믿는다.

심리치료에서 정서는 아주 중요한 포인트다. 정서변화에 따른 심리상태가 문제를 만들기도 하고 문제를 해결할 수도 있기 때문이다. 그래서 우리는 자신의 심리상태를 잘 이해하고 표현할 줄 알아야 한다. 하지만 사람들은 생각보다 자신의 정서적 감정을 표현하는 방법을 잘 모르고 있다.

예를 들면, "지금 당신의 정서상태를 설명해주세요"라는 질문에 얼마나 자세히 설명할 수 있는지 생각해보자. 정답은 없지만 아마 각자의 방식대로 표현할 것이다. 자신이 알고 있는 단어와 표현을 다 동원해서 말이다. 그중에서는 정확하게 말하지 못하는 복잡 미묘한 감정들도 분명히 있기 마련이다.

나는 상담을 하는 동안 대상자의 마음 상태를 자주 확인한다. 어떤 감정이 생각나는지, 어떤 느낌이 드는지에 대한 질문이 대상자의 정서적 표현을 정리하는 데 도움을 줄 수 있기 때문이다. 하지만 상담하러 오시는 대부분 사람들은 "잘 모르겠어요"라고 답하기 일쑤다. 때론 표현하고 싶은데, 생각나는 단어가 없어 답답해하는 모습을 보여주기도 한다. 이렇게 지금 자신의 정서적 상태가 어떤지 몰라서, 느껴지는 감정을 어떻게 해결해야 할지 몰라서 확인하러 오는 이들에게 나는 미술치료와 정서코칭을 활용해 자신의 감정과 정서표현을 쉽게 할 수 있게 도와주었다.

주지하다시피 미술치료는 미술활동을 통해 진단하고 문제를 해소할 방법을 찾는 데 목적을 두고 있다. 미술활동은 자신의 감정 혹은 욕구를 직접적인 표현(언어)보다 간접적인 표현이 가능하기 때문에 표현의 부담을 덜어주는 역할을 하고 있다. 우리가 문자메시지를 주고받을 때 '이모티콘(emoticon)'을 사용해 자신의 마음과 상황을 전달하는 것을 생각하면 쉽게 이해할 수 있을 것이다. 하지만 그림으로만 이해를 요구한다면 오해가 생길 수 있다. 그래서 의식화된 표현을 위한 정서카드를 사용했다. 이를 통해 자신의 심리상태를 좀 더 쉽게 이해하고 표현하여 복잡 미묘한 감정을 조절할 수 있길 바란다.

이 장은 미술치료과정에서 정서코칭의 실제를 통해 자신의 이해와 타인의 공감, 자기정서 발견, 긍정 정서의 힘을 차례대로 소개할 것이다. 첫 번째는 '내 마음 이해하기'로 자신을 통해 감정과 정서를 알아볼 것이다. 두 번째는 '네 마음 이해하기'로 타인을 이해할 수 있는 방법을 제시하고, 세 번째는 '내 마음 기록하기'로 정서일기를 통해 요즘 느끼고 많이 드러나는 자신의 고유 정서를 찾는 방법, 마지막으로 '내 마음의 미래'로 자신이 바라는 긍정 정서를 위한 상상 플레이를 소개한다.

1
내 마음 이해하기(감정과 정서)

자신의 정서를 이해한다는 것은 수많은 감정을 통제할 수 있다는 것이다. 이는 내면의 힘이 강해지는 것과 같다. 우리는 정서적 문제를 극복할 때 스스로 성숙함과 안도감을 느낀다. 자신의 정서적 감정을 조절할 수 있는 노하우가 생기기 때문이다. 또 이러한 노하우가 자신의 내적 능력이 더 강해지도록 지지대 역할을 하기 때문에 더 단단한 내적 능력을 키울 수 있다. 하지만 반대로 정서적 문제를 극복하지 못한다면 감정은 부정적 정서로 자리 잡게 된다. 이렇게 자리 잡은 부정적 정서는 주변의 모든 감정을 부정적으로 받아들이게 된다. 별일도 아닌 일에 흥분하거나 화를 내거나 투덜거리는 등 문제 상황에 예민하게 반응하는 사람들을 생각하면 된다. 아마 그들 대부분은 과거에 해결되지 못한 감정이 마음속에 남아 있을 것이다. 예컨대 연인과 헤어진 사람은 모든 상황이 슬프고, 사람들에게 인정받지 못하고 지적받은 사람은 모든 상황이 짜증 나고 화가 나는 것처럼 감정은 감정에 꼬리를 물고 나타난다. 그래서 정서적 문제가 생겼을 때 빨리 극복할 수 있는 방법을 찾아야 한다. 만약 해결되지 못한 채 오래 지속된다면 사소한 일에도 부정적인 감정을 느끼게 되고 주변 사람들에게 안 좋은 이미지로 남게 될 것이다.

먼저 자신의 정서를 이해하기 위해서는 현재 느낌을 잘 표현할 줄 알아야 한다. 그래서 나는 대상자에게서 혼란스러움이 보일 때 '난화(亂畵, 낙서 그림: 무의식 속의 자유로운 표현) 기법'을 자주 사용한다. '난화 기법'을 도입할 때 주의할 점이 있다면, 무의식의 자유를 준 만큼 내담자들은 가끔 당혹스러운 상태가 되는 경우가 있다. 그래서 정서적 표현에 약간의 제약을 주고 시작하면 좋다. 약간의 제약이란 정서카드의 정서 키워드처럼 가이드라인을 제시해주는 것이다. 그러면 대상자는 쉽게 안정감을 찾는 모습을 보인다.

준비물은 다음과 같다. 그림을 그릴 수 있는 종이는 보통 A4용지 혹은 그 절반 정도의 크기가 좋다. 색연필, 크레파스 등 색채도구와 정서카드가 필요하다.

순서는 아래와 같이 진행했으나 상황에 따라 순서를 바꾸거나 뺄 수 있다.

① 요즘 느끼는 감정을 순서대로 떠올려본다. 개수는 중요하지 않다. 보통 한두 가지 정도 생각하게 되지만, 간혹 세 가지 이상 떠오르는 경우도 있다. 그럴 때는 떠오르는 만큼 말하게 한다.
② 느꼈던 감정에 대해 준비된 종이 위에 원하는 색채도구를 이용하여 선으로 표현한다. 표현되는 감정 하나에 그림 하나, 혹은 두 가지 감정을 하나의 그림으로 표현해도 좋다. 선 외에 더 표현하고 싶은 것이 있으면 자유롭게 그리게 한다.

Tip 1. 가끔 자유롭게 그리지 못하는 경우가 있다. 그럴 때는 눈을 감고 선택한 감정을 느낄 수 있는 시간을 주면 좋다. 그리고 하나의 선이 그 느낌을 표현한다고 생각하게 한다면 그리는 데 어려움을 보이지 않는다.

Tip 2. 그럼에도 어렵다고 느낀다면 먼저 정서카드의 키워드를 찾게 한다. 그리고 키워드에 맞는 그림을 그리게 해도 좋다.

③ 그림을 다 그린 후 그 그림에 대한 이야기를 나눈다. 그림의 제목을 붙이게 하는 것도 좋다.

④ 그 그림과 잘 맞는 정서단어를 정서카드에서 찾는다. 카드에 나와 있는 정의를 읽어보고 자신만의 언어로 재정의한다. 그리고 카드의 세 가지 질문에 답해본다. (그리기 전에 먼저 카드를 찾았다면 그 카드로 진행하면 된다.)

⑤ 질문의 답 속에서 느껴지는 감정에 집중해본다. 지금 느끼는 감정이 어디에서 왔을지 생각해보고 그 안에서 발생하는 또 다른 정서단어를 찾는다.

⑥ 위 ⑤를 반복하여 감정의 꼬리를 이어간다. 더 이상 감정의 꼬리가 잡히지 않는다면 마지막 단어가 정서의 뿌리다. 보통 2~3개의 단어를 찾게 된다. 많이 찾는다고 좋은 건 아니다. 한 번에 자신의 감정 뿌리인 정서를 찾기도 한다.

⑦ 다시 문제의 상황으로 돌아와 만약 문제가 해결된다면 어떤 감정이 생겨날지를 찾게 하고, 그 감정에 대해 이야기를 나눈다. 이 부분은 특히 상담에서 제일 중요하다. 항상 긍정적인 에너지를 가져갈 수 있게 마무리해줘야 한다.

⑧ 마지막 긍정 정서의 단어를 보고 처음에 그렸던 종이 위에 색채도구를 이용하여 그림을 마무리할 수 있게 한다. 혹은 앞으로의 계획이나 다짐을 적어도 좋다.

⑨ 느낌과 성찰한 것에 대한 이야기를 나눈다.

H 팀장 이야기

H 팀장은 승진과 함께 부서가 이동되었다. 그래서 팀원들과의 관계가 어색한 상태로 새로운 프로젝트를 진행해야 했다. H 팀장은 팀원들과의 관계에서 스트레스가 쌓여 감정조절이 안 된다는 문제로 찾아왔다. 그도 그럴 것이 H 팀장은 다소 내성적인 편이다. 아직 팀원들과의 관계가 원활하지 못한 상태에서 프로젝트를 진행하는 것이 많이 부담스러워 보였다. 어떤 감정들이 떠오르는지에 대한 질문에 H 팀장은 잘 모르겠다고 답변하고는 먼저 눈을 감고 마음속에서 느껴지는 느낌을 하나의 선으로 표현해보기로 했다 (그림 3.3).

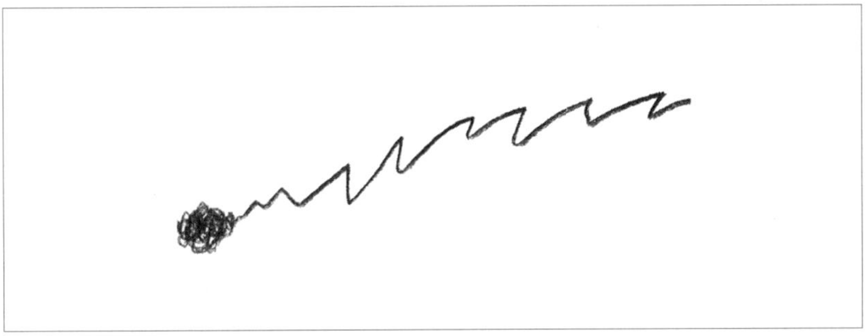

〈그림 3.3〉 선으로 감정표현

처음에는 왼쪽 아래에서 점으로 시작해서 작은 원들을 그리더니 조금은 신경질적으로 손에 힘을 주고 선을 그어나갔다. H 팀장은 그림의 제목을 '엉켜버린 실타래'라 붙이고 요즘 회사에서 진행하는 프로젝트 이야기를 꺼냈다. 내용은 큰 프로젝트를 하게 되었는데 같이 하는 팀원들이 제때 일을 처리하지 못하는 상황이라 답답하고 짜증이 나 있음을 나타내는 그림이라고 설명했다.

〈그림 3.4〉 정서 키워드 찾기

이후 H 팀장은 자신의 그림을 보고 해당하는 정서 키워드를 찾았다. 〈그림 3.4〉는 H 팀장이 뽑은 카드다. 처음에는 답답함과 짜증, 그리고 추가로 걱정을 함께 뽑았다. 답답함과 짜증에 대한 질문과 대답 속에서 소통하지 않는 팀원들에 대한 '미움'을 발견하게 되었고, '미움'에서는 H 팀장의 팀원 시절을 떠올리면서 '외로움'의 정서를 발견하게 되었다. 자신의 팀원 시절 상사가 인상만 쓰고 있어 무서웠던 기억이 났고, 나는 저러지 말아야지 했는데 지금 자신이 그러고 있는 게 아닌가 하고 자기성찰을 하게 되었다.

〈그림 3.5〉는 '이후 팀원들과 소통이 원활하다면 어떤 감정이 일까?' 또 '준비하고 있는 프로젝트가 끝나면 어떤 감정이 생길까?'에 대한 긍정적 감정을 상상하며 찾도록 하자 '여유로움', '편안함', '홀가분함', '즐거움'을 뽑았다. 뽑은 카드를 보고 이야기를 나누면서 문제를 해결하기 위한 방법을 생각하기로 했고, 그런 결심으로 처음에 부정적이던 그림을 긍정적으로 고쳐 그리도록 했다. 그러자 H 팀장은 팀원들이 뒤에서 열심히 잘 뒷받침하고 있음을 믿고 앞에서 열심히 이끌어줘야겠다는 다짐을 그림으로 표현했다(그림 3.6). 처음에 그린 그림을 부끄러워하며 지우고 싶다고 했고, 물로 지우는 과정과 그 위에 힘을 합쳐 힘든 과정을 잘 이겨내겠다는 의지를 그림으로 표현

〈그림 3.5〉 긍정 정서 찾기

〈그림 3.6〉 문제해결의 의지

했다. 처음에 그린 〈그림 3.3〉과는 다르게 〈그림 3.6〉은 핑크색으로 표현하는 것으로 보아 조금은 여유롭게 팀원들을 바라보려는 의지가 함께 보였다.

H 팀장의 성찰

제가 팀원으로 있을 때 웬만하면 상사와 부딪히지 않게 돌아다녔던 것이 생각나네요. 지금 생각해보니, 그 상사의 표정이 무서워서 말을 잘 안 했던 것 같아요. 지금 제가 그 상사처럼 인상을 쓰고 있는 건 아닌가 생각하게 됩니다.

어쩌면 그때 그 상사도 저도 지금 느끼는 감정이 답답하고 짜증 나서가 아니라, 혼자 일을 책임지려고 하다 보니 외로워서 그런 것 같네요.

숨어있는 정서를 안다는 것은 스스로 감정을 조절할 수 있는 첫 단추이며, 스스로 조절하는 감정은 정서적 이슈에서 벗어날 방법을 알려줄 것이다.

2

네 마음 이해하기(타인의 정서)

상대가 당신의 마음을 알아주기를 바란다면 먼저 상대의 마음을 알아주어라. 왜냐하면 상대는 당신이 먼저 알아주기를 기다리고 있을지도 모르기 때문이다. 가까운 사이일수록 상대를 이해하기 어려울 때가 있다. 너무나 잘 알고 있어서 너무나 많이 이해하며 산다고 착각하고 있는 것 같다. 그래서 친구, 직장동료, 연인, 특히 가족 간의 문제는 더 많은 오해와 상처를 주게 된다. 그렇다고 먼저 마음을 연다는 것은 결코 쉬운 일이 아니다. 불편한 사이가 마주 보는 일은 심리적으로 거부감이 생기기 때문이다. 심리적으로 불편한 사이는 서로의 표정에서 자신에 대한 부정적 감정이 보이기 때문에 서로 보려고 하지 않는다. 그래서 서로 마주 보기 전에 각자의 감정을 충분히 확인하고 정서를 이해한 다음에 마주 보게 해야 한다. 이후 대상자들이 서로 마주 볼 수 있도록 '표정으로 말하는 게임' 혹은 '정서카드의 이모티콘을 활용한 스피드게임', '얼굴 그리기' 등을 통해 서로의 얼굴을 관찰할 시간을 갖는다. 이 중 '정서꾸러미'라는 이름으로 진행했던 '얼굴 그리기'를 소개하려

한다.

준비물은 다음과 같다. 각자의 속마음과 보여지는 감정 표현하기와 자신을 대변할 그림을 그릴 종이봉투를 준비한다. (참고로, '정서꾸러미'를 진행할 때 꼭 봉투가 아니어도 괜찮다. 다만, 감추고 있는 정서와 보여지는 정서를 구분하기 위한 형태면 된다.) 그리고 색연필, 크레파스 등 색채도구와 정서카드가 필요하다.

순서는 다음과 같이 정리했다.

① 가족 혹은 구성원들과 함께 얼굴을 마주 볼 수 있게 앉는다.
② 한 명씩 자신이 좋아하는 색채도구를 고른 뒤, 종이봉투 위에 마주 보고 있는 구성원(가족)의 얼굴을 그려준다. 얼굴형, 눈, 코, 입, 헤어스타일 등 차례대로 돌아가면서 그리게 한다. 즉, 여러 사람이 함께 한 사람을 그리는 것이다.
③ 자신의 얼굴이 그려진 봉투를 받고 자신의 특징을 확인해본다.
④ 평상시 자신이 느끼는 정서 혹은 감정을 잘 생각해보고, 해당하는 카드를 종이봉투 안에 넣는다.
⑤ 평상시에 보이는 다른 구성원(가족)들의 감정상태를 정서카드에서 골라 종이봉투 앞에 놓는다.
⑥ 자신의 종이봉투 앞에 있는 정서카드를 확인하고 성찰하는 시간을 갖는다.
⑦ 각자 자신의 종이봉투 안에 있는 정서카드를 꺼내어 비교하며 이야기를 나눈다.

가족의 속마음

중학생 아들과 초등학생 딸을 둔 어머니가 가족 간의 대화가 힘들다며 의뢰한 가족 상담으로, 10회 중 6회차까지 진행된 내용이다. 가족 상호 간의 얼굴을 보기까지 마음을 정리하는 데 어려움을 겪은 경우다. 가족상담인데 아들이 거부하는 상황이라 1~5회차까지는 개인상담을 진행했고, 5회차가 되었을 때 아들의 생각을 들을 수 있었다. 중학교 2학년인 아들은 부모님이 나이 차이가 나는 초등학교 1학년인 여동생을 더 편애한다고 느꼈고, 자신에게는 짜증과 답답해하는 모습을 자주 보여주신다고 했다. 여동생이 부모님만 믿고 자신의 말을 듣지 않는다는 생각을 가지고 있었다. 그래서 자신에게 화풀이할 거라는 생각에 부모님과의 대화를 거절한 것이다. 그런 두려움을 없애기 위해 가족상담을 하기 전에 절대로 비방하는 발언을 하지 않는다는 약속을 하고서야 가족이 함께 모이게 되었다. 가족은 아들과 대면한 것이 거의 6개월 만이라고 했다. 어색함도 잠시, 초등학생인 딸이 다 같이 그림을 그린다는 얘기에 무척 신나하는 모습을 보이자 모두들 막내에게 끌리듯이 상담은 시작되었다. 이렇게 시작된 상담은 참여도가 낮을 것 같은 아들이 생각보다 적극적으로 참여하여 잘 이어갔다.

〈그림 3.7〉은 가족이 서로의 얼굴을 그려주고, 그 그림의 주인공이 평상시에 보여주는 정서상태 카드를 골라서 서로에게 주었다. 봉투 안에는 각자 평소에 느끼는 정서단어가 들어 있는 상태다. 사진에서 볼 수 있듯이 부모님이 아이들에게 상반된 느낌을 주고 있다는 것을 알 수 있다.

그러면 가족들의 마음속 정서를 보여주는 사진을 살펴보자. 〈그림 3.8〉은 아들의 정서꾸러미로 분노와 질투의 모습으로 보였지만, 표현하고 싶은 진짜 정서는 공허와 외로움으로 부모님의 관심에서 벗어난 상황을 이야기

〈그림 3.7〉 정서꾸러미

〈그림 3.8〉 중학생 아들의 정서꾸러미

〈그림 3.9〉 초등학생 딸의 정서꾸러미

〈그림 3.10〉 엄마의 정서꾸러미

〈그림 3.11〉 아빠의 정서꾸러미

해주고 있다. 〈그림 3.9〉는 여동생의 정서꾸러미로 긍정적인 모습을 하고 있으나 불안을 감추고 있었다. 늘 오빠와 부모님의 갈등에서 불안을 느낀 듯했다. 〈그림 3.10〉과 〈그림 3.11〉은 엄마와 아빠의 정서꾸러미다. 두 분 다 아이들을 동등하게 대했다고 생각했는데, 아이들이 선택해주는 카드를 인정하면서도 놀란 표정을 하고 있었다. 엄마는 아들을 위한 걱정과 갈등을 아들이 알아주지 않는 것이 속상하다고 했다. 아빠는 당시 사업이 불안한 상태였으나 가족에게 밝히지 못하고 있는 상황이어서 후회와 서러움이 자리 잡고 있었다.

결과적으로 가족들 간에 서로 자신이 느끼는 정서적 불안과 불편함을 표현하지 않은 데서 온 오해였다. 특히 가족들은 초등학생 딸에게 많이 놀랐다고 했다. 항상 밝은 이미지였던 막내가 사실은 불안한 정서를 가지고 있다는 사실을 알게 되었다. 또, 정서적으로 힘들었던 아빠의 이야기를 듣고 아들은 많은 생각을 하는 듯 보였으며, 아빠 또한 가족에게 부담을 주지 않으려 했던 부분이 오히려 아들을 힘들게 한 것 같아 미안하다는 말과 함께 다음 솔루션에 적극적으로 참여하겠다는 의지를 밝히며 마무리되었다.

가끔 우리는 말하지 않아도 이해받기를 원할 때가 있다. 우울할 때, 외로울 때, 실수했을 때, 질투가 났을 때, 인정받고 싶을 때 등 심리적으로 기대고 싶을 때였을 것이다. 기다리지 말고 당신이 먼저 기댈 수 있는 자리를 마련한다면, 당신이 힘들 때 상대도 기댈 자리를 내어줄 것이다.

3

내 마음 기록하기(정서일기)

매일 자신이 마주하고 있는 진짜 정서를 찾을 수 있게 마음을 관찰하고 기록해보자. 일상 속에서 자신의 기분과 감정, 느낌, 분위기, 정서 등이 어떻게 작용하고 있는지 확인할 수 있는 가장 좋은 방법이기 때문이다. 사람들은 의외로 자신의 정서나 감정이 어디서부터 시작됐는지 제대로 인식하지 못하는 경우가 많다. 그래서 수용 받고 표현해야 할 중요한 감정들이 방치되어 스스로 방향성을 잃게 된다. 가끔 이유 없이 우울함을 느끼거나, 자신도 모르게 짜증을 내고, 자주 화가 나는 경우가 있을 것이다. 아마 수용 받고 표현해야 할 감정들이 뒤엉켜있는 상태일지도 모른다. 어디서부터 잘못된 것인지, 어떻게 풀어야 할지 알지 못한다면 점점 스스로를 존중하지 못하고 중심을 잃을 수도 있다. 그래서 스스로 자기 감정을 종종 들여다보는 시간을 가져야 한다.

자신에게 집중하는 시간을 통해 스스로 진짜 욕구가 뭔지, 그에 대한 자신의 정서는 무엇인지 알게 될 것이고, 생활 속의 수많은 감정과 정서 안에 긍정 정서와 부정 정서가 공존한다는 사실을 알게 될 것이다.

더 나아가 "아는 만큼 보인다"라는 말처럼 스스로 자신에 대해 잘 알게 된다면, 다른 사람에 대한 이해의 폭도 넓어짐을 느낄 수 있을 것이다.

자신에게 집중할 방법은 여러 가지가 있다. 산책 혹은 여행, 명상, 일기 등이 생각날 것이다. 더 좋은 방법도 많지만, 나는 내담자들에게 '정서일기'를 권하고 있다. 정서일기를 매일 쓴다면 정말 좋은 건 당연하지만, 필요에 따라 기간을 정하고 쓰는 것도 도움이 되니 부담감 없이 일주일 단위로 자신을 기록해보자.

순서는 어렵지 않다. 아래 내용과 같이 정리했지만, 제일 중요한 것은 오늘 당신의 감정을 정리하고 인정해주는 알아차림의 시간을 가지는 것이다.

① 오늘 하루 있었던 일들을 생각해본다.
② 기억에 남는 사건과 그에 대한 감정을 잘 들여다본다.
③ 가장 긍정적인 정서와 가장 부정적인 정서를 뽑아 기록한다.
④ 정서카드의 감정과 비교해보고 감정에 대해 기록한다.
⑤ 기록된 정서를 확인하고 성찰의 시간을 갖는다.

엄마의 일기

J 엄마는 아이들이 어느 정도 성장하여 이제 자신의 일을 준비하는 중이다. 경력단절의 두려움을 이겨내고 큰 결심을 한 터라 공들여 취업 준비를 했다. 꼭 가고 싶은 회사의 면접까지 본 이후여서 많이 긴장된 상태였지만, 결과가 늦어짐에 따라 불안과 공허함을 많이 느끼는 상태였다.

아래 기록은 J 엄마가 기록한 정서일기 중 일부다. 그림과 함께하면서 자신의 하루 정서를 정리하는 시간을 가졌다.

구분	월	화	수
긍정 정서	가족이 준 소소한 것들이 나를 행복하게 한다.	오랜만에 친구와의 수다가 하루를 재밌게 보내게 해주었다.	불안 요소들을 정리하면서 홀가분한 느낌과 기대감을 느끼는 하루였다.
부정 정서	결과를 기다리고 있는 이 상황이 지루하고, 불안함이 계속되었다.	기다리는 결과에 마음 한구석에서 느껴지는 공허함이 함께하는 하루였다.	즐겁고 성취감을 주는 것들이 무엇인지, 나에게 안정감을 느끼는 것이 무엇인지, 생각에 답을 정하지 못한 지루함이 계속 따라오는 것 같았다.
그림	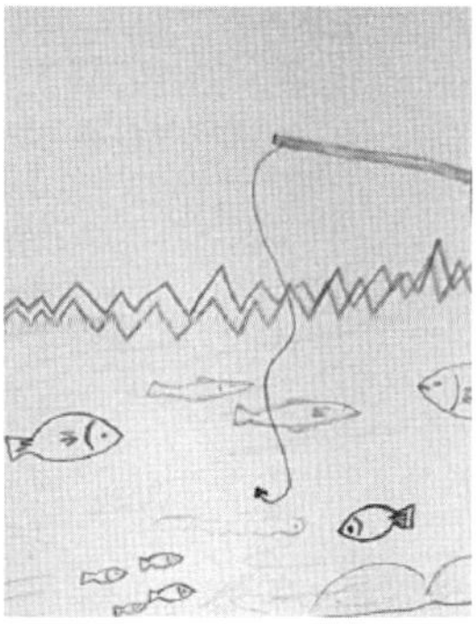	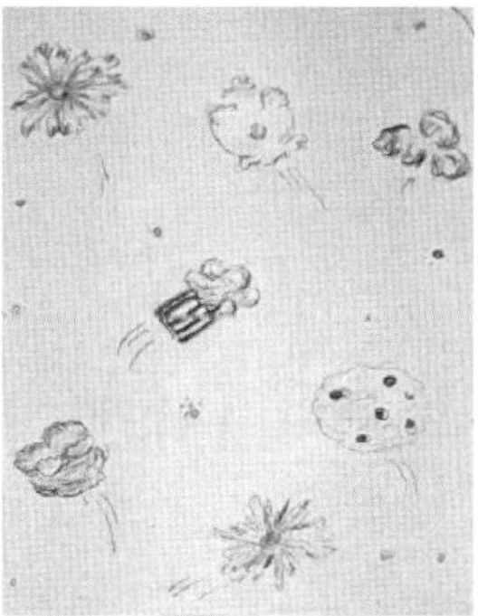	

그림은 전반적으로 부정적 감정에 맞춰 그려지고 있음을 알 수 있다. 느슨한 낚싯줄의 지루함, 공중에 떠 있는 팝콘이 손에 쥐어질 수 없는 공허함, 금방이라도 불이 붙어 없어질 것 같은 불안요소들에 대한 지루함을 보여주면서도, 의식적으로 밝은색을 쓰면서 마음을 달랜 모습을 보였다.

엄마의 성찰

제가 오랜만에 너무 많이 긴장하고 있다는 걸 알게 되었습니다. 억지로 긍정적인 생각을 한 티가 나네요(머쓱하게 웃는 엄마). 이런 상황일 때 결혼 전에는 답답함을 많이 느껴 계속 확인하고 주변 사람들에게 예민하게 반응했다면, 지금은 공허함을 많이 느끼는 게 제가 많이 기운이 빠져있다는 것을 느끼네요. 긴장 속에 공허함을 떨칠 수 있게 도와준 가족과 친구들에게 감사하다는 말을 전하고 싶습니다.

우리는 쾌적한 환경에서 살기 위해 청소를 한다. 마음도 그렇다. 자주 들여다보고, 필요 없는 감정은 버리거나 정리해야 마음이 맑아진다. 그래서 꼭 무슨 일이 생기지 않아도 '우리 마음의 정서 대청소'가 필요하다.

4

내 마음의 미래(긍정 정서)

당신이 '바라는 정서'가 있다면 그 정서의 느낌(feeling)을 자신에게 알려주자. 느낌을 통한 메시지는 우리를 행동하게 할 것이기 때문이다. 일종의 자기암시라고 생각하면 된다. 2016년 리우 올림픽 결승에서 '박상영(펜싱)'

선수가 "할 수 있다!"라고 말하며 자신을 다독인 모습처럼 말이다. 이런 정서적 느낌은 당신의 마음을 단단하게 만들 것이고, 당신이 바라는 일들이 이루어지는 데 분명히 큰 도움이 될 것이다. 이런 '바라는 정서', 즉 '긍정 정서'는 우리의 강점이 잘 드러날 수 있게 도와준다.

심리학에서는 이를 '점화 효과[priming effect: 시간적으로 먼저 떠오른 개념(단어)이 이후에 제시되는 자극(주변 환경)의 지각(知覺), 해석에 영향을 미치는 현상]'라고 한다. 점화 효과의 대표적인 예로, 사회심리학자 존 바그(John Bargh)의 실험이 유명하다. 한 집단의 학생들에게 '노인'과 관련된 단어로 함께 수업한 후 그들의 행동을 관찰했을 때, 학생들은 노인과 비슷한 (천천히 걷기, 안전하게 걷기 등) 행동을 했다고 한다. 개념적 정의가 행동으로 변화되어 보여지는 것이다.

실제로 나는 정서카드의 이모티콘을 그릴 때, 해당하는 단어에 집중하면서 그 감정을 느끼고 있음을 경험했다. 그리고 아주 잠깐이지만, 그때 느낀 감정이 행동으로 이어지기도 했다. 예를 들어, 부정적 단어에 집중할 때 누가 말을 걸면 짜증스러운 한숨을 쉬거나 퉁명스러운 말투를 쓴 반면, 긍정적 단어에 집중할 때 말을 걸면 배시시 웃는 모습을 보였다.

'내 마음의 미래'는 우리 마음에 부정적 정서보다 긍정적 정서를 끌어올리기 위한 에너지 상상 플레이다. 그림은 따라 그리는 데 그치지 않고 어떤 대상의 존재를 더하는 방식이기 때문에, 상상 플레이는 긍정적 감정을 더 많이 담아내는 작업이라고 생각하면 되겠다.

준비물은 그리거나 만들 수 있는 미술도구와 정서카드를 활용했다. 순서는 다음과 같이 정리했으며, 몇 가지 그림으로 이야기를 통해 그림 안에 얼마나 많은 이야기를 남겼는지 함께 살펴보기로 하자.

① 정서카드에서 당신이 바라는 감정을 찾는다. '바라는 감정'은 과거, 현재, 미래 모두에서 찾을 수 있다. 우리가 경험한 정서와 감정에 대한 느낌을 알고 있기 때문에, 바라는 감정은 과거에도 지금 현재도 존재하기 때문이다.

② 선택한 감정의 느낌을 충분히 상상한다. 약 5분 동안 음악을 들으며 마음을 차분하게 하면서 바라는 감정에 집중해본다. 여기서 정서카드는 키워드의 역할만으로도 충분하다. 카드 뒷면에 나오는 정의와 질문은 필요에 따라 사용하면 된다.

③ 상상한 느낌이나 형상을 그림 혹은 여러 예술 활동으로 표현해본다. 나는 주로 만다라, 색연필 드로잉, 크로키를 많이 사용한다.

④ 마지막으로 작품에 제목을 붙이거나 한 줄로 정서를 기록한다.

⑤ 작은 전시를 통해 서로 소통하는 시간을 가져도 좋다. 전시할 때 주의할 점이 있다면, 미리 전시한다고 말하면 안 된다. 누구나 그렇듯 부담감으로 그림에 집중하지 못하는 경우가 많기 때문이다. 개인 혹은 소그룹에서는 이 프로그램을 진행하는 진행자의 간단하면서도 진실한 피드백을 통해 '마음 알아주기'를 해줘야 한다.

20~30대 직장인을 대상으로 색채심리와 만다라 기법으로 자신이 바라는 정서(미래)를 상징하는 그림을 그렸다. 개인적으로 주로 사용하는 기법 중 하나로 바실리 칸딘스키의 작품 〈색채연구〉를 보여주어 만다라와 색채에 대한 이야기를 충분히 하고 작업에 들어가면 그림에 대한 부담감을 줄일 수 있다.

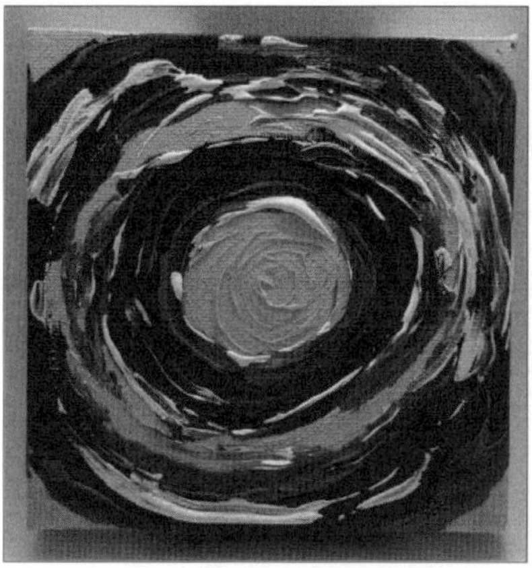

〈그림 3.12〉 바람

〈그림 3.13〉 도전

K와 H는 직장 동료다. 둘은 직장생활 5년차를 맞이하고 있었고, 곧 승진을 위한 테스트를 앞두고 있었다. 각자 바라는 미래에서 '승진'이라는 목표는 같았지만, 바라는 정서적 느낌은 조금 달랐다.

K는 '희망, 전율, 즐거움, 기쁨, 안정'을 뽑았고, 승진 후 가져야 할 희망과 승진 발표 후 느껴지는 전율, 즐거움, 기쁨과 함께 안정감을 느끼길 바란다고 했다. 그래서 K는 밝고 명랑하며 이성과 논리의 흐름 속에 판단력과 결단력을 상징하는 노란색과, 신뢰와 책임의 상징인 파란색을 중심으로 밝고 스마트한 느낌을 주는 만다라 작품을 그렸다(그림 3.12). 제목은 '바람'으로, 꼭 이루어졌으면 하는 마음으로 지었다고 했다.

H는 '자신감, 용기, 통쾌, 재미, 경이로움' 순으로 뽑았고, 늘 차분한 성격이지만 승진 후에는 자신 있게 도전하는 일들로 통쾌, 재미, 경이로움을 느끼고 싶다고 말했다. 그래서 그런지 H는 열정적인 빨강과 밝은 노란색을 선택해 강한 의지를 보여주는 작품을 그렸다(그림 3.13). '도전'이라는 제목이 더욱더 의지를 강조하는 듯했다.

K와 H의 성찰

K: 승진 테스트가 얼마 안 남아서 은근히 걱정되고 마음 졸이고 있었는데, 색칠을 하면서 왠지 모를 자신감을 얻었습니다. 우리 동료들도 함께하면 좋겠다는 생각이 드네요.

H: 그림의 형태가 아니어도 이렇게 색채만으로 마음의 위안이 되는 건 처음 느껴봅니다. 이거 하면서 빨리 결과가 나왔으면 하는 생각을 했어요.

우리는 흔히 행동 이후에 감정이 따라온다고 생각한다. 하지만 사실 행동과 감정은 함께 나온다. 그래서 긍정적 감정은 긍정적 행동과 결과를 나타낼 수 있다. "행복해서 웃는 것이 아니라, 웃어서 행복한 것이다"라는 윌리엄 제임스의 말처럼, 웃음에 스스로를 행복으로 이끄는 힘이 있다는 것을 알아야 한다. 자신을 믿고 그 힘을 잘 사용해보자.

다음 장에서는 음악을 통해 정서의 에너지를 파동과 연결 지어 확장해볼 것이다. 음악이 주는 소리의 파동과 정서의 연결고리를 찾아볼 기회가 될 것이다.

성찰질문

아래의 다섯 가지 질문에 스스로 답해보시기 바랍니다.

1. 당신을 웃음 짓게 하는 것은 무엇인가?
2. 당신을 눈물 나게 하는 것은 무엇인가?
3. 당신의 긍정의 힘은 어디서 오는가?
4. 당신이 진정 바라는 정서는 어떤 느낌인가?
5. 마지막으로 당신의 마음을 살핀 적은 언제인가?

참고문헌

데일 카네기, 『인간관계론』, 사이먼&슈스터, 2010.

로버트 플루치크, 박권생 옮김, 『정서심리학』, 학지사, 2004.

이장호 외, 『상담심리학의 기초』, 학문사, 1999.

지혜의 숲 미술치료연구회 편, 『매체in미술치료』, 양서원, 2014.

최외선 외, 『미술치료기법』, 학지사, 2006.

한국미술치료학회 편, 『미술치료의 이론과 실제』, 동화문화사, 1994.

심혜련

4. 음악치료에서의 정서코칭

"파동은 울리는 몸체의 진동으로부터 생성되는 것이며, 공기를 통해 전파되고, 귀의 고막에 도달하여 자극함으로써 우리 마음이 소리로 해석한다."

- 갈릴레오 갈릴레이

시각은 눈을 감으면 제한되는 데 반해, 우리의 귀는 닫히는 구조가 아니다. 생리적으로 청각은 세상에 항상 열려 있다. 특정 소리를 찾아 들을 수도 있지만, 소리가 우리에게 다가오는 경험이 더 일상적이다. 찻길에서 들려오는 자동차 소리, 아침의 새소리, 전자제품이 돌아가는 소리, 바람이 부는 소리 등 우리는 주변에서 나는 소리를 수동적으로 듣고 있다. 이처럼 무분별한 공기의 진동이 모두 소리로 인식되지는 않는다. 이 과정에 대해 위에 소개한 갈릴레이의 문구에서 중요한 원리를 발견할 수 있다. 갈릴레이는 음파의 청세포 자극이라는 음향적 차원에서 나아가, 인간의 마음이 소리라고 해석할 때 소리가 된다고 정의한다. 여기에서 갈릴레이가 말한 인간의 마음이란, 현대 음악치료에서는 무의식을 포함한 뇌의 작용으로 해석한다. 즉, 개인 및 집단적 경험의 함수를 거쳤을 때 비로소 소리로 인식되는 것이다. 우리가 소리라고 느끼는 많은 것은 인류의 경험 도식 안에서 반응한다. 기분 좋은 바람 소리, 슬픈 느낌의 새소리, 안정감을 주는 자장가, 들뜨게 하는 댄스음악 등은 인류 공통의 선험적 원형과 개인의 경험에 기대어 정서를 유발한다.

청각의 특별함은 다른 감각에 비해 좀 더 근원적이라는 것이다. 우리의 오감 중 청각은 태아기에 최초로 발달하는 감각이며, 인간이 생명을 다할 때 가장 마지막까지 남아 있는 감각이다. 태교를 위해 임산부의 음악 감상이 대중화되었고, 모든 기능이 마비되어 임종을 앞둔 사람에게도 언어적 표현에 주의해야 한다는 것은 상식이 되었다.

1

삶에 미치는 음악의 힘

생의 처음부터 끝을 관통하는 청각을 기반으로 하는 소리와 소리의 정연한 연결인 음악이 우리의 삶에 미치는 영향을 몇 가지 정리해보면 다음과 같다.

첫째, 음악을 통해 에너지를 조절할 수 있다. 모든 음악은 듣는 이를 자극하거나 진정시키는 스펙트럼 사이에 존재한다. 음악에 에너지를 부여하는 것은 리듬이다. 리듬의 중요한 특성은 빠르기이며, 기분 반응에 영향을 주는 1차적 요소다. 리듬의 특성을 통해 에너지를 조절하는 것이다. 에너지를 불러일으키기 위해서는 템포가 빠르며, 타악적이고 명확하며, 반복적인 리듬을 가진 곡을 선택하여 감상할 수 있다. 예를 들어 격렬한 운동을 할 때, 각성하기 위해 빠른 템포의 음악을 들으며 근육에 에너지를 부여하여 움직임을 북돋울 수 있다. 반대 상황에서는 행동을 진정시키며 안정된 상태를 만들기 위해 음악을 사용하기도 한다. 이때는 비타악적이며 멜로디 진행이 지속적이고 음의 간격이 크지 않은 곡을 선택하는 게 도움이 된다. 겉으로 명확하게 드러나는 박을 가지지 않고 차분하게 깔리면서 단조롭고 일정하게 지속되는 내재 박을 가진 음악이 이완하게 하는 특성을 가진다. 우리가 어렸을 때 듣던 자장가를 떠올리면 안정시키는 음악의 특성을 쉽게 이해할 수 있을 것이다.

둘째, 음악은 상업적인 현장에서 매출 향상을 도울 수 있다. 광고에서의 음악, 영화에서의 음악, 매장에서의 음악, 생산 현장에서의 음악 등 음악을 상업적으로 사용할 때는 '기능 음악'으로 분류한다. 주의를 집중하게 한다거나, 메시지를 강화하고, 분위기를 유도하는 등 음악의 기능을 활용하는 경우다. 예를 들어 대형마트에서 시간대별로 다른 음악을 세팅하여 배경음악을 들려주는데, 손님이 많은 시간대에는 빠른 템포의 음악을 틀어주어 빠르게 순환하여 매출을 돕는 한편, 손님이 적은 시간대에는 느린 템포의 음악을 틀어주어 여유 있는 쇼핑으로 객단가를 높이는 전략을 취한다. 이러한 인식으로 몇몇 기업에서는 음악치료사에게 기능 음악의 세팅을 의뢰하고 있는 실정이다. 또 다른 예로, 단순 반복 작업을 하는 생산라인에서 일정한 박의 배경음악을 틀어주었을 때 생산 효율성이 높아지는 것을 많은 연구에서 밝히고 있다. 집안일을 할 때 나만의 노동요를 배경음악으로 틀어놓고 일하는 사람들은 이 효과를 누리고 있는 것이다.

셋째, 다양한 음악활동은 치유적 경험을 줄 수 있다. 이를 전문적으로 활용하는 것이 음악치료다. 함께 노래 부르기를 한다면 서로 간의 연대를 느끼고, 악기연주를 통해 성취감과 자기효능감을 향상시킬 수 있다. 또한 작사, 작곡을 통해 감정을 재경험하고 자기표현력을 향상시킬 수 있다. 무엇보다

음악 감상을 통한 정서 이완 및 해소는 많은 사람이 느끼는 음악의 대표적 치유 경험이다. 원하면 언제 어디서든 스마트폰을 통해 음악을 들을 수 있는 환경이므로, 음악은 스트레스를 관리하는 손쉬운 수단이 되었다. 몇몇 사람이 음악치료사인 내게 묻는다. "상황에 따라 어떤 곡을 선곡하는 것이 셀프 치유에 도움이 될까요?" 답은 간단하다. 우선, 선호곡이다. 남이 좋다고 하는 유명한 곡을 무조건 따라 듣는 것이 아니라 내가 좋아하는 곡을 듣는 것. 무조건 음원차트의 상위에 랭크된 곡을 다운받아 들을 게 아니라 내가 좋아하는 곡의 목록을 만들어놓는 것이 좋다. 에너지가 떨어지고 힘들 때 선호곡을 듣는 것은 나만의 위안이자 환기가 될 것이다. 음악치료에서 사용하는 곡도 대체로 대상자의 선호곡에 맞춰져 있다. 고상한 클래식만 사용할 거라는 편견과 달리 어린이는 애니메이션 주제가, 어르신은 트로트가 주가 되는 경우가 많다. 왜냐하면 선호곡은 자신의 에너지 레벨과 자신에게 필요한 메시지를 담아낼 확률이 크기 때문이다.

그렇다면, 한없이 우울하고 가라앉을 때는 어떤 곡을 들어야 할까? 음악으로 위안을 받고 싶어서 어떤 곡을 들었는지 경험을 떠올려보라. 활력을 주겠다는 의도로 리드미컬하고 에너지가 높은 음악을 듣는 게 좋은 선택일까? 정답은 없겠지만, 대체로 에너지가 높은 음악보다는 낮은 음악을 듣는 것이 좋다. 음악치료에서는 이를 '동질성의 원리'로 설명하는데, 나의 감정과 같은 감정을 담은 곡을 듣는 것을 말한다. 활력 있는 음악을 듣는다면, 오히려 가라앉은 내 감정 사이의 괴리를 넓혀서 역기능적으로 더 가라앉을 수 있다. 이럴 때는 나의 감정과 비슷하여 안정시키는 음악을 선곡한다. 리듬이 두드러지지 않으며, 멜로디의 변화가 크지 않고, 템포가 느린 음악으로부터 시작하여 충분히 기분과 공감을 이루는 것이 필요하다. 그 이후 에너지를 서서히 올려 활력 있는 음악으로 옮겨 듣는 것이 좋다.

이처럼 음악이 치유적 도구로 사용되는 것은 음악이 정서에 미치는 영향이 크기 때문이다. 뇌과학 측면에서 소리의 전달은 해부학적으로 분명한 경로를 가진다는 점에 주목할 필요가 있다. 청각세포를 통해 전달된 소리는 청신경을 따라 뇌에 도착하고, 청각 통로는 뇌의 조직과 풍성하게 연결되어 있다. 음악은 대뇌피질과 더불어 특히 림빅시스템의 변연계를 자극한다. 이 변연계는 바로 인간의 정서 반응에 관여하는 부분이다. 청각과 감정을 주관하는 뇌가 같은 영역이기 때문에, 직접적으로 소리와 음악 자극은 감정의 촉발 및 심화를 경험하게 한다. 따라서 음악은 더욱 생리적이고, 즉각적이며, 본능적인 수준에서 정서와 만나게 된다. 다음 절에서는 본격적으로 음악치료에서의 정서카드 적용을 소개하고자 한다.

2

음악으로 감정단어 배우기

지금부터 음악 감상을 통해 느껴지는 감정을 구체적 감정단어로 표현하기 위해 정서카드를 활용하는 방법을 소개한다. 이 프로그램은 감정을 표현하는 것을 어려워하는 대상이나 타인의 감정에 대한 공감력을 키우기 위한 대상자를 위한 것으로, 음악치료 초반에 사용할 수 있다. 음악이 불러일으키는 분위기와 정서가 각 개인에게 같거나 다르게 느껴지는 것을 확인할 기회가 되며, 모호한 감정을 구체화된 언어로 표현하는 데 익숙하지 않은 대상자들에게 감정단어를 인지적으로 구분하고 정의를 확실히 인지하여 감정표현을 구체화하게 하는 데 목표를 둔다.

제목: 음악 감상으로 배우는 감정단어

대상: 어린이~성인

목적: 감정단어 인식

목표: 주어진 음악을 듣고 음악에서 느껴지는 감정을 정서카드에서 선택함으로써 다양한 감정단어를 인식한다.

방법: ① 그룹원들과 반갑게 인사한다.

② 대상자에게 개인별로 정서카드를 한 세트씩 제공하고 정서카드의 단어들을 한 번 읽어볼 시간을 준다.

③ 강사는 BTS의 〈Butter〉를 재생하고, 이 음악의 느낌이 어떤지 정서카드에서 5장씩 고를 수 있도록 한다.

④ 선택한 정서카드를 발표하도록 하고, 그 정서단어가 본인에게 어떤 의미인지 이야기하도록 한다.

⑤ 고른 정서카드 뒷면의 정의를 읽어보게 하여, 자신이 기존에 알고 있던 감정과 같은 점이나 차이점이 무엇인지 발표하도록 한다.

⑥ 돌아가며 표현하고, 선택한 단어에서 느껴지는 본인의 느낌을 서로 이야기한다.

⑦ 지지하며 다양한 감정단어를 인지하는 것이 정서를 관리하는 첫걸음임을 강조하며 마친다.

이 프로그램을 활용하기 위해 2명의 청소년 그룹 세션으로 예시를 들어보겠다. 어린이나 청소년 내담자들은 자신의 감정을 표현하는 데 어려움을 느끼는데, 감정단어를 정확히 모르는 인지적인 결핍에서 기인하는 경우가 많다. 대상자에게 지금의 감정을 물어보면, '보통이에요', '좋아요', '졸려요'가 대표적인 세 가지 대답이다. 이들은 친구들과 하는 대화에서도 '대박',

'헐' 등 의성어나 단순한 은어에 그치는 감정표현을 쓰는 것을 자주 볼 수 있다. 따라서 감정단어의 의미를 정확히 인지하는 것부터 시작하는 것이 정서코칭의 첫 단계라는 생각으로, 음악 안에서 정서단어를 재미있게 학습하도록 계획되었다. 이 세션은 총 8회기 치료 중 2회기에 사용한 프로그램이다. 치료 초반기이기 때문에 치료 자체에 대한 긍정적 인상을 제공하기 위해 대상자에게 익숙한 음악 환경을 세팅했다. 선호곡에서 출발하는 것이다. 청소년이 열광하는 BTS의 〈Butter〉를 선정했으며, 두 명의 대상자 중 한 명은 아직 못 들어봤고, 한 명은 들어본 상태였다. 대상자가 기존에 아는 음악인지는 중요하지 않다. 지금의 느낌에 집중하여 음악을 감상한 후 두 명에게 각각 5장씩 정서카드를 뽑게 했을 때, 같은 카드를 4장, 다른 카드를 1장 선택했다. 각각의 카드마다 자신만의 감정단어를 풀이해보고, 뒷장을 넘겨서 카드에서 정의하는 의미를 다시 읽어보며 인지적으로 감정단어의 정의를 명확히 다졌다. 음악에서 느껴지는 느낌을 정서카드에서 고르라고 했을 때 공통으로 '편안함', '포근함', '안정', '여유로움' 카드를 선택했으며, 각각 '행복'과 '너그러움'을 선택했다. 정서카드 없이 단순히 음악이 어떤 느낌인지 물었을 때는 '좋아요'라는 단답형으로 대답했던 대상자들이 다양하게 자신의 감정을 감정카드로 선택하며 정서표현을 향상시켰다. 이어 용어의 정의에 대해 서로 일화를 들어 대화하는 과정에서는 즐거운 환경에서 감정단어를 학습했다고 소감을 나누었다. 또한 음악을 듣고 4장의 감정카드가 같게 나온 것에 대해 어떻게 느껴지냐고 물었을 때, 같은 감정을 느낀 그룹원에게 친근함이 느껴진다고 대답했다. 따라서 공통된 감정을 느끼는 그룹원과는 관계 형성에도 도움이 되는 것으로 보였다. 이 활동을 통해 감정표현을 증진시키고, 그룹원 사이에 교감을 향상시키며, 감각을 언어화하는 능력을 증진시키고자 했던 치료사의 기대에 부합하는 결과였다.

〈그림 3.14〉 감정카드로 감정단어 배우기

〈음악 사용 팁〉

① 제시된 음악을 꼭 사용할 필요는 없으며, 치료사의 의도대로 변경할 수 있다. 치료 초반기의 대상자이므로 단조의 느린 템포의 음악보다 장조의 리드미컬한 곡으로 치료 전반에 활기와 긍정적 분위기를 유도한다.

② 치료사가 제시하는 곡이 비선호곡인 대상자가 있을 수 있는데, 다른 곡으로 바꾸기보다 그 감정을 깊이 느껴보는 것도 좋은 성찰이 될 것이라고 미리 알려준다.
③ 음악은 충분한 음량의 스피커를 통해 재생한다. 음량이 작을 경우 그 곡이 표현하는 감정을 전달하기에 부족하여 대상자가 느끼는 감정의 깊이가 얕을 우려가 있다.
④ 음악 감상 시 몸을 움직이는 데 대해 치료사는 긍정적인 피드백을 한다. 발을 까딱인다거나, 고개로 박을 맞추는 등의 움직임은 리듬 요소가 유도하는 자연스러운 반응이므로, 몸을 움직이며 곡의 느낌을 느껴보는 것은 권장할 만하다.

3

감정을 담은 가사 만들기

음악치료에서 사용하는 작사활동은 감정경험을 음악과 함께 재경험함으로써 감정을 더욱 풍성하게 느낄 수 있도록 한다. 내가 지은 가사를 노래에 실어 부를 때, 그 감정이 선명하고 깊게 살아난다. 더불어 가사로 적혀서 언어화되어 노래로 불리는 과정을 통해 내면의 감정을 본인과 분리하여 의식화하는 것을 돕기도 한다. 자신의 감정이 '가사'라는 산물로 떨어져나오게 되면, 나와 감정 사이에 고착이 끊어지고 감정을 멀리서 바라볼 수 있는 심리적 거리를 가지게 된다. 이로써 자신의 이슈를 넓게 바라볼 통찰이 시작된다.

음악치료사는 이러한 작사의 다양한 목적에 맞추어 음악의 구조와 반복을 이용한다. 충분한 반복을 통해 음악에 익숙하도록 시간적 여유를 가지고 접근한다. 그리하여 내재된 박과 익숙해진 멜로디 안에서 일정한 예견성을 제공하여 대상자들에게 작사 · 작곡 작업을 쉽게 하도록 돕는다. 대상자가 하나의 곡을 완성하기 위해서는 처음부터 끝까지 주의를 집중하며 선행정보를 유지하는 능력이 필요한데, 이를 '워킹메모리(working memory)'라 한다. 작사활동에서 대상자의 워킹메모리를 향상시키기 위한 보상은 음악 자체다. 제시된 아름다운 음악이 림빅시스템에 작용하여 정서반응을 이끌어내어 작사를 즐거운 활동으로 인식하게 한다. 즉, 인지활동으로서의 음악활동이 아니라, 자동으로 뇌와 청신경으로 확장되어나가 청각적으로 동화된다. 치료사는 대상자가 작사 같은 것은 못한다며 손사래를 치다가도 어느새 자신의 작품을 만들어내도록 이끈다. 이를 위해 치료사는 단계적으로 대상자가 해야 할 작업을 안내하고, 적절한 동기가 될 만한 음악을 사용하여 지지한다. 소개할 다음 프로그램은 정서카드에 담긴 자신의 정서경험에 가사를 붙여 노래를 부르는 활동이다. 이를 통해 인지활동 너머의 감정을 충분히 느끼고 스스로 감정을 조절하는 것을 목적으로 계획되었다.

대상: 어린이~성인

목적: 감정수용을 통한 감정 조절력 향상

목표: 선택된 정서카드에 해당하는 감정 상황을 노래 가사로 만들어 함께 부른다.

방법: ① 그룹원들과 반갑게 인사한다.

② 간단한 멜로디의 노래를 다 같이 부르고 익힌다.

③ 대상자에게 정서카드를 제시하고, 정서카드의 단어들을 한 번 읽어볼 시간을 준다.

④ 현재의 정서를 표현하는 카드를 하나 고르도록 한다.
⑤ 선택한 정서카드를 발표하도록 하고, 그 정서단어가 본인에게 어떤 느낌인지, 그리고 그런 정서를 느꼈던 경험을 노래 가사로 만들도록 시간을 준다.
⑥ 직접 작사한 노래를 발표하고, 돌아가며 노래를 부른다.
⑦ 노래를 부른 뒤 자신의 감정을 다시 정서카드 세트에서 고른 후 위의 과정을 반복한다.

이 프로그램을 활용한 가족 음악치료의 예시를 들어보면, 부모님은 아이에 대한 마음으로 '사랑' 카드를 선택했다. 치료사가 만든 간단한 노래의 구조 안에 빈칸을 채울 수 있도록 아이를 사랑하는 순간에 대한 작사활동을 요청했더니, 부모님은 평소에 힘들게 하는 아이의 행동에도 불구하고 자녀를 사랑한다는 가사를 만들었다. 평소 부모님이 지적하는 상황에 아이는 자신이 사랑받지 못한다고 느꼈을 텐데 그때도 사랑하고 있었다는 것을 '울어도 사랑해', '편식해도 사랑해' 등 부모님의 노래를 통해 듣게 된다. 정서를 일으키는 상황들을 언어로 교류했을 때보다 음악이라는 채널 안에서의 감정표현이 더욱 직접적이고 정서가 촉발되기에 충분하다. 아이들은 부모님의 노래로 사랑의 표현을 들을 때, 부모님의 얼굴을 빤히 쳐다보며 생소하면서도 행복한 표정을 지었다.

한편, 아이들은 부모님에 대해 '고마움' 카드로 마음을 표현했다. 고마운 상황에 대해 작사를 요청했고, 간단한 구조의 곡을 반복한 덕분에 아이들도 어려움 없이 작사했다. 안아줘서, 웃어줘서, 쓰다듬어줘서, 관심 줘서 고맙다는 아이들의 노래에 부모님은 뭉클하여 눈물을 흘렸다. 노래를 통해 아

우리 꽃같은 아이에게

(잘못해도) 사랑해 (서툴러도) 사랑해
매일 말하지 못했지만 너무나 사랑해

(울어도) 사랑해 (넘어져도) 사랑해
매일 말하지 못했지만 너무나 사랑해

(빵점 맞아도) 사랑해 (사고쳐도) 사랑해
매일 말하지 못했지만 너무나 사랑해

(장난쳐도) 사랑해 (편식해도) 사랑해
매일 말하지 못했지만 너무나 사랑해

우리 꽃같은 부모님께

(안아줘서) 고마워요 (관심 줘서) 고마워요
매일 말하지 못했지만 너무나 고마워요

(웃어줘서) 고마워요 (쓰다듬어줘서) 고마워요
매일 말하지 못했지만 너무나 고마워요

(칭찬해줘서) 고마워요 (레고 사줘서) 고마워요
매일 말하지 못했지만 너무나 고마워요

(사랑해줘서) 고마워요 (놀아줘서) 고마워요
매일 말하지 못했지만 너무나 고마워요

이들의 마음을 들은 부모님은 그 감정을 오롯이 느꼈고, 서로의 마음을 이해하고 사랑을 공고히 하는 시간이 되었다고 표현했다. 언어에 음악의 미적 구조가 입혀져 감정을 풍성하게 표현하는 목표와 부합했다.

〈음악 사용 팁〉

① 음악은 익숙한 멜로디를 선곡하여 여러 번 불러 모두가 익숙하게 한다.

② 음악은 a-a-b-a′ 구조로 단순한 16마디 짧은 곡을 사용했으며, 가사 작업을 하기 쉬운 반복되는 구조를 제공했다.

③ '사랑'과 '고마움'이라는 단어를 작사하는 것이기에 템포가 빠르지 않고 음정의 차이가 급격히 나지 않는 안정적인 음악을 선정했으며, 그 외 다른 감정을 선택할 때는 그에 맞는 템포와 리듬으로 반주를 변화시켜 분위기를 만들어준다.

④ 작사 작업을 하는 동안 치료사가 피아노로 멜로디를 연주해주어 멜로디에 맞추어 작사할 수 있도록 최대한 지원한다.

⑤ 대상자가 창작곡을 발표하여 부를 때 피아노로 멜로디를 연주하여 노래하는 것을 돕고, 필요할 경우 치료사가 함께 노래를 부른다.

4

심상음악으로 숨겨진 정서 만나기

음악 감상을 치료적으로 사용할 때의 목적은 다양하다. 자극 또는 긴장 이완 및 정서상태나 정서경험을 유발하기도 하고, 기억의 활성화, 환기, 심상과 상상을 유발하기 위해서도 사용된다. 이러한 반응은 음악이 알게 모르게 미치는 영향이라고 볼 수 있다. 예를 들어, 어릴 적 즐겨 듣던 음악을 들으면 그 시절로 돌아가 기억이 활성화되기도 하고, 댄스음악을 들으면 심장박동이 빨라지고 몸이 절로 움직이는 신체 반응이 유발되기도 한다.

이번 프로그램에서 다룰 음악 감상은 특히 심상, 즉 이미지를 유발하는 것을 목적으로 하는 심상음악치료법을 사용한다. 나의 내면을 바라보는 도구로 꿈을 들 수 있는데, 심상음악치료에서는 음악 감상을 통해 꿈처럼 떠오르는 이미지의 상징을 풀어가며 내면을 여행할 수 있다. '심상음악치료'로 불리는 GIM(Guided Imagery & Music)은 1970년대 미국의 헬렌 보니(Helen Bonney)에 의해 만들어져 미국 심상음악치료학회(AMI)에서 치료사를 양성하고 있다. 융의 분석심리학이나 초월심리학 등의 학문을 근간으로 음악을 감상하는 동안, 음악과 하나됨을 느끼며 의식상태 너머의 무의식을 경험하게 된다. 긴장을 이완한 상태에서 차분하게 음악을 감상하며, 내면에서 일어나는 심상을 통해 이슈를 해결하고 자아실현을 경험한다. 시각, 청각, 촉각, 후각 등의 모든 감각이 이미지 경험이며, 실제 신체의 반응도 경험의 범주에 포함된다. 대상자는 음악 안에서 카타르시스를 경험하며 숨겨진 나를 성찰하고, 근원적 자신과의 만남을 성취한다. 이를 통해 긍정적 마음 상태, 안전함, 편안함을 경험한다. 치료사는 이미지 여행을 안내하는 대화를 통해 대상자에게 세팅된 심리적 프로그램을 확인하고 알아가는 과정을 돕는다. 음악 감상 후 대상자는 만다라를 그리면서 또는 치료사와의 대화를 통해 음악 여행과 현실의 연결고리를 찾는다. 이로써 자신의 무의식적인 감정을 돌보고, 음악을 통한 이미지가 준 단서를 풀어가며 내면을 통찰한다.

다음에 소개할 프로그램은 심상음악치료를 개인에게 시행한 것이다. 음악 감상에서 충분히 느낀 감정을 만다라, 그리고 징시카드를 통해 시각적으로 구조화하면서 무의식의 의식화를 돕는다. 대상자는 스스로 이슈에 매몰되지 않고 나와 감정을 분리하여 바라보고, 고유한 나를 찾아가는 시간을 가질 것이다. 인식하지 못한 채 같은 패턴을 가지던 나의 심리 행동을 깨닫고 변화할 수 있는 기회가 될 것이다.

제목: 심상음악으로 숨겨진 정서 만나기

대상: 어린이~성인

목적: 자아실현

목표: 주어진 음악을 듣고 이미지 여행 후 느껴지는 감정을 정서카드에서 선택함으로써 긍정 정서를 공고히 한다.

방법: ① 반갑게 인사한다.

② 대상자에게 정서카드를 제시하고, 의식상태에서 느껴지는 현재의 기분을 뽑아보도록 한다.

③ 치료사는 현재 대상자의 이슈에 대해 함께 대화한다.

④ 음악 감상을 하기 전에, 대상자는 편한 자세를 취하고 눈을 감은 채 치료사의 인도에 따라 신체 긴장을 이완한다.

⑤ 치료사는 브람스 교향곡 2번을 들려주고, 참가자의 이미지 여행을 돕는 대화를 한다.

⑥ 음악 감상 이후 만다라를 그리고, 함께 이미지 경험을 나눈다.

⑦ 느껴지는 감정을 정서카드에서 선택하고, 시간 순서에 따라 피라미드로 표현한다.

이 프로그램은 개별 세션의 마지막 회기에 진행된 것을 예시로 한다. 30대 직장여성이 자신을 찾아가는 마지막 여정에서 사용된 세션이다. 세션 초반 자신에 대해 더 잘 알고 싶고, 앞날에 대한 두려움과 비전에 대해 막연하다고 토로했다. 초반에는 일상의 감정에 대해 '부담감', '두려움', '불안'이라는 감정카드를 뽑았다. 대상자는 스스로 게으르다고 느꼈고, 노력하지 않는 자신에 대해 불만스러웠다.

음악 감상을 하며 이미지를 떠올리던 중 한밤의 숲을 보게 되었고, 눈을 뜨고 지켜보는 부엉이를 만났다. 부엉이의 눈빛을 자세히 보고는 대상자의 어머니의 눈빛임을 알아챘다. 그러자 대상자는 놀라며 오열했다. 밤새 눈을 뜨고 계속 자신을 주시하고 있는 부엉이의 모습은 어머니로부터의 무언의 압박과 같다고 느꼈다. 그동안 자신을 몰아붙이며 성취하려 무리하게 욕심을 냈던 것이 어머니의 기대에 대한 부담이 원인이었음을 알아챘다. 대상자는 지금까지 열심히 살았는데, 그보다 더 잘해야 한다며 스스로를 다그친 이유를 알게 되었다.

이어서 음악을 감상하며 이미지 안에서 부엉이에게 다가가 부엉이의 갈색 털 속으로 들어갔다. 포근하고 따뜻한 느낌이 전해졌다. 그 온기 안에서 어머니의 마음속 깊은 곳은 사랑이라는 것을 느끼며 뜨거운 눈물을 흘렸다. 이내 대상자는 모든 것을 내려놓고 땅으로 흡수되는 듯이 느꼈고, 땅과 하나가 되었다. 세상에 스며들듯 피어나는 에너지를 몸 전체로 느끼며 경이로움과 안정감을 느꼈으며, 애쓰지 않은 채로 편안하게 할 일을 하며 세상에 에너지를 주고 싶다고 이야기했다.

〈그림 3.15〉에서 위의 그림은 이미지 여행을 하며 자신의 느낌을 표현한 만다라다. 만다라에서 대상자는 대지 그 자체이며, 자신을 중심으로 땅에서 사방으로 뻗어가는 힘의 원천이다. 자신이 생명의 중심이며 새싹을 틔우는 에너지라고 느꼈다.

노란 꽃잎처럼 보이는 본인의 에너지가 세상을 향해 뻗어가며 세상에 좋은 영향력을 끼치는 자신을 상상했다. 자신의 중심을 외부에 두지 않고 본인에게 있음을 충분히 느꼈다. 음악 안에서 만난 이미지를 토대로 치료사와 대화하며, 어머니로부터의 부담감을 덜고 편안하게 있는 그대로의 '나라는 느낌'을 찾았다.

대상자는 음악치료를 통해 이미지 여행을 하며 무의식에 다가가 핵심

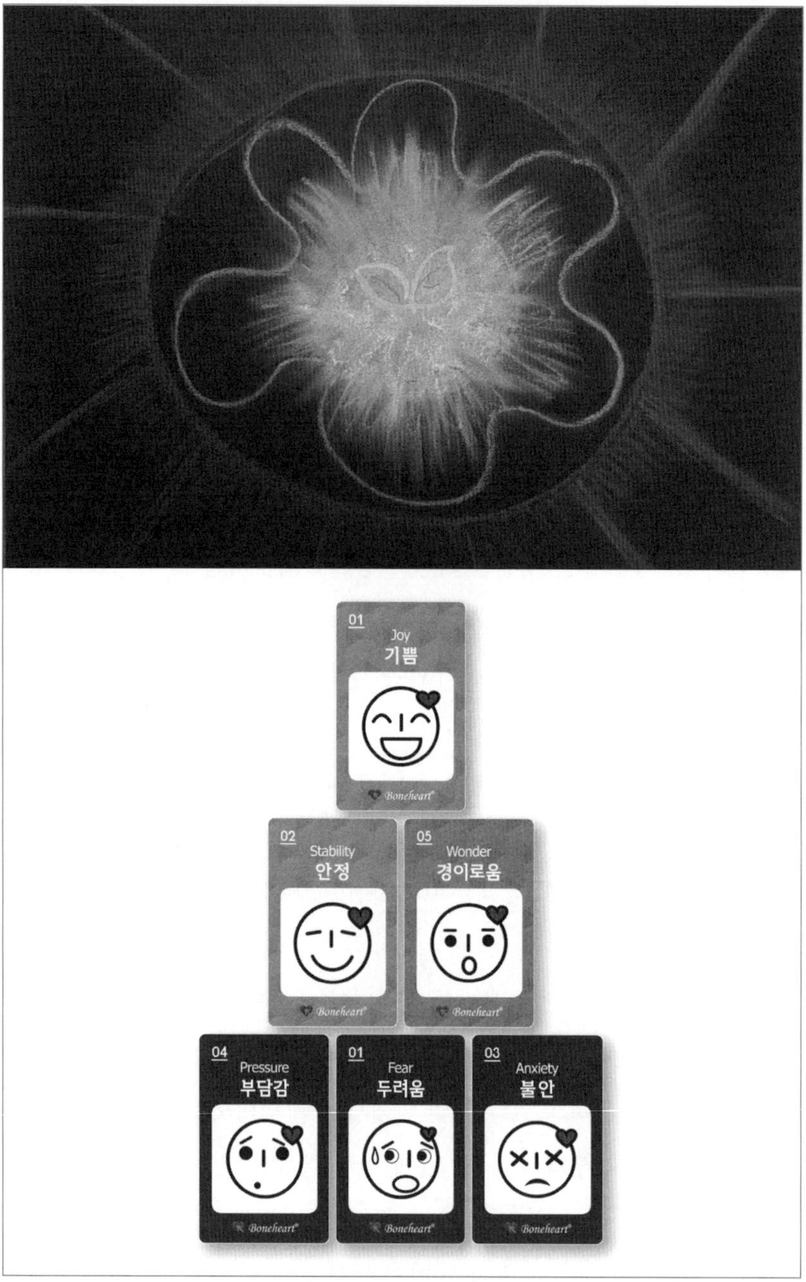

〈그림 3.15〉 심상음악치료에서의 만다라와 감정의 변화

감정을 만나고 해소했으며, 자신과 이슈를 분리하여 성찰을 맛보았다. 그 느낌을 정서카드를 이용하여 '안정'과 '경이로움', 그리고 '기쁨'이라고 구체적으로 표현할 수 있었다.

이 과정에서 이미지의 상징을 언어화하고, 만다라로 그리고, 정서카드를 통해 구체화하는 것은 대상자로부터 핵심이슈를 분리하는 과정이다. 이슈에 얽힌 감정과 자기 사이의 거리 두기를 통해 감정이 곧 자신이 아님을 알아차린 것이다. 자극과 반응 사이에 자동적으로 프로그램화되어 있는 자신의 심리를 알아차릴 공간이 마련되어 성찰이 이루어진 것이다. 이제 그 공간에서 새로운 프로그램이 작동하도록 순간순간 깨어 있어야 하는 과제가 대상자의 삶 속에 남았다.

〈음악 활용 팁〉

① 제시된 브람스 교향곡 2번은 반복되는 악절의 형식과 레가토적인 멜로디 사용으로, 이미지 여행을 하는 참가자에게 안정감 있게 다가간다.
② 클래식 곡을 사용하여 다양한 경험을 충분히 담을 수 있도록 한다.
③ 제시된 음악 외에도 다른 음악을 사용할 수 있으며, 가사가 있는 부분을 배제하여 특정 감정에 치우치지 않고 다양한 감정이 나올 수 있도록 음악을 선정한다.
④ 음악 선정 시 강사가 자신의 호흡을 먼저 체크하고 대상자의 에너지 레벨을 잘 파악한 후, 근접한 템포나 리듬의 음악을 선정하여 대상자가 음악에 집중할 수 있도록 한다.

성찰질문

아래의 다섯 가지 질문에 스스로 답해보시기 바랍니다.

1. 음악에서 어떤 감정이 느껴지는가?
2. 하필 내게 그런 느낌이 드는 이유는 무엇일까?
3. 이미지와 나의 일상은 어떻게 연관되어 있는가?
4. 내게 일어난 감정과 나는 동일한가?
5. 음악이 내게 건네는 메시지는 무엇인가?

참고문헌

루돌프 E. 라도시, 데이비드 보일, 최병철 · 방금주 옮김, 『음악심리학』, 학지사, 2001.

앨리스 앤 대로 편, 김영신 옮김, 『음악치료 접근법』, 학지사, 2006.

이부영, 『분석 심리학』, 일조각, 2007.

_____, 『아니마와 아니무스』, 한길사, 2003.

존 브래드쇼, 김영찬 · 고영주 옮김, 『수치심의 치유』, 한국상담심리연구원, 2013.

지빌레 비르크호이저 왜리, 이유경 옮김, 『민담의 모성상』, 분석심리학연구소, 2012.

진 시노다 볼린, 조주현 · 조명덕 옮김, 『우리 속에 있는 여신들』, 또 하나의 문화, 2011.

케네스 E. 브루시아, 최병철 옮김, 『음악치료』, 학지사, 2006.

한혜정

5. 정서코칭을 활용한 그룹코칭

"나보다 멋진 사람을 보면, 비교하고 멀리하기보다는 오히려 가까이 다가가야 한다. 마냥 부러워하기보다 그 기운을 느끼면서 에너지를 얻는 것이다. 그들에게서 많은 자극과 영감을 받으면서 시너지 효과, 후광 효과를 내고, 나를 더 반짝이게 변화시키는 것이다."

– 심영섭(심리학자, 영화평론가)

소리 및 음악 자극으로 사람 마음의 저변에 있는 감정의 촉발 및 심화를 경험하게 하는 정서를 알아보았다. 그룹에서 정서는 어떤 패턴과 다이내믹이 존재하는지 살펴보도록 한다.

1

그룹코칭 이해

왜 그룹코칭을 하는가?

"잘 안 떠올라요. 어떻게 해야 할지 모르겠어요." 이렇게 말하는 구성원들에게서 내재되어 있는 지식과 지혜를 끌어내어 함께 모여 다양한 생각을 넘어 창의적인 발상에 도달하는 것을 보게 된다. 자신들이 생각해도 멋진 팀 플레이의 결과물을 도출할 때 그 시너지는 한 사람뿐 아니라 그룹의 시너지가 된다. 혼자서도 잘하지만 함께하면 더 잘하고 생각이 확장되는 집단지성이 생긴다.

코치는 개인을 보는 눈과 그룹의 소리를 들을 수 있는 열린 마음으로 새로운 것을 보고 들어서 현재의 상태를 파악하고 공유함으로써, 구성원들의 의미와 보람을 찾을 수 있도록 한다. 그룹에서 구성원들의 힘과 지혜를 최대한 이끌어냄으로써 원하는 목표를 찾아가도록 한다. 그 배경에는 우리의 내면적 정서를 정리하고 시너지를 낼 수 있는 환경을 찾는 것이 중요하다.

정서는 "생리적 변화, 인식, 행동의 변화를 통해 경험하는 기분"을 말하기도 하는데, 공동체에서의 감성이 하나처럼 소통될 때 그룹은 활기를 찾고 에너지를 얻게 된다.

(1) 그룹코칭에서의 정서적 표현과정

일상생활에서 관계의 기초는 정서라고 해도 과언이 아니다. 기분이 나쁠 때는 다른 것에도 영향을 미치기 때문에, 저변에 정서가 어떻게 되어 있는지 알게 되면 관계를 돈독하게 하고 좋은 시너지를 내는 것을 보게 된다.

회사에서 왠지 모르게 그냥 싫은 사람이 있다고 이야기하는 사람들을 보게 된다. 그것을 들여다보면 상대방에 대한 정서와 사고가 연관되어 있다.

사람의 사고와 행동이 변화되기 위해서는 동기화하는 정서를 변화시켜야 한다. 정서를 그대로 수용하고 해석하는 것이 중요한데, 사람들은 자신이 무엇에 응답하려고 하는지 인식할 시간도 없이 바로 상대의 정서에 반응하는 데서 행동의 변화가 이어진다.

정서표현 과정은 케네디 무어와 그린버그, 워트먼(Kennedy-Moore & Greenberg, Wortman)이 제안한 5단계 모델에서 정서가 어떤 단계를 통해 반응하고, 의식이 자각되는 과정에서 어떻게 결정하고 표현하는지를 알려준다. 정서를 인식하고 표현하기만 해도 왜곡된 결과를 초래하지 않게 된다.

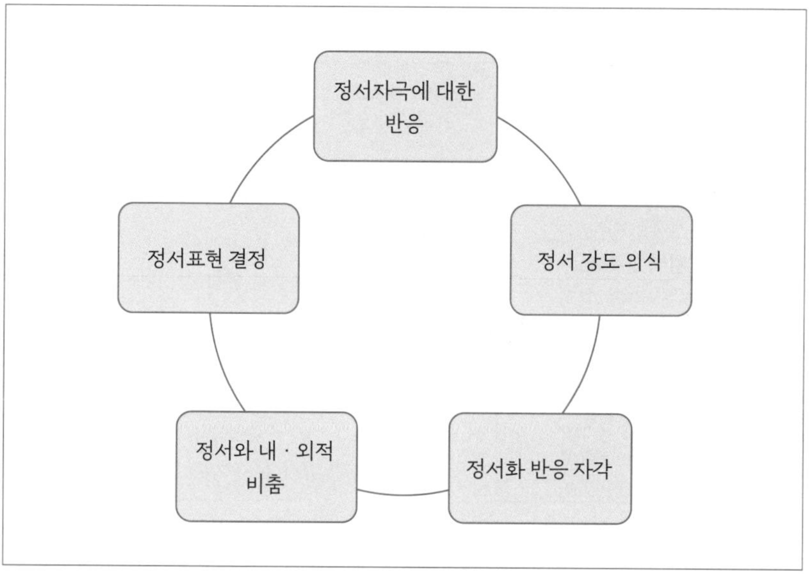

〈그림 3.16〉 정서표현 5단계

(2) 정서적 다이내믹 그룹코칭

그룹코칭은 2인 이상 다수의 대상자가 참여하는 코칭이라고 할 수 있다. 조직이나 개인적 목표를 이루기 위해 함께한 사람들의 에너지, 지혜, 경험을 극대화하고 전문코치가 촉진적으로 진행하는 프로세스로, 공통의 흥미나 목표가 같으면 효과가 크다.

그룹코칭의 핵심적인 요소는 진저와 미치(Ginger & Mitsch, 2009)가 정의한 다섯 가지에 한 가지를 추가하여 6요소를 들 수 있다.

그룹코칭은 전체 목표와 개인 목표가 모두 성취되면 더 좋은 시너지를 발휘하기 때문에, 소그룹에서 이루어진 목표를 전체 그룹의 시너지를 확대

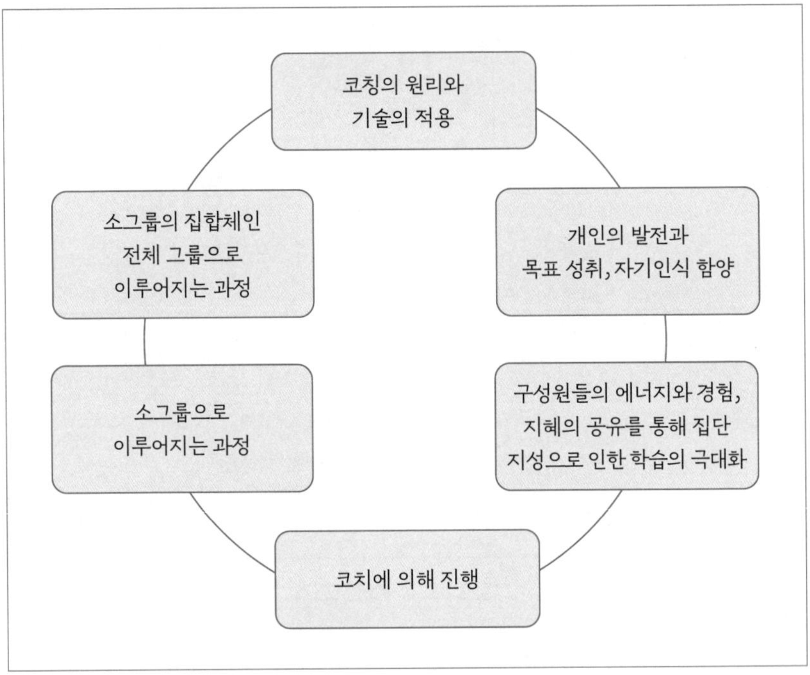

〈그림 3.17〉 그룹코칭의 핵심요소 여섯 가지(박정영, 2010 재인용)

하는 곳에 접목할 때 집단지성으로 인한 학습의 극대화가 이루어진다. 따라서 균형을 잘 유지해야 하고, 퍼실리테이션 능력이 요구되기도 한다.

그룹 다이내믹스는 그룹에 속해 있는 개개인에게 영향을 미치는 이유가 환경에서 나오는데, 그룹 구성원들에게 미치는 영향은 강력하다. 그룹 내에서 약한 것이 아니라 강하게, 수동적이기보다는 능동적으로, 정체되어 있지 않고 유동적이며, 촉매적 역할을 통해 그룹과 다이내믹이 합쳐져서 그룹 내 역동적인 힘이 존재하게 된다.

개인이 지닌 과거의 경험이나 정서적으로 어떤 경향을 지닌 사람이 참여하느냐에 따라 그룹 다이내믹스는 달라진다. 그룹은 끊임없이 움직이고, 무엇인가로 인해 행동하거나 변화되기 마련이다.

그룹은 서로 어떤 연관성이 있는 사람들이 함께 행동하거나 공통점이 있는 사람의 무리다. 그룹코칭 단계를 거치는 동안 집단의 응집력이 나타난

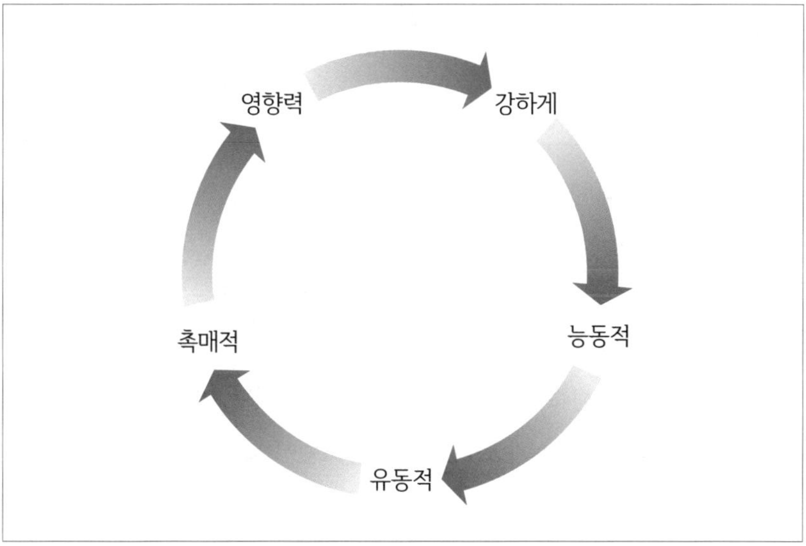

〈그림 3.18〉 그룹 다이내믹스가 그룹 구성원에게 미치는 강력한 영향력의 요소

다. 그룹코칭에서는 고객이 이루고자 하는 삶을 찾는 과정에서 특정한 프로세스와 틀을 사용하는데, 비슷한 전문영역을 살펴보면 트레이닝과 퍼실리테이션을 들 수 있다.

〈표 3.7〉 순수 그룹코칭, 퍼실리테이팅, 트레이닝의 공통점과 차이점

구분	순수 그룹코칭	퍼실리테이팅	트레이닝
어젠다	그룹	퍼실리테이터	트레이너
목표	그룹	대상자	대상자, 조직
틀과 프로세스	그룹	퍼실리테이터	트레이너
내용	그룹	대상자	트레이너
학습이 일어나는 곳	코칭 세션과 대상자의 삶	강의실과 대상자의 삶	강의실

출처: 박정영, 「효과적인 그룹코칭 프로세스 개발에 관한 연구」, 49쪽, 2010.

2

정서 다이내믹에서의 그룹코칭 3영역

(1) 정서적 다이내믹을 통한 개인 인식

그룹코칭에서의 정서를 알아차리려면 민감함도 중요하지만, 상대방에게 관심을 두고 관찰하는 것부터 시작해야 한다. 취재하듯이 관찰하는 게 아니라 사랑의 마음으로 호기심을 갖고 바라보는 것이다. 이때 주의해야 할 것이 각 개인은 자신의 경계가 있다. 사방 30cm에서 접근할 때는 노크가 필요하다. 말로 의사를 타진하는 것은 관계에서 중요한 시작이 된다.

"많은 정서 중에서 오늘 제가 갖고 있는 정서는 사랑과 미움인 것 같아요. 가까이하기에 조금은 경계를 두고 싶은 분이 기억났어요. 시어머님이에요. 한 사건에서 일어난 감정은 시간이 흘렀는데도 그 감정이 일어나는 게 느껴져요. 나를 위해 곰국도 정성껏 끓여서 보내주시는데, 부담되는 게 제 마음인 것 같아요."

현재 느끼는 감정의 저변에는 과거의 사건이 연결되어 있다. 과거에 있었던 일인데도 무의식에서 일어나는 일은 현재의 사건이 된다. 정서는 인간관계에서 일어나는 내적 에너지로, 인간이 느끼고 표현하고 행동하는 데 대한 현실지각이다. '감정'이라는 단어와는 교차해서 사용한다.

사티어(Satir) 모형에서는 인간 행동의 변화에 대해 '성장'이라는 개념을 사용해서, 개인의 성장과 인간관계의 변화에 초점을 두어 개인의 자각을 확장하고 감수성을 향상시키는 것을 강조한다. 인간은 태어날 때부터 자아를 발달시키려고 한다. 성장을 방해하려는 것을 제거함으로써 성장이 이루어진다고 본다. 인간은 삶의 환경에 따라 항상성이 깨지면 혼란을 경험하고, 또 새로운 상태로 변화하면서 균형과 조화를 이루면서 성장한다. 자기회복을 통해 통합적으로 치유하려고 하면서 긍정적인 방향으로 성장하려고 한다.

인체도 다른 병원균이 들어오면 스스로 치유를 위해 감지하고 방어하며 치유한다. 우리의 감정도 다른 것이 내부로 들어오는 것을 방어하고 보호하려는 경향이 있다. 나의 정서와 다른 것이 들어오면 스스로 방어하고 경계하게 되는데, 그 강도가 클 때 불안을 느끼고 대처하려고 한다. 이는 자연스러운 것이며, 그것을 감당하기 어려울 때 큰 위협이 되기 때문에 내적으로 감당하고 극복할 힘을 기르는 것이 중요하다. 그런 훈련이 잘된 사람은 정서도 건강하게 잘 유지하는데, 몸의 건강을 유지하듯이 정서도 건강해야 한다.

〈표 3.8〉 3단계 정서 관찰과 전환 연습

단계	실습 내용
1단계	최근에 불쾌한 감정을 경험했던 상황을 떠올리고, 어떤 기억이 있는지 나눈다.
	상황: 힘든 것은 빠름을 재촉하고 짜증이 난다. 언제: 장시간 강의하면서 연속 3시간 수동적인 수강생들과의 소통이 어려울 때 느낌: 강의는 사력을 다해서 하지만 기운이 빠진다. 행동: 수강생들의 동의를 촉진하기 위해 더 힘쓴다. 정서: 불안, 낙담, 짜증
2단계	정서와 친구 하기
	• 이름 짓기: 공감이 • 감정 정도를 1~10으로 표시하기
3단계	• 절친이 되어가기 • 긍정적인 정서로 확장하기 • 즐거운 일로 감정 선물하기

사람의 정서는 무의식 속에 있다. 그것을 알아차리는 것은 자신을 사랑하는 마음에서 시작해야 한다. 그러기 위해 3단계로 정서를 관찰하고, 실제로 해보는 것이 중요하다. 주관적으로 매몰되지 않도록 자신을 객관화하고 바라볼 수 있는 시간을 갖는 것이 자신의 정서를 바로 아는 것이다.

정서를 알아가는 것은 기분에 이름을 붙이고 인식을 통해 명명할 때 자신을 잘 표현하게 되어 관계를 좋게 한다. 마음과 다르게 표현함으로써 일어나는 많은 갈등이 정서여행을 하는 여정을 통해 행복으로 만들어가는 안전한 삶의 영역이 된다.

(2) 정서적 다이내믹을 통한 타인 인식

구성원의 정서가 관찰에서 시작되어 평안을 찾으면 상대방의 정서를 확인해야 한다. 구성원의 정서를 알아차림으로써 에너지가 좋은 상태에서 상대방에게 사랑의 에너지를 전달할 준비로 관찰해야 한다. 부정적인 정서가 올라올 때 알아차리고, 상대방의 좋은 에너지로 영향을 미치면서 그룹의 정서가 확장된다.

- 말하기로 객관화하기
- 원인을 알아보고 정서를 색깔로 표시해본다.
- 왜곡은 없었는지 감정을 명명화한다.

"정서카드의 개념을 하나씩 읽어가면서 왜곡된 것도 발견하게 되었어요. 내 안의 감정을 정리하는 연습을 한 적이 없었거든요. 정서카드로 나에게 미치는 영향도 살펴보는 시간이 되었어요. 코칭 시에도 내면의 의도를 파악하려고 경청하면서 던진 질문 하나에 피코치의 반응에 문제가 해결되는 것을 볼 수 있었어요. 이때 피코치와 코치가 하나가 되는 순간을 만나는데, 정서카드가 이런 역할을 하는 데 도움이 된다는 것을 알게 되었어요. 상대방의 감정을 인지하고 그런 감정인지를 질문하면, 자신을 알아주는 것으로 인해 놀라움을 표현했는데, 오늘 제 감정이 그런 느낌이에요."

(3) 정서코칭의 다이내믹 통찰

누구나 자신만의 자원과 능력을 가지고 있다. 자신의 감정을 대화로 이해하고 적절히 조절하여 활용하는 방법을 터득하는 것이 효과적이다. 감정조절은 먼저 알아차림에서 시작한다. 감정의 폭을 어떻게 느끼고 있느냐다. 어떤 상황에 처해 있는지, 어떻게 대처하고 있는지에 따라 자신의 감정을 효과적으로 조절할 수 있다.

다루는 방법에는 생각을 다른 데로 돌리거나 주의 전환하기, 위안이 되는 말 되뇌기, 심상을 사용하여 편안하거나 유쾌한 장면 떠올리기, 긴장 이완 훈련이나 복식호흡도 효과적이다.

자신의 감정이나 충동을 느끼고 표현하는 것도 중요한데, 빈 의자 기법이나 역할 연기 등의 방법을 통해 느껴지는 감정을 그대로 느끼고 표현함으로써 감정을 해소할 수 있다.

불쾌한 감정이 발생한 원인과 과정을 이해하고, 더욱 합리적이고 적응적인 생각으로 대체하는 작업이 필요하다.

정서적 다이내믹은 한 사람의 창의성보다 다수의 창의성이라는 집단지성을 창출하기 때문에, 현대사회는 그룹코칭을 필요로 한다.

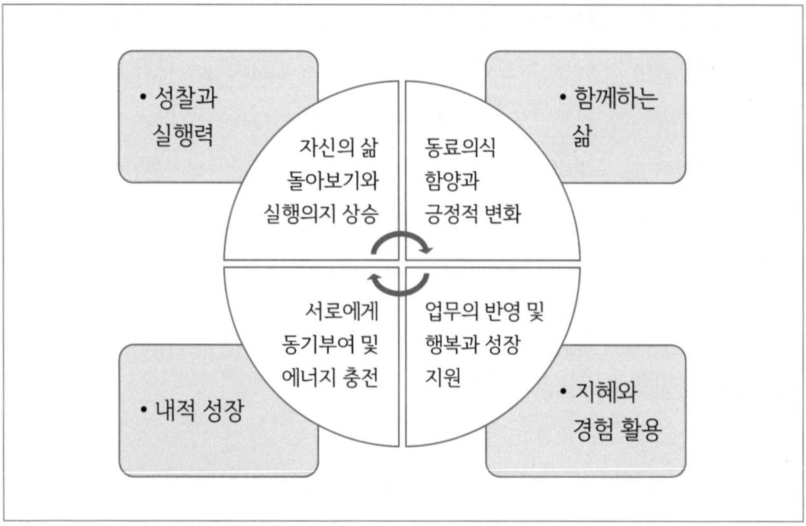

〈그림 3.19〉 개인보다 그룹의 창의성을 통한 집단지성이 유익

3

정서적 다이내믹의 그룹코칭 실제

(1) 정서카드를 활용한 그룹코칭 프로세스 5단계

그룹코칭의 프로세스는 〈표 3.9〉에 정리한 바와 같이 5단계를 거쳐 진행된다.

〈표 3.9〉 그룹코칭 프로세스 5단계

사전준비 단계	구성원에 대한 이해와 설계, 안내
들어가기 단계	대상자들을 만나 프로그램 및 코치를 소개하고, 대상자의 기대사항을 들으며, 그룹코칭에 대한 기본 규칙을 공유한다.
회차별 세션을 진행하는 단계	대상자와 상호작용하며 그룹코칭을 진행하고, 실천계획을 수립한다.
마무리 단계	그룹코칭을 평가하고, 향후 지속을 위한 계획수립과 다짐을 한다.
사후 단계	실천에 대해 사후 지도를 한다.

다이내믹은 영향을 주어서 변화를 가져오게 하고 그룹 안에서 역동적인 힘, 세력을 나타내는데, 그룹 구성원이 가진 여러 힘의 상호작용으로 장을 형성하여 에너지가 교류된다. 그룹 다이내믹의 효과는 그룹에서 무엇이 일어나는가에 대한 민감성 증대 및 리더십과 멤버십의 기능을 효과적으로 성취하도록 도와준다. 또한 그룹 구성원들의 더 많은 잠재적 자원을 활용할 수 있도록 하며, 그룹의 성장 및 성취 과정에서 리더가 자신의 업무를 효율적으로 할 수 있게 된다.

그룹에서 정서는 호수에 돌을 던지면 파동이 번져가듯이 에너지 파동도 잘 일어나도록 하는 선순환이 필요하다.

감정그룹을 분리하고 정리해봄으로써 감정이 행동으로 어떻게 나타나는지를 알 수 있다. 자신의 생각과 감정이 어떻게 다른지도 볼 수 있기 때문에 정서를 단순히 보는 것에서 생각과 감정의 연관성이 행동으로 이어지는 것을 자각해 스스로 플러스 감정그룹으로 전환하기에 도움이 된다.

그룹에서의 정서 파동은 원인을 일으키는 것과 무의식의 관계에 따라 어떤 에너지를 만들고 어떻게 해소하는가를 알게 된다.

〈표 3.10〉 감정그룹 살펴보기

	- 감정그룹	+ 감정그룹
생각	기분이 안 좋아요. 일도 하기 싫고 짜증이 나요.	기분을 관찰했더니 내 안에 부정적인 것이 발견돼서 명명하니 사라졌어요.
감정	상대방의 태도와 말에서 자존심이 상했어요.	왜곡된 마음을 발견하고 내 것이 아니라 상대방 것의 경계를 정하니 편안해졌어요.
행동	불평의 말이 나오고 화를 내면서 일이 잘 안 되고 표정이 굳어졌어요.	객관적으로 대하게 되고 부족한 것을 배우는 시간이 되어서 솔직하게 이야기하고 도움을 구했어요.

(2) 정서카드를 통한 그룹의 시너지 사례

에너지 상승과 하강을 살펴보면서 그 당시의 감정과 정서를 스스로 정리한다. 그 이유를 적어봄으로써 정리하는 것은 내재되어 있는 정서를 정리함과 동시에 상처를 치유하는 시간이 되기도 한다. 그것은 에너지를 좋게 하고 한 단계 더 성장하는 계기도 갖게 한다.

정서를 건강하게 잘 유지하는 것은 삶에서 기쁨을 갖게 하는 윤활유와 같다. 그렇게 하기 위해 행동하는 것이 도움을 주기 때문에 활동의 코스 여행

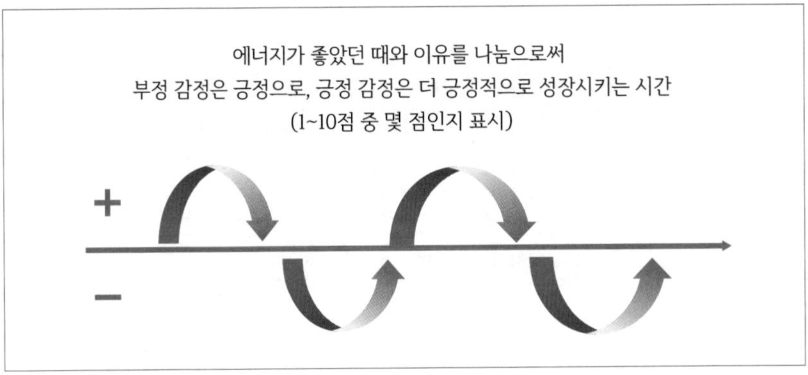

〈그림 3.20〉 인생 라이프 곡선에서 + 에너지와 – 에너지 적어보고 나누기

은 그룹의 목표를 더욱 활성화하고, 서로의 시너지가 활기를 찾게 한다.

구성원 간의 관계를 체크해볼 수 있도록 정서카드를 사용하는데, 나는 어떤 단어를 사용하는지, 잘 사용하지 않는 단어는 어떤 것이 있는지, 다른 사람은 나를 어떻게 인식하고 있는지를 찾아본다.

> "'나는 정서를 밖으로 드러내기 좋아하지 않고, 목표를 체계적으로 빈틈없이 잘 짜는 것이 필요할 것 같아요'라고 말했는데, 정서카드를 통해서는 내 안에 이런 모습이 있었나 할 정도로 다르게 나온 거예요. 그러면서 선택한 카드를 갖고 이야기하는 동안 나도 외부적으로 드러나기를 좋아한다는 것을 발견했어요. 내심 깜짝 놀랐어요. 강사를 하면서 내가 사용하고 있는 정서가 용기였던 것도 이해되는 순간이었어요."

사람들은 이미지를 자신의 경험으로 인식하고 해석하는데, 자신의 무의식 속에 존재하는 감정은 잘 파악되지 않기 때문에 정서카드를 활용해서 찾아보면 자신의 확장된 정서가 전달되는 것들이 어떤 것인지 파악할 수 있다.

- 오늘의 정서는 어땠는지 찾아보게 한다.
- 다른 사람의 이야기를 듣고 찾아주고 싶은 정서카드를 추천해서 이유를 말한다.

"다른 사람이 나를 보고 '사람을 편안하게 해주는 분이에요'라고 표현해주는 이야기를 들으면서 마음의 홀가분함을 알게 되었어요. 부담감이 내려지고 만족감도 느끼는 시간이라 '내가 헛살지는 않았구나' 하고 생각하게 되는 시간이에요."

한 사람은 또 다른 한 사람으로 유기적으로 연결되어 서로를 도울 수 있는 힘을 갖고 있다. 그래서 그룹은 좋은 에너지가 넘치면 긍정적인 힘을 갖게 되어서 그룹의 힘이 더 좋아지는 것을 알게 된다. 그것을 통해 다른 개인과 그룹을 도와주면서 자신들도 성장하는 시간이 된다.

성찰질문

아래의 다섯 가지 질문에 스스로 답해보시기 바랍니다.

1. 나의 정서를 만들어가는 색은 무의식의 어떤 색깔일까?
2. 그룹코칭에서 내가 미처 깨닫지 못했던 정서를 찾는다면?
3. 그룹코칭에서 관계를 만들어갈 때 정서는 어떤 영향을 미치는가?
4. 그룹코칭에서 정서여행에 필요한 요소에는 무엇이 있을까?
5. 그룹코칭 중 함께 좋은 에너지를 지속하기 위해 해야 할 한 가지를 이야기한다면 무엇이 있을까?

참고문헌

김경숙, 『중년기 여성을 위한 Satir 모형 기반 정서조절 프로그램 개발 및 효과』, 목포대학교 박사학위논문, 2021.

김종명 · 여재호 · 이해원, 『그룹코칭』, 플랜비디자인, 2021.

랜디 타란, 강이수 옮김, 『감정은 패턴이다』, 유노북스, 2019.

마크 브래킷, 임지연 옮김, 『감정의 발견』, 북라이프, 2020.

박정영, 「효과적인 그룹코칭 프로세스 개발에 관한 연구」, 『코칭연구』 3(1), 2010.

안젤라 애커만, 베카 푸글리시, 서준화 옮김, 『인간의 감정표현 130가지』, 인피니티북스, 2019.

이주아, 「그룹코칭장면에서 일어나는 그룹 다이내믹스의 효과에 관한 연구」, 아주대학교 석사학위논문, 2014.

이지영, 『나는 왜 감정에 서툴까?』, 청림출판, 2014.

______, 『정서조절코칭북』, 박영스토리, 2017.

임그린, 『정서중심 회복탄력성 그룹코칭 프로그램 효과성 연구』, 광운대학교 박사학위논문, 2016.

정상화, 「팀장 그룹코칭의 집단역학에 대한 사례연구」, 연세대학교 석사학위논문, 2016.

크리스티나 누녜스 페레이라, 라파엘 R. 발카르셀, 남진희 옮김, 『42가지 마음 색깔』, 레드스톤출판사, 2019.

최석규

6. 정서코칭을 활용한 진로동기(motivation) 확장하기

"긍정적인 경험의 꽃들은 부정적인 생각, 감정, 욕망의 잡초들을 밀어내고 그 자리를 대신한다."

– 릭 핸슨(Rick Hanson, 『행복 뇌 접속』의 저자이자 신경심리학자)

앞 장에서는 정서카드를 활용한 그룹 다이내믹스에서 조직의 목표나 개인적 목표를 이루기 위해 에너지, 지혜, 경험을 극대화하고 촉진적으로 진행하는 프로세스에 대해 살펴보았다. 그룹코칭은 전체 목표와 개인 목표가 성취되면 강력한 시너지를 발휘한다. 소그룹에서의 목표는 전체 그룹의 시너지를 확대하고, 그룹에 속해 있는 개개인에게 영향을 미친다. 특히 다이내믹은 그룹 안에서 역동적인 힘, 세력을 나타내어 구성원들 간에 힘의 상호작용으로 에너지가 교류된다. 이는 결국 그룹에서 민감성 증대 및 리더십, 멤버십의 기능을 성취하도록 돕고, 구성원들의 잠재적 자원을 활용할 수 있도록 한다.

이 장에서는 정서 체크리스트와 문장완성검사, 정서카드를 활용한 진로 동기 확장하기에 대해 살펴보도록 한다.

1

당신의 정서는 어디에 뿌리박혀 있는가?

우리의 정서는 나무의 뿌리와 같다. 당신의 뿌리 깊은 정서를 나타내는 단어는 무엇인가? 당신이 느끼는 감정을 무엇이라고 이름 붙이고 싶은가? 어릴 적부터 형성된 정서는 뿌리 깊고, 지금의 정서를 말해준다.

뿌리 깊은 나무는 바람에 흔들리지 않는다. 각 사람에게도 뿌리 같은 정서가 있다. 청남대에서 산책하다 보면 낙우송(落羽松)을 볼 수 있다. 낙우송은 공기가 통하지 않는 질퍽거리는 땅속이나 물밑에서는 숨을 쉬기 어려워 물 밖으로 뿌리를 내보낸다. 정서도 마찬가지다. 우리 안에 있는 뿌리 깊은 부정적인 정서의 뿌리를 물 밖으로 밀어내고 긍정적인 정서의 단어로 그 뿌리를 바꿀 수 있어야 한다.

조금 더 쉽게 생각해보자. 누구나 살면서 화가 났던 경험이 있을 것이다. 화가 나는 이유는 무엇 때문일까? 여러 가지 이유가 있을 것이다. 자존심이 상해서 화가 나기도 하고, 일이 잘 풀리지 않는 자신을 보고 속상한 마음 때문에 화가 난다. 때로는 누군가 나를 불편하게 해서 화가 날 수도 있다. 그런데 '화'라는 단어가 내 속 깊은 곳에 숨어있는 정서이기 때문에 알기 힘들고 풀기도 힘든 것은 아닐까? 나의 감정을 잘 모르겠고, 어떤 단어로 표현해야 할지 모를 때가 있었을 것이다. 나의 진정한 감정을 모르겠을 때 내 안에 뿌리 깊은 정서를 들여다보면서, 가장 먼저 내 안에 뿌리 깊은 정서라는 단어를 정리해보면 어떨까?

이 장에서는 정서카드와 정서 체크리스트, 문장완성검사를 통해 대상자들이 소유하고 있는 현재의 부정적 정서를 긍정적 정서로 밀어내도록 하는 데 도움을 줄 것이다. 정서 체크리스트를 활용하면 긍정적 · 부정적 정서의 단어가 무엇인지, 어디서 왔는지 알 수 있다. 또한, 문장완성검사와 정서카드를 활용하여 대상자의 솔직한 감정을 드러내게 할 수 있다. 왜냐하면 사람마다 말로 표현하기 힘든 정서도 있기 마련이다.

이 장에서는 정서 체크리스트와 문장완성검사를 활용하여 코치가 대상자의 정서상태를 확인하고, 정서의 단어가 무엇인지 파악하도록 하는 데 도움을 줄 것이다.

2

어떻게 정서 체크리스트를 활용할 것인가?

(1) 왜 정서 체크리스트가 중요한가?

커리어코칭을 하다 보면 매일 다양한 감정과 마주하게 된다. 대상자들의 감정을 읽다 보면 때로는 내 마음과의 거리가 멀어져 내버려두기도 하지만, 추스르고 감추어버리는 감정도 있다. 세상에서 가장 현명한 사람은 똑똑한 사람이 아니라 감정을 조절할 수 있는 사람이다. 자신의 감정에 얼마나 섬세한 귀로 들을 수 있느냐가 현명한 사람으로 간주된다. 자신의 감정을 살펴보기 위한 방법은 자기보고식 검사 등을 통해 확인해보는 것이다. 이 활용법은 자신의 현재 감정상태를 확인하고, 과거의 묵은 감정을 파악할 수 있게 도와준다. 자기보고식 정서측정방법은 개인의 인식상태를 측정하고자 할 때 활용할 수 있으며, 이 방법은 간략하고 편리하게 개인의 감정과 정서를 측정할 때 일반적으로 사용된다. 또한, 정서 체크리스트는 비대면 소그룹 프로그램에서도 활용하여 대상자의 진로 동기를 확장하는 데 활용하면 도움이 된다. 다음은 정서 체크리스트를 활용하여 소그룹 진로캠프에 참여했던 대상자의 사례다.

"대기업에 입사하는 것이 입학하고 다짐했던 졸업 후 목표였습니다. 대학을 나오고 안정된 직장을 다니는 것이 제 인생의 큰 목표였는데. 1학년 때는 큰 목표를 이루기 위해 학점관리와 학교생활도 모범적으로 하면서 자신감이 넘쳤습니다. 그런데 졸업을 앞두고 누구도 안전한 미래를 보장해주지 않는다는 사실을 알게 되었습니다. 매 학기 자신감이 떨어지고, 다른 친구들과 비교당하는 것 같아 아무것도 하고 싶지 않을 때가 많아요. 답답하고 후회스럽네요."

위 사례를 보더라도 대상자의 정서를 확인하고, 진로 동기를 확장할 수 있는 도구 활용이 중요하다. 따라서 우리는 이러한 불편한 감정들을 잘 꺼내어 부정적인 생각, 감정, 욕망의 잡초들을 밀어내고 그 자리를 긍정적인 정서로 바꿔나가야 한다.

(2) 정서 체크리스트 활용이 주는 이로움

감정은 철학자 및 심리학자에 이르기까지 분류방식이 다양하다. 자기보고식 방법은 벡(Beck)의 자기보고식 우울척도, 상태-불안척도 등이 활용되어왔는데, 특히 정서심리학자 로버트 플루치크는 인간의 정서를 여덟 가지로 분류했다. 체크리스트를 활용한 정서 확인하기는 정서 목록을 나열해놓고 현재의 정서를 얼마나 느끼는지 평가하는 질문지 및 자기보고식 활용법이다. 이 방법은 본하트 정서카드를 함께 활용하여 자신의 정서상태를 확인하고, 질문리스트를 활용하여 1:1코칭 및 소그룹 프로그램에서도 활용이 가능하다. 이런 방법을 활용하면 자신과의 마음의 거리를 좁혀나가게 되고, 하고자 하는 진로 동기를 확장시켜 목표를 이루는 데 도움을 받을 수 있다.

① 진로 목표를 명확하게 할 수 있다.

사람들은 진로 방향을 수립해나갈 때 기술, 흥미, 가치, 성격유형에 대해 이해하려고 노력한다. 보통 자신이 세운 목표가 중요하고 뚜렷할수록 거기에 따르는 정서의 헌신 또한 깊어진다. 특히, 커리어코칭 과정에서 주된 초점은 개인의 진로 방향을 명확하게 하고, 스스로 느끼는 생각, 감정을 일관성 있게 조직화한다.

② 대상자의 정서에 집중하게 할 수 있다.

커리어코칭 과정에서 피코치 문제를 다루고 집중하는 데 필요한 것은 현재 느끼는 생각과 감정상태를 살펴보는 것이다. 그래서 '지금까지 살면서 가장 후회했던 일은 무엇인가?', '최근 기대하고 있는 것은 무엇인가?'라는 질문은 감정의 초점을 맞추기 위해 사용된다. 코칭 과정에서 사람들은 자신의 상황을 설명하기 위해 이야기를 사용하게 되는데, 대상자의 이야기 속에 피코치가 말하고 싶은 문제와 생각, 감정이 들어가 있다. 정서 체크리스트를 활용하면 코치는 이러한 이야기 속에서 피코치의 감정상태를 깊이 있게 살펴보게 되고, 대상자는 자신의 진로에 대한 동기, 즉 역동적인 에너지를 갖게 된다.

③ 코칭 유형별 적용이 가능하다.

정서 체크리스트는 1:1코칭, 집단코칭, 대규모 캠프 등에서 활용이 가능하다. 또한 본하트 정서카드를 중심으로 대상자가 쉽게 정서를 이해할 수 있도록 구성하여 결과를 채점하여 정서우산으로 그려보게 함으로써 자신의 현재 정서상태를 읽어볼 수 있게 된다.

(3) 체크리스트를 활용한 정서우산(emotion umbrella)

당신이 쓰고 있는 정서우산은 무엇인가?

정서우산은 우리 안에 내재되어 있는 부정적이고 긍정적인 정서의 보호막과도 같다. 때로는 후회되고 절망스럽고 두려운 정서가 뿌리 깊을 수 있고, 어떨 때는 희망과 환희로 가득 차 있을 수도 있다. 어떤 정서이든 우산은 우리에게 비를 피할 수 있도록 도와주고, 보호막 같은 역할을 한다는 점이다.

우선, 정서 체크리스트를 활용하는 목적은 정서 목록을 확인하고 현재 자신의 감정상태를 스스로 체크하여 확인해볼 수 있도록 도와준다. 마음을 가라앉히고 자신의 현재 마음상태를 인식하며 정서 체크리스트를 읽어보고 자신의 기분에 가장 일치하는 문장에 체크해나가면 된다.

■ 정서우산 체크리스트 활용법

1. 목적: 정서우산 체크리스트를 활용하여 감정을 읽고 진로 동기 확장을 목적으로 한다.
2. 인원: 1~4명
3. 마음을 가라앉히고 자신의 현재 마음상태를 인식한다.
4. 체크리스트를 활용하여 자신에게 해당하는 표현에 체크한다.
5. 형용사는 56개 문장으로 구성되어 있으며, 8개의 정서를 확인할 수 있다.
6. 체크리스트가 완료되면 정서유형별 합계와 가장 많이 나온 유형의 순위를 적어준다.
7. 가장 점수가 높은 1개의 정서유형을 적어보고, 정서우산에 점을 찍어 이어본다.
8. 가장 많이 나온 정서를 확인하면 본하트 정서카드에서 해당하는 카드를 확인하고, 정서 정의와 질문리스트를 읽고 성찰해본다.
9. 서로의 감정유형 결과에 대해 공유하고, 자신의 감정과 정서를 인정하고 격려해준다.

정서우산 체크리스트

■ 해당하는 빈칸에 ✓ 체크를 해주세요.

5: 매우 그렇다 4: 그렇다 3: 보통이다 2: 그렇지 않다 1: 매우 그렇지 않다

NO	"나는 ○○○하다"	5	4	3	2	1	평균(합계)
A1	엄청나게 성이 나고 분하다.						
A2	숨이 막힐 듯이 답답하다.						
A3	마음에 꼭 맞지 않아 짜증 난다.						
A4	양심에 거리껴 부끄럽다.						
A5	마음이 상하여 꼴 보기 싫다.						
A6	원수를 복수로 갚아야 한다.						
A7	감정이 복받쳐 오른다.						
D1	누군가 마음에 들지 않아 눈에 거슬린다.						
D2	따분하고 싫증 난다.						
D3	잘되는 사람을 보면 질투가 난다.						

NO	"나는 ○○○하다"	5	4	3	2	1	평균(합계)
D4	다른 사람이 잘되는 것이 미워진다.						
D5	모든 게 마음에 들지 않아 싫다.						
D6	내가 저지른 잘못에 책임감을 느낀다.						
D7	모든 것이 역겹고 끔찍이 싫다.						
S1	마음이 아프고 괴롭다.						
S2	내가 한 잘못에 대해 후회한다.						
S3	마음이 아프고 불쌍하다.						
S4	의지할 곳이 없어 쓸쓸하다.						
S5	원통하고 서럽다.						
S6	마음이 뒤틀리고 슬프다.						
S7	모든 게 희망이 없다.						
F1	미래가 두렵다.						
F2	한시름 놓은 적 없이 걱정된다.						
F3	마음이 편하지 않고 조마조마하다.						
F4	책임져야 한다는 부담감이 든다.						
F5	마음이 편하지 않고 고통스럽다.						
F6	무슨 일이 일어날지 겁이 난다.						
F7	모든 것이 무의미하고 텅 빈 것 같다.						
H1	바라던 일이 이루어지기를 희망한다.						
H2	내가 바라는 일이 기대된다.						
H3	모든 것이 새롭고 알고 싶어진다.						
H4	모든 일에 관심이 생긴다.						
H5	어떤 일을 스스로 해낼 수 있다.						
H6	역경이 있어도 이겨낼 수 있다.						
H7	내가 원하는 것을 간절히 바란다.						
P1	좋아하는 것에 몰입하게 된다.						
P2	홀가분하다.						
P3	짜릿하고 들떠 있다.						
P4	즐겁고 재미있다.						

NO	"나는 ○○○하다"	5	4	3	2	1	평균(합계)
P5	믿기 어려울 정도로 신기하다.						
P6	눈이 부실 정도로 황홀하다.						
P7	일이 잘 풀려 기쁘다.						
J1	모든 일이 잘 풀려 기쁘다.						
J2	안심이 된다.						
J3	뿌듯하고 만족한다.						
J4	감사하고 고맙다.						
J5	마음에 깊은 울림이 있어 감동적이다.						
J6	절망에서 벗어날 수 있다.						
J7	마음이 편하고 행복하다.						
L1	사랑스럽다.						
L2	마음이 여유롭다.						
L3	보고 싶고 그리워진다.						
L4	마음이 넓고 너그럽다.						
L5	포근하고 편안하다.						
L6	정답고 온정적이다.						
L7	마음이 평화롭고 편하다.						

출처: 본하트 정서카드 재구성

■ **체크리스트를 체크한 후, 채점해보세요.**

항목	합계(평균)	순위
분노(anger)		
미움(disgust)		
슬픔(sadness)		
두려움(fear)		
희망(hope)		
즐거움(pleasure)		
기쁨(joy)		
사랑(love)		

(4) 정서우산 만들기

체크리스트를 통해 자신의 정서상태를 살펴보았다면 부정적인 정서와 긍정적인 정서상태를 확인했을 것이다. 현재 자신이 되고 싶은 모습과 실제로 될 수 있는 것에 대한 생각과 마음을 갖는 것이 중요하다.

정서 체크리스트에서 나타난 정서를 확인하고 현재 자신의 정서상태를 우산에 체크해보자. 인간의 정서는 여덟 가지로 분류된다. 분노, 미움, 슬픔, 두려움, 희망, 즐거움, 기쁨, 사랑이다. 정서우산에서 가장 밖으로 치우쳐 있는 정서는 무엇인가? 그렇게 나온 결과를 보고 느낀 점을 서로 이야기한다. 감정은 서툴 수도 있다. 감정은 알아가는 과정이며, 자신의 정서를 찾는 과정이기 때문이다.

아래 정서우산에 각각의 정서상태를 점으로 체크한 뒤 연결하여 다각형을 그려보자. 정서우산에 나타난 자신의 정서는 무엇인가?

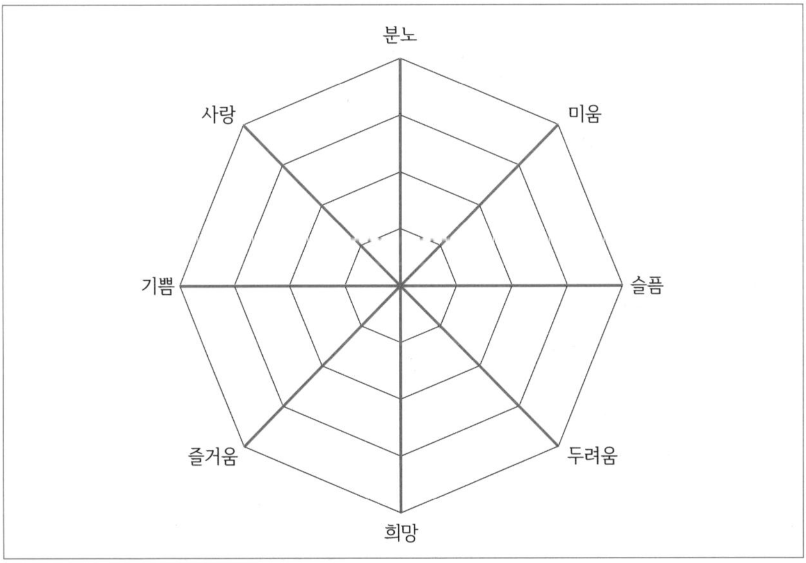

진로 방향을 수립해나가는 동안 많은 감정과 마주쳐보면서 현재 자신이 하고 싶은 일은 무엇인지 질문해봐야 한다. 그러면 어떤 사람이 되는 것이 두려운지에 대한 개인의 긍정 정서(positive emotion)와 부정 정서(negative emotion)의 대표성을 확인할 수 있고, 미래에 대한 동기부여의 연결고리 구실을 하게 된다.

예를 들어 어떤 학생이 학사경고를 맞았을 때, 그 사건 자체에서 전달되는 '실패한 학생'이라는 감정이 작동하여 자기를 활성화시킬 수도 있다.

긍정적 감정을 갖는 것은 미래지향적이며, 단순히 미래에 대한 희망을 넘어 사람들이 바라는 목표, 바람, 정서에 대한 개인의 생각과 동기의 교량역할을 하게 된다. 부정적인 감정을 넘어서 자신과의 마음의 거리를 좁혀 긍정적 감정을 갖는 것은 미래를 능동적으로 성취하게 만든다.

3
왜 정서에서 동기가 중요한가?

학생들이 정서와 동기에 대해 얼마나 알고 있을지 궁금했다. 그래서 진로 동기 캠프에 참여한 학생들에게 물어보았다. "마음이 답답해서 아무것도 하기 싫어요", "진로요? 학교생활 하기도 바쁘고, 학점 때문에 참여하게 되었어요", "제 감정에 대해 솔직히 생각해본 적 없고, 진로가 그냥 막막해요", "마지막 학기인데 진로가 막막하고, 그동안 해놓은 게 별로 없어서 후회되어 참여하게 되었어요"와 같이 진로에 대해 사람들마다 느끼는 감정은 다르다.

그렇기 때문에 정서는 사람들의 행동 방향과 강도를 결정하게 한다. 진로 동기도 자신의 진로목표 달성을 위해 몰입 방향을 설정하여 지속적으로 개발하려는 개인의 태도다. 청소년 시기에는 부정적인 정서를 읽어내고 긍정적인 정서의 꽃을 피울 수 있도록 보완해나가는 과정이 중요하다. 청소년의 진로 문제는 수많은 감정을 인식하고 긍정적 정서를 찾아가는 과정을 통해 형성되어가기 때문에 중요하다. 이 장에서는 정서카드와 문장완성검사를 활용하여 진로 동기를 확장해나가는 연습을 해보도록 한다.

4
정서카드를 활용한 진로 동기 확장하기

(1) 왜 진로 동기가 중요한가?

앞에서는 체크리스트를 활용하여 자신의 감정과 마주 볼 시간을 가졌다. 정서는 오래된 개인의 감정을 쌓아둔 어떤 것들이다. 그렇기 때문에 정서는 어떤 행동을 발생시키고 유지시킬 뿐 아니라, 개인의 진로와 관련해서도 행동의 방향과 강도를 결정하게 한다. 진로 동기도 개인이 자신의 진로목표 달성을 위해 몰입하고 행동의 방향과 강도를 지속적으로 개발하려는 태도를 의미한다. 특히, 청소년들에게 진로 동기는 개인의 진로발달과 밀접한 관계가 있고, 진로성숙도와 내재적 가치를 형성시키는 데 중요한 요인으로 연구되어왔다.*

그뿐만 아니라 진로 동기가 중요한 이유는, 자신의 진로정체성에 영향을 미치며 진로의 방향성을 나타내기 때문에, 부정적인 정서를 깨닫고 보완해나가는 과정을 갖게 하는 것이 중요하다. 청소년의 진로문제는 좋은 대학,

---

* Noe, R. A., Noe, A. W., & Bachhuber, J. A. (1990), An Investigation of the correlates of career motivation, Journal of Vocational Behavior, 37, 340-356.

좋은 직장을 들어가는 것만이 아니라 자신이 하고자 하는 것들, 자신이 좋아하는 것들을 찾아가는 과정에서 수많은 감정을 인식하게 하고, 긍정적 정서를 찾아가는 과정을 통해 형성되어간다.

다음 표를 활용하여 정서카드를 활용한 진로 동기를 확장해보도록 하자.

■ 현재 자신의 진로문제와 관련하여 가장 많이 느꼈던 부정적인 정서카드를 탐색하여 선택한다. 정서카드 뒷면의 개념과 질문리스트를 읽어보고 긍정적인 메시지로 바꾸어본다.

구분	1	2
정서		
정서카드 질문리스트	예: 후회 ① 자금까지 살면서 가장 후회했던 일은 무엇인가? ② 가장 만족스러웠던 때는 언제인가? ③ 최근 섭섭했던 상황은?	
긍정적인 메시지로 바꾸기		

(2) 정서카드를 활용한 진로 동기 확장법

■ 정서카드 활용법

1. 목적: 정서카드를 활용하여 감정을 읽고 진로 동기 확장을 목적으로 한다.
2. 인원: 1~4명
3. 마음을 가라앉히고 자신의 현재 마음상태를 인식한다.
4. 먼저 최근 진로문제와 관련하여 떠오르는 감정을 탐색하고 7장의 감정카드를 선택한다.
5. 선택한 7장의 카드 중에서 부정적인 정서카드를 확인한다.
6. 부정적인 정서카드를 선택하게 된 이유를 진로문제와 관련하여 이야기해본다.
7. 정서카드 뒷면에 나온 개념을 읽고 다른 사람들과 느낀 점을 나눈다.
8. 마지막으로 정서카드의 질문리스트를 읽어보고 자신의 진로와 관련하여 긍정적인 메시지로 자신을 표현해본다(감정어로 바꾸어 메시지로 작성하게 하고 말하도록 한다).

청소년 시기에 자신의 서툰 감정을 인식하고 정서를 찾아가는 과정이 이루어지지 않는다면, 결국 다른 경험 기회조차 동기화되지 못하여 아무것도 하지 않는 행동적 결과를 낳을 수도 있다. 진로에 대한 동기와 정서를 스스로 인지하고 가능한 한 자기를 인지하는 과정이 중요하다.

진로문제와 관련하여 자신의 정서카드는 무엇인가?

질문을 통해 알게 된 자신의 긍정적인 정서는 무엇인가? 스스로 깊은 통찰의 경험을 맛보기 바란다.

5

문장완성검사를 활용한 정서 읽기

(1) 정서를 어떻게 표현할 것인가?

정서를 어떻게 표현해야 하는가?

자신이 느끼는 감정상태를 친구들과 이야기하거나 또는 글을 쓰거나 일기를 쓰면서 표현해본 경험이 있을 것이다.

우리는 인생을 살면서 수많은 경험 속에서 좌절과 슬픔, 희망이라는 감정을 쓰고, 지우게 된다. 그런데 이런 감정들은 자칫 뿌리 깊은 정서로 깊이 파고들게 된다. 그래서 청소년 시기에는 자신의 정서상태를 표현하는 것이 중요하다.

자신의 감정상태를 살펴보기 위한 방법으로는 심리검사, 카드검사, 체크리스트를 활용한 다양한 도구가 있다. 특히, 문장완성검사는 사람들의 욕구, 내적 갈등, 감정, 태도, 적응상의 어려움 등에 대해 파악하고자 할 때 적용할 수 있는 방법이다. 대화를 통한 질문식 방법은 개인을 방어적으로 만들기 때문에 표현의 자유가 제한되지만, 미완성 문장은 개인이 인식하거나 표현할 수 없는 잠재된 욕구, 감정, 태도 등이 더 잘 드러날 수 있도록 도와준다.

학교 현장에서 진로캠프를 진행하면서 참여했던 한 학생의 사례다. 대상자는 1학년 입학 후 잦은 지각과 결석으로 학사경고까지 받아 학업에 대한 의욕이 떨어져 있는 상태였고, 진로에 대해 막막함을 호소하는 학생이었다.

사례 1

아름 씨는 대학입학 후 아무것도 해놓은 게 없어 늘 걱정만 한다. 그러다가 조금이나마 답답한 마음을 해결해보고자 학교에서 진행하는 진로 동기 캠프에 참가하게 되었다. 캠프에서 아름 씨는 다른 학생보다 의기소침해 있었고, 자신감 없는 표정과 목소리로 캠프에 적극적으로 참여하지 못했다.

아름 씨는 문장완성검사를 통해 자신의 감정을 성찰하는 시간에 진로가 막막하다며 울먹였다. "교수님! 학교를 그만두고 싶어요. 아무도 제 문제를 해결해줄 수 없고, 들으려고 하지 않아요. 부모님도 저에 대해 이젠 관심이 없어요. 다른 친구들은 보면 각각 자격증과 학점관리를 잘하는 모습을 보자니, 저 자신이 너무 답답하고 한심해 보여요."

당신이라면 아름 씨에게 무슨 말을 해주고 싶은가?

우리는 반복적인 실수와 실패로 인해 스스로 밧줄을 끊을 수 없다고 생각하여 좌절하곤 한다. 또한 자신의 감정을 잘 알고 있다고 생각한다. 때로는 어떤 상황에 힘들어서 감정을 표현하지 않고 지나가버리기를 바랄지 모른다. 감정은 외부 사건이나 다른 사람으로부터 생기는 것이 아니라 인간의 욕구에 의해 생긴다. 따라서 자신의 감정을 통해 깊은 정서를 표현하는 것도 훈련이다. 예를 들어, 평소에 관심이 있던 여학생이 다른 남학생과 사귄다는 소식을 들었을 때 왠지 기분이 상하고 속상한 적이 있었을 것이다. 그런데 사랑에 대한 욕구가 없다면 다른 남학생을 만나도 어떤 감정도 발생하지 않을 것이다.

(2) 문장완성검사를 활용한 정서 드러내기

자신의 뿌리 깊은 정서를 드러낼 방법은 무엇인가?

문장완성검사는 본질적으로 사람들의 감정을 살펴보기 위한 자유연상을 이용한 투사법 검사로 피검사자는 진짜 자기 모습을 드러낼 수 있는데, 이는 자신의 대답이 갖는 의미를 예상할 수 없으므로 의식하지 않게 되기 때문이다.

뉴욕주립대학에서 "내가 (　)이 아니라서 기쁘다"라는 문장 완성하기 실험을 했다. 사람들에게 다음과 같이 문장을 되풀이하도록 했다. "백수가 아니라서 기쁘다", "환자가 아니라서 기쁘다", "고아가 아니라서 기쁘다." 실험 결과 대부분 사람의 삶의 질이 이전보다 훨씬 좋아졌다고 한다. 반면에 사람들에게 "내가 (　)이라면 좋을 텐데"라는 문장을 완성하도록 했는데, 가령 "로또에 당첨되면 좋을 텐데", "멋진 미인이라면 좋을 텐데" 등을 다섯 번씩 반복하도록 했다. 실험 결과 놀랍게도 대상자들의 대부분은 삶에 대해 커다란 불만을 품게 되었다고 한다. 다음 문장을 완성해보자.

내가 (　　　　　　　　)이 아니라서 기쁘다.
내가 (　　　　　　　　)이라면 좋을 텐데.

문장완성검사는 일상적인 문장들이 제시되어 비교적 솔직한 답을 얻을 수 있으며, 내담자의 주위환경과 성격 등을 손쉽게 이해할 수 있다. 또한 개인의 감정, 태도 등을 깊이 있게 들여다볼 수 있으며, 피검사자가 가지고 있는 심리적 어려움이나 해결하고자 하는 문제의 원인을 파악하는 데 용이하다. 문장완성검사는 커리어코칭에서 1:1개인코칭과 집단코칭 장면에서 활용이 가능하며, 질문을 구성하여 다양한 용도로 사용할 수 있다.

특히, 진로문제는 청소년 및 대학생, 성인에 이르기까지 풀어가야 할 과제다. 진로문제는 직업 관련 자료제공이나 직업적 문제해결만 필요로 하는 것이 아니라 대상자의 감정을 인식하여 진로문제와 얽혀 있는 자기이해, 대인관계, 가정환경 문제 등 깊은 정서를 드러내게 해야 한다.

(3) 문장완성검사 질문 활용법

문장완성검사는 대상과 목적에 따라 질문 문항을 선택하여 활용할 수 있다. 학생들을 상담하다 보면, 입학 후 학교 선택과정에서 초라해진 자신의 모습을 보며 부정적인 감정을 경험하는 학생들과 만나게 된다. 아무도 자신의 선택에 용기와 따뜻한 마음으로 위로해주지 않는 상황에서 열등감, 외로움을 표현하지 못하고 학창 시절을 보내게 된다. 이처럼 표현하지 못하는 감정들은 지나가버리지 않고 미래에 대한 두려움, 열등감, 걱정으로부터 자신을 안전하게 보호하기 위해 손쉽게 가질 수 있는 가짜감정으로 자신의 진짜감정을 억압해버리게 된다. 무의식 속에 가려진 진짜감정은 가려버린다 해도 사라지지 않는다. 섬세한 자기 감정을 느끼고 조절하기 위해서는 감정을 외면하지 말고 표현할 수 있는 도구를 활용해야 한다.

■ **문장완성검사 문항 활용 리스트**

다음에 기술된 문장의 뒷부분이 빠져있다. 각 문장을 읽으면서 맨 먼저 떠오르는 생각을 뒷부분에 기록하여 문장을 완성해보자. 대상 및 프로그램에 따라 아래 문장완성검사를 선택하여 활용할 수 있다. 아래 문장완성검사는 자기이해, 직업의식, 진로설계에 대한 문장완성검사를 목록화하여 현장에서 적용할 수 있도록 구성했다.

번호	문항	영역
1	내가 남보다 잘하는 것은 ______________	자기이해
2	나의 장점은 ______________	자기이해
3	내가 좋아하거나 즐거워하는 활동은 ______________	자기이해
4	내가 좋아하는 과목은 ________이고, 그 이유는 ________이다.	자기이해
5	나의 가장 큰 결점은 ______________	자기이해
6	행운이 나를 외면했을 때 ______________	자기이해
7	내가 정말 행복할 수 있으려면 ______________	자기이해
8	내 생각에 직업이 필요한 이유는 ______________	직업의식
9	나는 커서 ________가 되고 싶다. 그 이유는 ________이다.	직업의식
10	내가 존경하는 인물은 ________이고, 그 이유는 ________이다.	직업의식
11	내가 생각하기에 좋은 직업이란 ______________	직업의식
12	내가 공부하는 이유는 ______________	진로설계
13	나의 평생 가장 하고 싶은 일은 ______________	진로설계
14	나의 장래는 ______________	진로설계

6

정서카드와 문장완성검사를 활용한 진로 동기 확장하기

문장완성검사를 통해 어떤 감정을 알게 되었나?

감정을 느낄 수 있는 상황은 많다. 과거의 자신과 현재의 자신, 그리고 미래의 자신에 대해 어떤 것이 좋은지, 감정을 메시지로 바꾸는 연습을 통해 진로목표를 명확하게 해보자.

1단계

① 자신의 진로와 관련하여 일상에서 경험했던 감정은 무엇인지 생각해본다. 예를 들어 우울, 괴로움, 후회, 슬픔 등과 같이 적으면 된다.

② 왜 그런 감정을 갖게 되었는지 떠올려본다. 그리고 그런 감정이 생길 때 했던 습관적인 행동(영화를 본다든지, 음악을 듣는다든지, 친구와 여행을 간다든지, 술을 마신다든지 등)을 적어본다.

③ 마지막으로 자신에게 말해주고 싶은 긍정 메시지를 만들어본다.

감정 (부정적인 3개의 감정)	부정적인 감정이 떠오를 때 습관적으로 했던 행동	자신에게 말해주고 싶은 메시지

2단계

① 자신의 진로와 관련하여 일상에서 경험했던 감정은 무엇인지 생각해본다. 예를 들어 희망, 용기, 만족 등과 같이 적으면 된다.

② 왜 그런 감정을 갖게 되었는지 떠올려본다. 그리고 그런 감정이 생길 때 했던 습관적인 행동을 적어본다.

③ 마지막으로 자신에게 말해주고 싶은 긍정 메시지를 만들어보도록 하자.

감정 (긍정적인 3개의 감정)	긍정적인 감정이 떠오를 때 습관적으로 했던 행동	자신에게 말해주고 싶은 메시지

감정을 다스리는 것은 부정적인 감정(1단계)으로 인해 생긴 행동을 긍정적인 메시지로 강화하기 위한 방법이다. 그리고 긍정적인 감정을 더 강력한 에너지로 바꾸어 진로, 대인관계 등에서 긍정적인 자아를 만들어가도록 변화시킬 수 있다.

사례 2

정민 : 대학에 들어와서 모든 것이 낯설고, 학점관리와 전공에 대한 적응, 졸업 후 내가 하고 싶은 일이 무엇인지 고민만 하다가 진로 동기 캠프를 통해 전공에 대한 확신을 갖게 되었고, 저 자신의 강점과 부족한 점을 어떻게 준비해야 하는지 자신감을 갖게 되었습니다. 다른 친구들에게 제 감정을 이야기하는 것이 처음에는 어색하기도 했는데, 문장완성검사와 정서카드를 활용하여 마음에 숨겨진 감정을 읽을 수 있었습니다.

문장완성검사를 통해 긍정적 에너지를 갖게 된 사례다. 여러분도 이것보다 더 잘할 수 있다. 더 강력한 에너지를 갖도록 자신의 감정에 충실하기 바란다. 정민 씨는 대학교 입학 후 처음으로 졸업 후 무엇을 하면 좋을지 고민하다가 캠프에 참여하면서 전공에 대한 확신을 갖게 되었다.

3단계

① 3단계에서는 진로 동기 확장을 위해 정서카드를 활용하여 미래 자신의 모습을 생각하며 긍정적인 자신의 이미지와 관련하여 정서카드를 선택하고 질문을 통해 성찰한다.

② 먼저 56장의 카드를 펼쳐놓고 미래 자신의 정서와 관련된 긍정 카드 3장을 선택한다.

③ 그리고 정서카드의 질문을 읽어보고 현재 자신의 정서와 관련하여 성찰하고 공유한다.

정서카드	질문리스트
	• 지금까지 잠이 안 올 정도로 기대했던 경험은 무엇인가? • 기대만큼 되지 않아서 가장 큰 좌절감을 맛보았던 때는? • 일주일 안에 가장 바라는 일은 무엇인가?

문장완성검사와 정서카드를 활용해서 자신의 어떤 정서를 알게 되었는가? 평소 자신의 감정에 익숙하지 않아 쌓이고 묵혀두었던 마음이 서툴게나마 해소되는 느낌을 받게 되었을 것이다.

감정은 우리 마음에 쌓아두는 것이 아니라 깊이 있는 질문을 통해 자신에게 노크해봐야 알 수 있다. 그럴 때 세상이 다르게 보이고 다른 사람과 자신에게 열린 마음으로 다가갈 수 있을 것이다. 특히, 진로에 대한 막연함과 답답함에서 자신이 왜 그런 감정을 갖게 되었는지 답답함을 해소하고, 자신이 이루고자 하는 진로 목표를 확장해나갈 수 있다. 문장완성검사는 진짜 자기 모습을 드러낼 수 있는 자유연상을 이용한 투사적 검사방법으로, 정서카드와 함께 활용된다면 자신의 대답이 갖는 의미를 의식하지 않고 되돌아볼 수 있다.

성찰질문

아래의 다섯 가지 질문에 스스로 답해보시기 바랍니다.

1. 정서 체크리스트와 문장완성검사를 활용하고 나서 알게 된 점은 무엇인가?
2. 정서카드를 활용한 정서플레이를 하면서 알게 된 점은 무엇인가?
3. 내가 알게 된 부정적인 정서와 긍정적인 정서는 무엇인가?
4. 당신의 과거와 지금의 정서에 어떤 변화가 있었나?
5. 자신의 진로 목표를 달성하기 위해 지금 당장 해야 할 일은 무엇인가?

참고문헌

김용태, 『가짜 감정』, Denstory, 2021.

도널드 앨트먼, 소하영 옮김, 『마음 그릇』, 파주Books, 2019.

본하트 정서카드, www.Boneheart.co.kr

이지영, 『정서조절코칭북』, 박영스토리, 2020.

임철웅, 『마음설계의 힘』, 트로이목마, 2021.

정옥분 외, 『정서발달과 정서지능』, 학지사, 2018.

Noe, R. A., Noe, A. W., & Bachhuber, J. A. (1990), An Investigation of the correlates of career motivation, Journal of Vocational Behavior, 37, 340-356.

허희영

7. 자신을 찾아가는 나침반, 정서

"의식상태에서 진정한 정서를 대변하는 것은 자아 콤플렉스로, 우리는 오직 자아 콤플렉스에 가깝게 접근할 수 있다."

- 카를 융

앞 장에서는 정서카드를 활용한 진로 동기의 확장에 대해 살펴보았다. 되짚어보면 동기란 어떤 목표를 향해 행동하도록 하는 내적 과정을 말한다. 동기는 열정을 동반하므로 우리에게 새로운 마음으로 각오를 다지게 만든다. 반복된 익숙함으로 인해 해이한 마음이 생길 때면, 주위 사람들은 항상 초심을 잊지 말라고 충고한다. 즉 동기는 초심이라서 사람들의 초심을 가늠해보면 각자가 어떠한 삶을 왜, 어떻게, 무엇을 추구하며 살고자 하는지 이해하기 쉽다. 바로 그런 면에서 동기는 진로 선택에서 중요한 동력으로 작용한다. 정서는 우리 삶의 가장 기본이 되는 에너지이자, 인간 행동의 근본적인 동기 체계 역할을 한다.

이 장에서는 자신을 찾아가는 나침반으로 개인정체성 구축을 위한 정서코칭에 대해 이야기하고자 한다. 개인정체성은 내면 이미지와 외부 이미지로 구성된다. 내면 이미지가 마음에서 비롯된다면, 외부 이미지는 신체와 그 움직임을 포함한다. 먼저 내면 이미지는 라이프스타일에 따른 경험에서 구축되는데, 각 경험의 바탕에는 정서가 자리하고 있다. 정서는 강점을 포함한 개인별 내면 이미지와 불가분의 관계다. 따라서 정서카드를 활용하여 특정 정서와 연결된 강점을 찾도록 한다. 여기에 소개하는 정서코칭을 활용한 강점 찾기 방법은 성격이나 가치관 같은 다른 내면 이미지를 파악할 때도 도움이 될 것이다.

한편, 외부 이미지는 개인을 존재로서 처음 인식할 때, 또는 부각시키려 할 때 수단적 역할을 한다. 좀 더 극적으로 자기존재감을 알리고 싶은 사람이라면 외모에 신경을 쓴다든지, 아니면 유창한 화술로 시선을 사로잡는 경우도 있다. 이제부터는 감각 이미지를 활용하는 비언어적 의사소통 분야에 관심을 갖는다면 더욱 도움이 될 것이다. 뒷부분에서 시각적 이미지인 표정을 중심으로 한 정서적 의사소통에 대해 설명하겠다.

개인정체성은 곧 자기브랜드를 의미한다. 자신을 돋보이게 하는 퍼스널브랜딩을 위해 정서코칭을 적극적으로 활용하면 좋겠다.

1

정서는 삶을 안내하는 나침반

(1) 정서가 이끄는 강점(또는 보완점) 찾기

우리는 살아가면서 '나는 누구인가?'라는 질문에 봉착하는 시기가 있다. 그때가 바로 이해할 수 없는 자신을 마주하고 자기 존재에 대한 고민에 빠질 시기다.

- 어디서부터 뭘 어떻게 시작해야 할지 전혀 감도 안 잡히는데… 어쩌지?
- 우선 내 성격이 어떤 편인지 남들과 비교해볼까?
- 내가 세상에서 제일 중요하게 여기는 게 뭐지?
- 다 귀찮고 그냥 아무 생각 없이 즐기고 싶은데, 뭐부터 하면 가장 재미있을까?

속 시원히 답을 찾고 싶은 마음이 간절한 데 비해 어찌해야 할 바를 도통 모르니 더욱 답답함에 골치가 아픈 상황이다. 그럴 때는 강점(strength)을 떠올려보자. 강점이란 타인보다 우세하거나 더 뛰어난 특성이다. 장단점을 고려하기보다는 비교우위를 파악하면 차이점을 찾아내기가 훨씬 쉽다. 즉 타인과 비교해서 자기만의 강점을 찾으면 '나는 누구인가?'에 근접하기 쉬워진다.

강점은 일상적 경험에서 드러나는 특성으로, 여러 경험에서 반복적으로 발휘되는 경향이 있다. 이때 경험에 이르는 동기는 개인적 성향에 따라

두 가지 유형으로 나뉜다. 각자 어떠한 상황에 처하느냐에 따라 행동을 활성화하는 정서(접근 동기 측면), 또는 행동을 억제하는 정서(회피 동기 측면)에 따라 달라진다.

> ① 접근 동기는 처음부터 원해서 행동하는 경우다. 이는 보상이나 인센티브 같은 외부 유인이 동기가 되는 경우가 많다. 하지만 유인효과가 없더라도 긍정적인 결과를 기대하는 개인의 의지와도 관련이 있다. 이때 취하는 행동은 주로 긍정 정서에 의해 활성화되기 쉽다.
> ② 회피 동기는 마지못해 행동하는 경우다. 처벌이나 위협 같은 부정적 결과 유무 때문에 어쩔 수 없어서 취하는 개인의 선택이다. 주로 부정 정서의 영향을 통해 행동이 활성화된다.

이런 까닭으로 강점을 찾는 가장 바람직한 방법은 기억에 또렷한 정서 상태를 연상하는 것이다. 강점과 연관된 정서는 선명할 수밖에 없다. 혹시라도 긍정 정서보다 부정 정서가 더 또렷하게 연상되는 경우라면 강점과 반대인 보완점(약점)을 찾아봐도 좋다. 왜냐하면 강점과 보완점은 빛과 그림자처럼 서로 대칭이므로, 한쪽을 찾으면 나머지는 자연스럽게 유추할 수 있다. 또한 강점은 타고나기도 하지만, 부족함을 보완하고자 끊임없는 노력을 기울이면 강화되기도 한다.

(2) 정서카드를 활용한 강점 찾기

이번에 소개하는 정서코칭 방법은 '타인에게 투영된' 자신의 정서를 발견하는 것이다. 우리는 같은 책이나 영화를 보더라도 감동을 받거나 끌리는 인물이 각자 다르다. 왜냐하면 대부분의 사람은 무의식적으로 자신과 유사점이 많은 인물을 선호하기 때문이다. 이를 정서코칭에 도입해서 자신의 강점을 찾아보도록 한다. 단, 강점은 긍정 정서에서만 발견할 수 있는 것은 아니다. 부정 정서를 통해서도 열등감을 감지할 수 있는데, 열등감도 에너지의 일종이다. 따라서 부정 정서에서도 강점을 찾을 수 있다.

강점 찾기를 위한 정서코칭은 세 단계로 나누어 진행할 수 있다. 첫 단계는 코치가 특정한 조건(상황)을 설명하고, 그에 대해 각자 절감(切感)하는 정서카드를 1~3개씩 선택하도록 한다. 두 번째는 자신이 고른 정서카드의 내용을 읽도록 한 후, 관련해서 즉각적으로 떠오르는 경험을 이야기하도록 한다. 해당 정서를 유발한 인물 또는 상황을 연상하는 식이다. 긍정 정서 또는 부정 정서에 따라 자기가 선호하는 인물이거나 그 반대의 경우(외면하고 싶은 인물)가 될 것이다. 마지막 단계에서는 인물(들)의 행동과 생각들을 나열해서 특징이나 연관성을 파악할 수 있도록 한다. 이 방법은 1:1코칭은 물론이고 집단코칭에서도 효과적으로 활용할 수 있다.

다음은 여섯 가지 상황으로 구분해서 정서코칭의 예시를 제시했다. 상황별로 연상되는 정서카드는 각각 두 가지씩 소개하고, 그 정의와 질문을 살펴보았다. 그리고 이해를 돕고자 소녀로 대변된 필자의 경험을 사례로 보충했다. 참고로 소녀가 연상한 인물은 일부러 한 명에 국한시켰지만, 실제 정서코칭에서는 여러 명의 인물을 떠올려 통합적으로 특징이나 공통점을 찾아도 된다.

① 재미와 전율이 짜릿짜릿(긍정 정서 1)

지금까지 당신에게 가장 흥미나 관심을 끄는 일이 있었을 때, 정서상태는 어땠는지 기억나는가? 아마도 재미와 전율이라는 정서가 연상될 것이다.

- '재미'란 어떤 일이 열정을 부추기고 아기자기하게 즐거운 감정을 말한다. 지금까지 가장 재미있었던 경험은 무엇인가?
- '전율'이란 어떤 사물에 마음이나 시선이 혹하여 들뜬 감정을 말한다. 지금까지 짜릿한 쾌감을 느꼈던 경험은 무엇인가?

※ 흥미 또는 관심과 관련된 정서를 굳이 재미나 전율에만 국한할 필요는 없다. 추후 설명하는 다섯 가지 상황에서도 각자에게 실감되는 정서를 우선적으로 연상하기 바란다.

소녀는 추리소설을 즐겨 읽었다. 『셜록 홈스』를 읽을 때면 추리 과정이 정말 재미있었고 놀라웠다. 인물이 하나둘씩 등장하면 저마다 신분이나 특징에 대한 묘사를 세심히 살펴야 했다. 등장인물들이 흥미진진하게 서로 얽히면서 누구에게도 의심을 거둘 수 없었다. 처음에는 신경 쓰지 않고 무심코 지나쳤던 묘사(사소한 물건이나 행동) 하나가 최후에 결정적인 실마리로 작용할 때는 페이지를 앞으로 넘겨 대체 어디서 놓쳤는지를 확인해야 직성이 풀렸다. 특히 꺼림칙한 인물이 용의자로 몰렸다가 결정적인 증거로 의심을 벗어난다거나, 예상치도 못한 인물이 범인으로 밝혀지기까지 사소한 단서를 찾아가노라면 입술이 마르거나 주먹이 꽉 쥐어졌다. 급한 마음에 재빨리 다 읽어버리면 그 전율이 너무도 짧게 끝나는 게 아쉬워서 읽다가도 이전 페이지로 되돌아갔다. 이미 다 아는 내용일지라도 읽고 또 읽으면 흥미진진한 전율로 가슴이 짜릿짜릿했다.

② 아이돌(idol)을 보면서 간절함(긍정 정서 2)

- '갈망'이란 넋이 빠진 것처럼 매우 간절히 바라는 중독상태를 말한다. 지금까지 가장 간절히 바랐던 경험은 무엇인가?

- '행복'이란 자신의 삶에서 충분한 만족을 느끼는 상태를 말한다. 지금까지 가장 행복을 느꼈던 순간은 언제인가?

우상처럼 추앙받는 존재에게는 그들을 추종하는 팬덤(fandom)이 있다. 팬덤이란 정서적 공감을 바탕으로 하는 연대감에서 자발적으로 생겨난다. 특히 방탄소년단(BTS)은 그 자체로도 유명세를 갖지만, '아미(ARMY)'라고 불리는 팬덤으로 인해 더욱 세계적인 위력을 떨치고 있다. 국내외의 수많은 아미들은 BTS의 노래와 활동에서 삶의 의미를 찾았다거나, 그 덕분에 용기를 내어 자신이 주체로서 새 삶을 살게 되었다는 다채로운 고백을 서로 공유하며 더욱 굳건한 기세를 몰아가고 있다.

시대를 막론하고 동일한 책, 드라마나 영화를 보며 우상을 흠모한 사람들은 무수히 많다. 자신이 좋아하는 아이돌로부터 받는 메시지(자극)는 인간의 동기 체계를 좌우하는데, 이는 정서와 상관관계가 있다. 연구자들은 정서에 의해 활성화된 동기 체계는 개별 정서가 지니는 행동 경향 또는 관련 주제에 따라 메시지 효과가 달라진다고 지적했다. 추종자마다 경험이 제각각이므로 에피소드별 메시지는 천차만별로 팬덤의 정서 세계에 스며든다. 개인마다 다르게 스며든 정서는 정서적 동인으로 이어져 삶의 방향을 공고히 해준다.

그 한 예로, 셜록 홈스는 작품의 캐릭터로 허구인물이나 인지도가 만만치 않은 아이돌이다. 누군가는 순수하게 셜록을 동경하며 사건 해결에 진심이었기에 경찰대 교수가 되었다. 또한 사건사고에 대해 날카로운 관심을 갖고 끝까지 추적하며 기록을 남기고자 기자가 된 사람도 있다. 어떤 이는 진실을 규명하기 위한 화학반응 실험에 흥미를 느껴 연구자가 되기로 진로를 결정했다. 어쩌면 사건 현장마다 다른 인물로 변신하는 변장술이 부러워서 분장사가 된 이도 있을 것이다. 그들은 셜록을 통해 저마다 느낀 정서에 따라 강점을 발견하고, 자기가 선호하는 진로를 찾았음을 알 수 있다. 따라서 자신이 좋아하는 인물의 특성을 고려해보면 자신의 강점과 유사점을 발견할 수 있다.

③ 왠지 끌리는 특별함(긍정 정서 3)

- '관심'이란 어떤 것에 끌려 주의를 기울이는 마음을 말한다. 지금까지 가장 관심을 쏟은 것은 무엇인가?
- '호기심'이란 새롭고 신기한 것을 좋아하거나 모르는 것을 알고 싶어 하는 마음을 말한다. 지금까지 가장 신기한 경험은 무엇인가?

소녀는 무엇보다 셜록이 사건 해결에 필요한 단서를 발견하는 방법에 주목했다. 셜록은 상대방의 외모나 주변 정황을 그저 한 번 쳐다보는 것 같으면서도 순식간에 다방면의 단서를 읽어냈다. 그는 만나는 사람마다 상대방의 소맷부리나 손가락 모양, 글씨체, 담뱃재, 발자국, 냄새, 개 짖는 소리 등 감각기관을 총동원해서 다양한 정보를 수집했다. 소녀는 셜록의 출중한 관찰력이 무척 부럽긴 했으되, 정작 범죄를 규명하고 사건을 해결하는 데는 관심이 덜했다. 그보다는 '관찰한 것을 토대로 인물을 유추하는 것'에 더욱 흥미를 느꼈다. 셜록이 의뢰받은 사건을 맡기로 하는 경우, 탐문하는 방식은 다음과 같다.

"나의 원칙은 어떤 선입견도 갖지 않는다는 것, 그리고 무조건 사실이 이끄는 방향으로 간다는 것이라네. 정보를 손에 넣기 전에 가설을 세우는 것은 치명적인 실수지. 사실에 이론을 맞추는 대신에 자기도 모르게 이론에 맞춰 사실을 왜곡하게 되니까 말이야."

"상대방의 손톱, 코트 소매, 구두, 바지 무릎, 엄지와 검지에 박인 굳은 살, 셔츠 소매, 표정 … 이러한 것들을 유심히 살펴보면 상대방의 직업을 쉽게 알 수 있거든. 그러한 행동이 철없는 행동으로 비칠 수도 있지만 그것을 통해 관찰 능력을 기르고, 어디를 보고 무엇을 찾아야 할지 알 수 있게 된다네."

"수사 기술에서 최고로 중요한 것은 많은 사실 중에서 어느 것이 부차적인 것이고, 어느 것이 핵심적인 것인지 가려낼 줄 아는 능력이야."

"논리적인 사람은 바다를 보거나 폭포 소리를 듣지 않고도 한 방울의 물에서 대서양이나 나이아가라 폭포의 가능성을 추리해낼 수 있어. 그래서 인생 전체는 하나의 거대한 사슬이 되고, 우리는 그 사슬의 일부를 보고 전체를 알 수 있는 것이지."

이상을 통해 소녀의 관심을 끈 역량을 요약하면 첫째, 사실에 입각하기 위해 '관찰력'을 중시하고 있다. 둘째, 사실을 다룰 때는 중립적인 '분석력'이 뒷받침되어야 한다. 셋째, 수집한 사실을 중요도에 따라 선별하는 '핵심파악 능력'이 필수다. 마지막으로 일부를 통해 전체를 추리해내는 '통찰력'이 필요하다. 이렇게 네 가지 역량이 어우러진 셜록은 '사소한 사실에 대한 천재적인 통찰력을 발휘하는 사람'이라고 요약할 수 있다. 아마도 소녀는 셜록의 재능에 정서적으로 매력을 느꼈던 것 같다.

④ 꾸준한 연습 뒤에 느끼는 자신감(긍정 정서 4)

- '기쁨'이란 내적 욕구가 충족되었을 때 안에서 뿜어져나오는 에너지를 말한다. 지금까지 가장 기뻤을 때는 언제인가?
- '만족'이란 어떤 일을 성공적으로 끝내서 뿌듯한 감정을 말한다. 지금까지 가장 만족했던 결과는 무엇인가?

소녀는 셜록을 닮고자 부단히 노력했다. 길을 걷거나 버스를 탈 때 언제 어디서든 누구라도 관찰했다. 사람들을 볼 때마다 머리부터 발끝까지 스르륵 훑으며 그 사람만의 특징을 빨리 포착하고자 관찰했다. 스타일을 스캐닝하고, 표정과 동작을 살피고, 말할 때 어투를 파악했다. 그렇게 관찰한 덕분에 나이를 먹는 동안 점차 자신만의 데이터베이스가 구축되었다. 설명이 필요할 때는 상대방의 말이나 행동단서를 근거로 제시하니 이해와 신뢰도가 높아졌다.

⑤ 잘못된 습관(부정 정서 1)

- '후회'란 이전의 잘못을 깨닫고 뉘우치는 감정을 말한다. 지금까지 살면서 가장 후회했던 일은 무엇인가?
- '짜증'이란 마음에 꼭 맞지 아니하여 발칵 역정을 내는 감정을 말한다. 짜증을 참을 수 없다고 느꼈던 때는?

소녀는 새로운 친구를 사귈 때마다 이 말을 꼭 들었다. "넌 첫인상에 비해 사귈수록 더 진국인 것 같다"라는 고백. 처음 고백을 들었을 때는 진국이라는 말에 기분이 좋았다. 하지만 해가 거듭될 때마다 듣다 보니 아리송해졌다. 왜 다들 '첫인상에 비해'라는 전제를 붙일까? 도대체 내 첫인상이 어떻기에 그런 말을 하냐고 용기를 내어 친구에게 물었다. 친구는 소녀가 첫인상이 좀 날카롭고 예민해 보여서 쉽게 다가가기 어려운 편이라고 말했다. 또 대화할 때는 눈을 맞추지 않고 딴 곳을 보며 말하기 때문에, 무시당하는 것 같아 기분이 나빴다고 했다. 어떨 땐 째려보는 게 무섭다고 덧붙였다.

소녀는 친구의 혹독한 지적을 듣고서 백지처럼 아무 생각도 나지 않았다. 며칠을 고민하다가 자신을 직시할 수밖에 없었다. 문제의 원인은 바로 초등학생 때부터 셜록을 닮고자 따라 했던 습관이었다. 사람을 순식간에 흘깃 쳐다본답시고 얼굴을 다른 방향으로 고정하고 눈동자만 좌우로 굴리기 바빴다. 그런 식으로 시선을 회피하고 관찰만 해대니 소녀의 표정은 굳었고, 눈빛은 날카로웠으며, 매섭게 변해갔다. 원인을 알고 나니 짜증이 밀려왔지만, 이미 굳은 습관은 어쩔 도리가 없었다.

⑥ 숨기고 싶은 열등감(부정 정서 2)

- '불안'이란 스스로 믿는 마음이 부족할 때 편하지 않고 조마조마한 마음을 말한다. 지금까지 가장 불안했던 경험은 무엇인가?
- '괴로움'이란 현실에서 마음이 편하지 않고 고통스러운 감정을 말한다. 지금까지 가장 고통스러웠던 경험은 무엇인가?

소녀의 표정에 나쁜 영향을 끼친 또 다른 원인이 있었다. 소녀는 덧니가 좌우로 두 개나 있었기에 웃을 때 귀신처럼 보일까 봐 입술을 꾹 다무는 습관이 생겼다. 가지런한 치아로 환하게 웃는 친구들이 부러울수록 덧니라는 열등감으로 인해 소녀는 점점 웃음에 인색해졌다. 그럴수록 더욱 예민하고 우울한 인상이 되었다.

소녀는 혼란스럽기만 했다. 소위 전지적 관찰자 시점으로 사는 동안 자기 모습도 누가 볼 수 있다는 생각일랑 전혀 하지 않았다. 셜록처럼 사는 거니까 자신만 사람들을 관찰한다고, 자기를 쳐다보는 사람은 아무도 없을 거라고 착각에 빠진 탓이다. 그런 착각 속에서 남들은 왜 자신을 이해하지 못하는지 답답했다. 자신은 흘깃 쳐다봐도 상대방이 어떤 사람인지 딱 알겠는데!

어느 날, 전철에서 선 채로 책을 읽다가 고개를 들어 유리창에 비친 자기 모습을 무심코 보게 되었다. 그때 마주한 얼굴은 결코 한 번도 본 적이 없는 너무도 낯선 표정이었다. 친구들이 바라보았던 자신의 표정을 직시한 순간이었다. 보통 거울로 자신의 얼굴을 볼 때는 의식적인 자각 상태이므로 정돈된 이미지를 본다. 반면, 타인이 바라볼 때는 정돈되지 않은 무방비한 상태에 가깝다. 소녀는 거울을 볼 때와 보지 않을 때의 표정이 그 정도로 간극이 크다는 것에 심한 충격을 받았다. 그때의 충격을 계기로 이후로는 사람들로부터 '첫인상에 비해'라는 전제는 뺀, '처음 봤을 때부터'라는 말을 듣기 위해 자기 인상부터 바꿔야겠다고 결심했다.

소녀는 어느덧 어른이 되었고 몇몇 직업을 전전했다. 직업은 바뀌어도 사람을 대하는 업무는 놓지 않았다. 그녀는 사람을 관찰하고 각 요소들을 연관시켜 특성을 파악하는 자체가 흥미로웠다. 자연스럽게 인적자원(human resources)과 관련된 경력을 쌓아갔다. 다양한 교육과정을 이수하고, 전문가 모임에도 참여했다. 하지만 얄팍한 지식이나 경험들이 섣부른 고정관념이나 선입견이 되지 않도록 늘 조심하고 경계하고자 주위 의견도 귀담아들었다.

그런 노력 끝에 자신에게 조언을 구하는 사람들이 늘어갔다. 부단한 노력을 기울이며 그녀는 개인정체성(personal identity) 전문가가 되었다. 불혹을 넘기고 자기 입지를 둘러본 그녀는 어느새 셜록처럼 통찰력을 발휘하고 있음을 깨달았다.

이상과 같이 강점을 찾기 위한 정서코칭의 이해를 돕고자, 여섯 가지 상황마다 연상되는 정서카드와 필자의 경험을 살펴보았다. 이처럼 기억 속에서 두드러지게 각인된 정서를 따라가면 특성(강점 또는 보완점)과 연관되어 있음을 알 수 있다. 사람들은 자신에게 내재된 특성을 타인과의 유사점에 투사하는 경향이 있고, 그때 정서 반응이 나타난다. 그 정서가 이끄는 대로 행동하다 보면 습관이 생긴다. 이 습관은 다시 정서를 유발하며 특성을 드러내는 과정을 이어나간다. 그 과정에서 무엇보다 중요한 것은 자기열등감을 직시하는 일이다. 결코 인정하고 싶지 않은 열등감은 정서와 가장 맞닿아 있다. 열등감으로 인한 정서는 자기방어를 위해 수시로 핑계를 만들며 왜곡되어 나타난다. 따라서 열등감에서 기인하는 정서를 올바르게 직시할 수 있을 때, '나는 누구인가?'에 대한 답을 찾기 쉬워질 것이다.

2
정서는 영혼의 목소리

'나는 누구인가?'라는 질문에 대해 강점만 언급하자니 뭔가 부족하다. 내 안에는 나 자신도 모르는 내가 너무도 많으니까. 그렇다면 자기 내면에 대해 제대로 이해하고 파악하도록 하자. 여기서 말하는 내면 이미지란 사회적 관계를 통해 형성되는 내적 모습을 의미한다. 예를 들면, 성격 특성(personality traits), 기질(성향), 능력, 취향, 지적 수준, 가치관, 신념, 좌우명 등이 있다.

개인심리학의 대가인 아들러(Alfred Adler)에 따르면, 어떤 태도가 직접적인 행위로 드러나기까지는 정서가 뒷받침된다고 한다. 이는 한 사람의 여러 가지 정서나 생각이 라이프스타일(인생 방식)과 불가분의 관계에 있음을 의미한다. 즉 내면 이미지는 각자 살아가는 라이프스타일을 통해 형성된다. 라이프스타일이란 자신이 추구하는 신념이나 가치관에 따라 의사결정을 하고, 그와 동시에 행동으로 이어지는 일련의 과정이다. 이는 개인적 또는 사회적으로 반복된 행동이 체화된 것이다. 라이프스타일은 결코 단기간에 형성될 수 없기에, 그 과정에서 내면 이미지가 포괄적으로 구축된다.

라이프스타일에는 직업, 습관이나 취미, 쇼핑 또는 의사결정 스타일, 규칙준수, 여행, 봉사활동 등 다양한 행위가 있다. 특히 직업, 지위 같은 사회적 역할은 페르소나(persona)*라고 말한다. 페르소나는 자아의 실체라고 말할 수 없으며, 타인이 바라보는 자신의 모습을 뜻한다. 처음에는 타인들의 기대에 부응하기 위해 의도한 모습을 만들어낼 수밖에 없다. 하지만 시간이 흐르면 자신의 특성으로 점차 고착화되므로 무시할 수도 없다. 인생 방식은 각자의 정서상태를 반영하고 있으므로, 상대방의 인생을 통해 여러 정서를 감안할 수 있다. 정서에 집중하면 자신이 지향하는 바를 알아챌 수 있다는 의미다. 정서가 마치 영혼의 목소리와 같다고나 할까.

여기서는 내면 이미지 중에서 정서와 가치관, 정서와 성격의 관계에 대해 살펴보겠다.

---

* 고대 그리스 시대 가면극 공연에서 등장인물과 관객이 역할에 몰입할 수 있도록 연극 무대에서 사용한 가면(mask)을 의미한다. 융(Carl G. Jung)은 직업이나 직위로서의 페르소나가 자아를 대신하지는 못하지만, 우리의 정서는 페르소나에 의해 외부로 표출된다고 설명했다.

(1) 정서와 가치관의 관계

사람들은 시시각각으로 '생각'하고 '판단'하며, 그에 따라 '행동'한다. 이러한 각 과정의 기저에는 인지와 정서가 있고, 서로 연결되어 작동한다. 뇌과학자들은 연구를 통해 정서가 인지 및 행동과 상호작용하는 방식을 찾고자 노력해왔다. 그 결과, 우리가 생각하는 동안 정서가 앞으로 벌어질 행동에 대해 취해야 할 목적과 우선순위, 관심 사안 등을 정해준다는 것을 밝혀냈다. 즉 뇌과학자의 입장에서 바라보는 생각 또는 판단이란, '정서나 느낌이 감각기관을 통해 전달되는 정보를 이용해 뭘 해야 하는지를 알려주는 것'을 의미한다.

그렇다면 각자의 인생 방식이 설정되는 구조는 다음과 같이 추측할 수 있다. 먼저 초기 경험(생각, 판단, 행동)이 발생하기 전, 정서적 인식(인지와 정서가 상호작용하나 여기서는 인지는 제외하고 정서 중심으로 설명)이 작동한다. 그에 따라 경험(생각, 판단, 행동)이 발생하고, 그때 또 다른 정서가 유발됨과 동시에 축적된다. 축적된 정서는 다시 새로운 경험에 영향을 준다. 이는 마치 뫼비우스 띠처럼 끊이지 않고 연결된 상태와 유사하다. 이 과정에서 정서는 가치(values)의 역할을 맡고 있다고 보아도 무방하다. 정서가 수많은 행동(경험)에 동기를 부여하며, 우선순위 결정에 관여하고 있다는 뜻이다.

가치에 대한 개념을 살펴보면 정서와의 관계를 이해하기가 훨씬 쉽다. 몰리나(Anthony D. Molina)에 따르면, 가치란 '어떤 목적, 특질 또는 특성에 대한 복잡한 인지-정서적 선호도(a complex cognitive-emotional preference)'를 뜻한다. 선호도는 결정할 때마다 난처함을 호소하는 사람에게 이정표를 제공해주는 것과 같다. 방향을 제시하기 때문이다. 즉 가치는 사람마다 행동 선택의 기준과 표준이 되며, 자신의 행동을 정당화해준다. 또한 살아가는 동안 맞닥뜨리는 선택의 갈림길에서 의사결정에 결정적인 영향을 미친다. 개인이 추구하는 자아실현은 곧 가치실현이라고도 말할 수 있을 정도다.

정서와 가치관은 상호작용을 통해 생각, 판단, 행동에 밀접한 영향을 미친다. 일상에서 흔히 나타나는 다음과 같은 사례를 통해 정서와 생각 또는 정서와 판단의 상관관계를 쉽게 이해할 수 있다.

① 정서와 생각의 관계

이전에 성격검사나 설문조사에 응했던 경우를 연상해보면 된다. 기분이 좋을 때 평가하는 응답은 대체로 빠르면서 무난하다. 반면 기분이 별로일 때 응답해야 한다면 공정함을 견지한다는 핑계로 까다롭고 오래 심사숙고하는 경향이 있다.

② 정서와 판단의 관계

쇼핑을 할 의도가 없었는데 충동구매를 해버린 자신을 떠올려보면 된다. 곧바로 제정신이 들면 후회가 밀려와 취소 버튼을 클릭하기 바쁘다. 광고는 해당 제품을 소유하면 '기쁨, 만족, 편안함, 기대감, 행복감' 등 수많은 긍정 정서를 누리게 될 거라고 부추긴다. 그 부추김이 바로 지름신의 왕림을 초래한다. 광고란 사람들이 정서를 착각하도록 장치하는 기술의 향연이며, 그로 인해 판단력의 마비를 초래한다.

(2) 정서와 성격의 관계

개인마다 자신만의 독특한 정서상태가 존재한다. 이는 선천적 영향일 수도 있고, 성장 과정에서 형성된 후천적 영향일 수도 있다. 정서와 성격 특성은 인생 방식과 서로 밀접한 관계에 있다. 따라서 누군가의 성격 특성을 이해하려면 각자 인생 방식의 관계 속에서 상대적으로 이해할 필요가 있다. 예를 들어, 어렸을 때 큰 개에게 물린 경험이 있는 사람은 개에 대한 공포심이 있다. 이후 성인이 되어서도 조그만 강아지조차 무서워하며 공포심을 쉽게 떨칠 수 없다. 이처럼 각자의 정서상태가 반영된 라이프스타일에 따라 각양각색의 성격과 개성을 만든다. 특히 아들러는 유아기 때부터 열등감을 극복하려는 노력을 하는데, 이때 성격이 결정된다고 설명했다. 그에 따르면 '권력 욕구' 또는 '협력 욕구'라는 힘이 서로 상반되는 방향을 취할 때, 두 힘의 상호작용이 표출된 것이 성격이라고 보았다.

예일대 감성지능센터를 설립한 브래킷(Marc Brakit)은 성격이란 "자신의 본질이라 느껴지는 부분으로, 느끼고 생각하고 행동하는 특정한 경향성"이라고 정의했다. 정서심리학을 집중적으로 다뤄온 플루치크는 한 사람이 특정한 정서를 지속적으로 경험한다면, 그 정서를 일부 성격적 특성으로 간주할 수 있다고 보았다. 이 말은 성격 특성이 정서의 혼합에서 파생된다는 것을 의미한다. 하지만 브래킷은 정서가 일시적이거나 즉각적인 반면, 성격 특성은 평생 지속되는 특성이므로 서로 혼동하지 말도록 당부했다.

특히 심리진화론적 정서 이론을 주로 다루는 연구자들은 그 근거로 정서상태와 성격 특성을 측정할 때 사용하는 용어가 유사하지만 차이가 있음을 지적했다. 일례로, 기분이나 정서상태를 묻는 지시문은 '현재 어떻게 느끼는지' 또는 '지난 2~3일 동안 어떻게 느꼈는지'를 사용한다. 이러한 질문은 현재 또는 2~3일 이내로 기간을 국한하고 있다. 반면 피검사자가 감정을 감지하는 시기를 단기간이 아닌 일상으로 늘리면 측정 방향이 달라진다. 즉 '평소에 어떻게 느끼는지'로 바꾼 문장을 사용하게 되면 성격 특성을 측정하는 지시문이 된다.

한편 지시문에 대한 응답에서 사용하는 용어는 '불안한', '편안한', 또는 '답답한', '재미난' 같은 단어를 사용한다. 이는 모두 정서상태를 나타내는 표현인 동시에 성격 특성을 측정하는 표현이다. 따라서 어떤 사람에 대한 인상(성격) 평가를 할 때 정서가 반영된 표현을 사용하는 경우가 많음을 알 수 있다. 예를 들면, "A는 겪어보니 온정이 있고 제법 너그럽던데", "B는 평소 걱정이 많은 편이라서 불안감이 많아 보여", "그렇게 안 봤는데, C가 부끄러워하는 면도 있더라고" 등과 같이 묘사하고 있음을 알 수 있다.

이상의 설명을 통해 정서가 강점, 가치관, 성격 등을 포함하는 내면 이미지 형성과 불가분의 관계임을 살펴보았다. 나침반을 갖고 항해에 나서듯이, '나는 누구인가?'에 답하기 위해 정서가 이끄는 대로 따라가라. 그러면 자기인식 및 자기이해를 계속 넓혀 답을 찾게 될 날이 올 것이다.

3

정서는 정체성 이해의 단서

영화 〈올드보이〉에서 주인공 오대수는 영문도 모른 채 감금을 당했다. 15년 만에 풀려난 후 발신자를 모르는 한 통의 전화를 받는다. 상대방의 정체(正體)가 매우 궁금했던 주인공이 부르짖으며 외친 첫마디는 바로 "누구냐, 넌?"이었다. 누군가의 정체를 파악하려면 그전에 우선 실체를 만나고 볼 일이다.

(1) 개인정체성의 개념

'나는 누구인가?'에 자답하려면 정체성(identity)을 찾아나서야 한다. 그런데 정체성(正體性)은 또 뭐람? 산 넘어 산을 만난 셈이다. 정체성이란 말 그대로 실체를 대표하는 성향을 의미하며, 실체란 '형상(形象 또는 形像, image)'*에 해당한다. 결국 정체성이란 연상할 수 있는 형태를 갖거나 또는 언어로 표현이 가능한 상태를 말한다. '아하, 나를 떠올리면 어떤 모습인지, 말로 표현하자면 뭐라고 해야 가장 적합할지를 말해보라는 뜻이구나!'

에릭슨(Erik H. Erikson)은 심리사회적 발달 이론(psychosocial development theory)을 제시한 정신분석가로, 자아정체성(ego-identity) 개념을 소개했다. 에릭슨은 인간의 전 생애를 8단계로 구분하고 각 단계별로 발달과업을 부여했다. 예를 들면, '신뢰 대 불신(1단계)', '근면성 대 열등감(4단계)', '자아통합 대 절망(8단계)' 등이며, 특히 청소년기의 발달 과업이 바로 '정체성 대 역할혼미(5단계)'다. 이 시기에 건강한 정체성이 형성되지 않는다면 자기중심적 사고에 빠지기 쉽다. 단계별 과업에 실패하는 경우, 성인이 되어서도 지나친 자기우월감으로 인해 소위 갑(甲)질하는 감정 발산을 당연하다고 여기거나, 반대로 자기확신 부족으로 인해 자기비하에 빠지기도 한다. 양쪽 모두 자신에 대한 객관적 이미지는 결여되고 주관적 이미지에 사로잡힐 위험이 크므로 주의할 필요가 있다.

개인정체성은 "자신을 포함하는 주변인들이 한 사람에 대해 갖는 이미지"를 의미한다. 자기 스스로에 대한 주관적인 이미지는 물론이고, 타인이 바라보는 객관적인 이미지도 포함된다. 개인정체성은 사회적 대인활동 속에

* 형상의 사전적 풀이는 "마음과 감각에 의해 떠오르는 대상의 모습을 떠올리거나 표현함"이다 (개념 출처: 네이버 국어사전).

서 자기객관화를 통해 명확하게 인식할 수 있다. 자신이 미처 인식하지 못한 스스로의 모습에 대해 타인의 의견을 수용하게 된다. 나와 다른 의견에 대한 방어가 아니라 수용하는 너그러움도 생겨난다. 그러한 여건이 마련된다면 공감과 소통이 원활하게 이루어질 수 있다. 그때 개인정체성이 곧 퍼스널브랜드(personal brand)가 된다.

(2) 개인정체성의 구성요소

개인정체성은 내면 이미지와 외부 이미지의 결합이다. 내면 이미지는 앞서 언급했으므로 여기서는 외부 이미지 중심으로 설명하기로 한다. 외부 이미지는 신체감각을 통해 인식한다. 상대방의 외부 이미지는 인식 순서에 따라 1차 이미지와 2차 이미지로 구분한다.

① 1차 이미지

처음(at first sight)에 지각되는 모습이 이에 해당한다. 시각적으로는 체격이나 체형, 또는 옷차림이나 헤어스타일 같은 외모가 대표적이다. 또한 표정이나 기립자세도 포함된다. 또한 샴푸나 향수 같은 냄새는 후각, 인사를 나눌 때 말하는 음성은 청각을 통한 단서가 된다. 그 밖에 악수할 때 접촉하는 손바닥의 감촉이나 악력 같은 촉각적 단서들도 있다.

이러한 1차 이미지들이 각각 어떠한 정서를 유발하면서 첫인상 이미지를 생성한다. 첫인상은 일부를 일반화하는 경향이 있다. 하필 그날따라 외모에 신경 쓰지 못했다면 곧바로 이어지는 2차 이미지에서 편견으로 작용할 소지가 충분하다. 한 사람의 첫인상이 어떠어떠하다는 표현은 정서적 자기인식을 토대로 정서적 타인이해가 이루어졌다는 의미다.

② 2차 이미지

인사 교환 이후 의사소통 과정에서 주로 지각되는 경우를 말한다. 말과 행동을 통해 나타나는 여러 요소가 정서적 단서가 된다. 예를 들면, 말할 때의 목소리 외에도 어휘 표현력, 말투, 억양, 속도, 호흡 등으로 세분하여 파악한다. 그와 동시에 표정과 경청 자세가 정서에 중요한 영향을 미치게 된다. 그 밖에 고개 끄덕임, 팔짱, 손 제스처, 보디랭귀지 등을 통해서도 수많은 정서가 드러나며, 상대방은 이를 캐치할 수 있다.

2차 이미지가 형성되는 의사소통 과정에서 예의를 갖춘 태도는 매우 중요하다. 예의범절 유무는 상대방의 정서에 영향을 미치고, 내면 이미지 구축에 긍정적 또는 부정적으로 강력하게 작용한다.

이상과 같이 우리는 사람을 만나면 정서를 토대로 외부 이미지를 파악함과 동시에 내면 이미지를 유추하는 과정을 자연스럽게 해낸다. 서로 공통점이 많으면 친근함을, 차이점이 많다면 어색함을 느낄 것이다. 즉 외부 이미지와 내면 이미지의 상호작용을 통해 타인에 대한 유니크한 인상이 형성된다. 그 이미지가 바로 그 사람을 상징하는 개인정체성이다.

4
정서는 의사소통의 하이패스

인간은 사회적 관계를 통해 타인과 서로 연결되어 있다. 사회적 관계라 함은 소개팅이나 면접과 같이 누군가의 인상을 평가하는(당하는) 과정이 내재되어 있다. 연인이든 직원 또는 상사든 어떤 관계가 됐건 간에 적임자를 선택할 때는 원하는 이상형이 존재한다. 그때 주로 기준으로 삼는 척도에는

'신뢰성(성실성)', '대인관계', '전문성(실력)' 등이 포함된다. 사람을 대면해서 평가하는 단서는 직접 확인할 수 있는 이미지로 국한된다. 대상이 이상형에 얼마나 근접한지를 단기간에 파악하려면 정서적 의사소통이 가장 바람직하다. 정서는 마치 고속도로의 하이패스처럼 순식간에 상대방에게 읽힌다.

① 정서적 의사소통은 언어적(verbal) 방식과 비언어적(nonverbal) 방식으로 나뉜다. 언어적 의사소통의 경우, 화자가 의도적으로 발언할 수 있으므로 그때 반영되는 정서는 신뢰성이 떨어진다. 반면 표정 같은 비언어적 의사소통 방식은 연출이 쉽지 않으므로 신뢰성이 다소 높다고 본다.
② 전달 내용의 신뢰도는 말하는 내용 자체에 기인하지 않는다는 점에 주목해야 한다. 내용의 신뢰도는 비언어적 의사소통의 호감 여부에 좌우되기 쉽다. 즉 정서적 소통과 공감이 동반될 때 내용의 신뢰도가 높아진다. 따라서 정서적 의사소통을 위해 비언어적 소통방식에 좀 더 관심을 기울인다면 도움이 될 것이다.

이어지는 글에서는 비언어적 소통방식의 중요성과 표정을 중심으로 정서와의 관계를 살펴보기로 한다. 정서적 의사소통을 이해하기 위해 다음의 두 가지 상황을 가정했다. 하나는 친구와 오랜만에 만난 경우고, 다른 하나는 장례식장에 문상을 간 경우다.

(1) 비언어적 소통방식의 차이

사례 1 /// 오랜만에 만난 친구

우연히 길에서 학창시절에 알고 지냈지만 연락이 뜸했던 친구를 마주치게 되었다. 그는 인사말을 전하며 아는 척을 한다.

"아니, 이게 얼마 만이야? 무슨 일이 있었기에 이렇게 멋있어졌지?"

---

① 먼저 당신을 바라보는 친구는 '눈을 반짝이고, 입가에 미소를 한가득 머금었으며, 목소리 톤도 경쾌한' 편이다. 인사를 듣자마자 당신은 정말 반가움을 느끼며 기분이 밝아지고, 왠지 살짝 우쭐해지는 느낌이 든다. 그래서 당신도 친구에게 "응, 고마워. 너도 좋아 보이는데~ 뭘"이라는 말로 여유 있게 인사를 건넨다.

전달방식을 바꿔보자. 이제 기분이 어떻게 변하는지 상상으로 체험해보자.

② 친구는 똑같은 인사말을 하되, 시선으로 당신의 위아래를 자꾸 훑으면서 입술을 삐죽이고, 퉁명스러운 톤으로 말한다. 그 인사를 받자마자 당신은 불쾌함에 기분이 나빠지며 마주친 상황이 당혹스럽기만 하다. 대뜸 시비를 거는 듯 보여서 이후에는 결코 마주치고 싶지 않다는 생각이 들 정도다. 친구가 반가운 인사를 한다고는 전혀 생각이 들지 않는다.

사례 1에서 두 가지 방식의 차이는 무엇인가? 말의 내용은 동일하다. 하지만 시선 처리나 표정, 목소리 톤, 어조 등과 같은 전달방식에 따라 상대방에게 정반대의 정서를 유발한다. 같은 말이라도 '아' 다르고 '어' 다르다는 표현이 있는 것처럼, 전달방식에 내포된 정서로 인해 자신의 의도와는 다르게 오해를 불러일으키기 쉽다. 이렇듯 비언어적 소통방식은 정서와 밀접하게 연관되었음을 알 수 있다. 결국 부주의한 비언어적 소통방식으로 인해 부정 정서를 유발하면 신뢰성이나 대인관계 점수에도 영향을 미칠 것이다.

(2) TPO에 따른 의미 차이

사례 2 장례식장 문상

어느 날 지인의 초상집에 문상을 하게 되었는데, 마침 그 자리에 참석한 세 명(후배 2, 낯선 사람 1)의 조문객을 멀리서 관찰하게 되었다.

---

① 한 후배는 늘 웃는 표정이라서 평소처럼 미소를 띤 얼굴로 상주에게 위로의 말을 건네고 조문을 했다.
② 다른 후배는 심각하게 무거운 표정을 지으며 연신 한숨을 내쉬고, 수시로 휴대폰을 들여다보면서 자리를 이탈했다가 돌아오기를 반복했다.
③ 그날 처음 본 어떤 사람은 로봇처럼 뻣뻣하게 고개를 까딱이고 있었다. 무표정한 얼굴로 상주에게 마치 눈도장을 찍으러 온 듯이 조문하고는 서둘러 나갔다.

사례 2에서 장례식에 참석한 세 명의 차이는 무엇인가? 상주에게 누구의 조문 방식이 가장 위로가 되었을까? 첫 번째 후배의 경우, 평소에 웃는 표정이 호감을 줄지언정 문상을 하는 경우에는 관리가 필요하다. 조심스러운 자리에서는 미소를 거두기만 했어도 안타까움이 충분히 전달되었을 것이다. 두 번째 후배는 본인이 상주보다 더 힘든 티를 내어 상주의 마음을 불편하게 했을 가능성이 높다. 한숨을 쉬거나 자리 이동으로도 정서는 오간다. 황망한 상황에 처한 상주에게는 위로가 필요한데, 자신보다 더 힘들어 보이는 조문객의 방문은 위로가 아닌 불편함을 초래할 수도 있다. 세 번째 사람은 정서가 메마른 건 아닌지 의심스럽다. 위로를 전한다는 의미조차 알지 못하는 사람으로 마지못해 참석한 출석체크로 보일 지경이다. 추측건대 상주는 세 사람 누구에게서도 정서적 위로나 공감을 받지 못했을 것이다.

이들의 인상은 대화 없이 행동만 관찰해도 신뢰성이나 대인관계를 유추해볼 수 있다. 대인관계는 첫 번째 후배가 평소에 웃는 표정이 그나마 낫겠지만 그리 차이나지는 않고, 신뢰성은 세 명 모두 재고(再考)할 수준이 못 된다. 이와 같이 의사소통에서 자신의 의도를 효과적으로 전달하고 싶다면 TPO(time, place, occasion)에 유념하자. 대상을 배려한 공감과 소통은 시간 및 장소에 따른 상황을 고려해서 정서적으로 이루어져야 한다.

특히 보편적인 의사소통을 하고 싶다면 다수가 공유하는 기준을 알아야 한다. 보편적인 소통방식이라 함은 장소를 불문하고 여러 사람에게 통용된다는 의미이므로 자신이 원하는 결과를 얻기 쉽다. 그렇다면 아마도 표정이 가장 보편적일 것이다. 왜냐하면 지리적으로 언어가 다를지라도 표정은 만국공용어의 기능을 한다. 즉 정서 전달에 가장 적합한 수단은 표정임을 알 수 있다. 따라서 오해를 줄이고 의사소통을 잘하고 싶다면 표정 관리에 더욱 주의하기를 바란다.

5

정서와 표정의 관계

사람의 표정에 대해 가늠하기 힘든 감정표현을 연계해서 최초로 학술적인 책을 발표한 사람은 바로 다윈(Charles R. Darwin, 1872)이다. 그는 표정이 보편적이며 진화의 산물이라고 주장했다. 다윈의 연구를 토대로 에크만(Paul Ekman)은 표정에 나타난 정서를 읽고 판단하는 기술을 발전시켰다. 에크만은 (언어 및 문화권의 차이에도 불구하고) 세계 곳곳을 다니며 문명과 전혀 접촉이 없던 원시 부족들도 빠뜨리지 않고 수많은 사람들과의 만남을 통해, 타고난 표정과 관리되는 표정을 구분해내며 탁월한 전문가로 등극했다. 무엇보다 에크만이 표정 연구에 기여한 지대한 성과는 표정을 판단하기 위한 객관적인 기준을 마련했다는 점이다. 표정 연구에 관심이 있는 사람이라면 비언어적 의사소통 분야에서 비록 전문가가 아니더라도 에크만의 기준에 따라 표정이 진짜인지, 일부러 꾸며낸 것인지 객관적으로 파악해낼 수 있을 정도다.

표정(facial expression)이란 마음속에 품은 감정이나 정서 따위의 심리상태가 겉으로 드러나는 모습*을 말한다. 이는 얼굴에 위치한 기관(눈/눈썹, 코, 입 등)의 모양과 그에 부착된 근육의 미세한 움직임에 따라 구별된다. 즉 시선(응시/회피), 미간(찌푸리기), 코(씰룩대기/벌름거리기), 입(다물기/벌리기) 및 혀(내밀기/침 바르기) 등의 움직임에 따라 다채로운 정서가 오간다. 즉 송신자의 표정에서 정서가 떠올랐다가 사라지기를 반복하는데, 이로 인해 수신자에게도 어떤 정서를 유발시킨다. 이때 정서 전달이 성공적이면 공감능력이 우수하다고 말할 수 있다. 만약 그렇지 못하면 불통으로 인해 오해가 생겨난다.

표정은 일순간에 나타났다가 곧바로 사라지는 찰나의 메시지다. 따라

---

* 개념 출처: 네이버 국어사전

서 대면했을 때는 상대방의 표정에 나타난 정서가 나타났다가 사라지는 미세한 동작을 감지하는 혜택도 있지만, 사진에 찍힌 순간은 직전 또는 직후가 약간이라도 다를 여지가 많다. 즉 원하는 정서마다 해당하는 사진을 즉각적으로 구하기가 쉽지 않다. 더군다나 여러 가지 정서표현 방법 중에서 표정은 개인차가 크다. 이목구비의 모양이나 표정 근육의 움직임 등에 따른 여러 개인차를 줄이려면 인물 사진보다는 정형화된 기준이 필요하다고 보았다. 따라서 본하트 정서카드의 표정 '이모티콘(emoticon)'을 중심으로 다양한 정서를 살펴보기로 한다.

먼저 정서와 표정을 구분하기에 앞서 '기본정서' 상태인 표정 이모티콘을 하나 설정했다. 이 표정 이모티콘을 기준으로 삼은 후, 긍정 정서 및 부정 정서의 종류에 따라 달라지는 다양한 표정을 다음과 같이 두 그룹으로 분류했다. 이하 그룹별로 정서와 표정을 설명하는 내용

기본정서

[그룹 1]

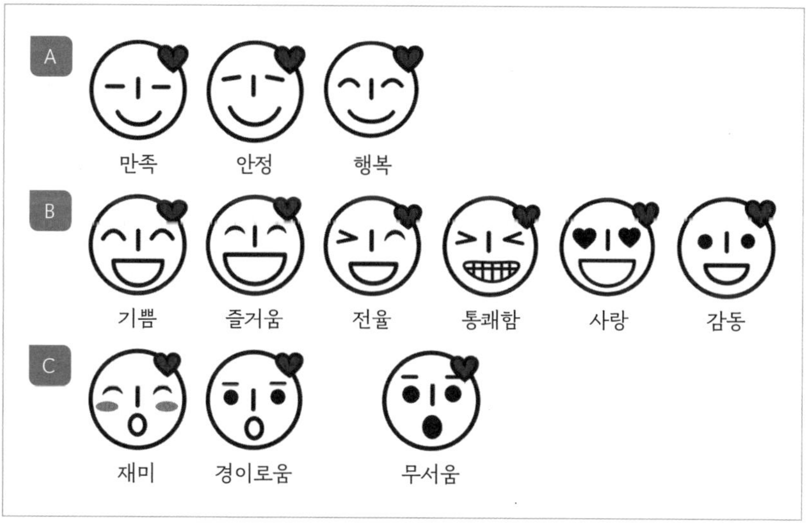

은 에크만이 설정해둔 기준을 참고했다.

그룹 1에 속한 표정들은 대부분 긍정 정서에 해당한다. 긍정 정서를 대변하는 표정에서는 시선 정면 응시(시선과 얼굴 방향의 일치), 입꼬리 상승, (열은/환한) 미소, 얼굴 근육의 조화에 따라 눈꼬리와 입꼬리가 서로 만날 듯 가까워지는 간극 등의 공통점들을 확인할 수 있다.

이를 다시 소그룹 [A], [B], [C]로 나누고 표정을 정리했다. 소그룹별 구분 기준이 무엇인지 발견했는가? 눈 모양과 입 모양에 따라 표정이 달라지고, 이로 인해 정서 차이를 느낄 수 있을 것이다.

① 소그룹 [A]의 표정은 만족, 안정, 행복 정서를 반영하고 있다. 이 표정들의 특징은 기본정서에 비해 입술이 좌우로 늘어나며 미소를 짓고 있다. 특히 행복은 만족에 비해 눈매에 움직임을 동반한 상태로 정서의 강도가 세게 표현되었다. 또한 소그룹 [B]나 [C]와 비교하면 [A]는 입을 벌리진 않고 정서적으로 편안한 상태임을 알 수 있다.

② 소그룹 [B]의 표정은 기쁨, 즐거움, 전율, 통쾌함, 사랑, 감동정서를 표현하고 있다. 이 표정들의 특징은 입을 활짝 벌려서 소리를 내며 웃는 듯한 느낌을 준다. 소그룹 [A]에 비해 훨씬 강렬하고 적극적인 정서상태를 반영하고 있다.

③ 소그룹 [C]의 표정은 재미, 경이로움을 표현하지만 동시에 무서움도 대변하고 있다. [A]와 [B]에 비해 입 모양이 다름을 알 수 있다. 재미나 경이로움은 의외성을 반영하는 정서다. 따라서 놀란 표정에는 입을 살짝 벌리고, 눈 크기 차이로 정서 강도를 반영하고 있다. 한편 무서움은 부정 정서에 속하지만, 경이로움과 유사한 표정이다. 다만 경이로움에 비해 동공이 확장되고, 입이 훨씬 크게 벌어진 상태로 깜짝 놀란 정서도 내포되어 있음을 방증한다.

[그룹 2]

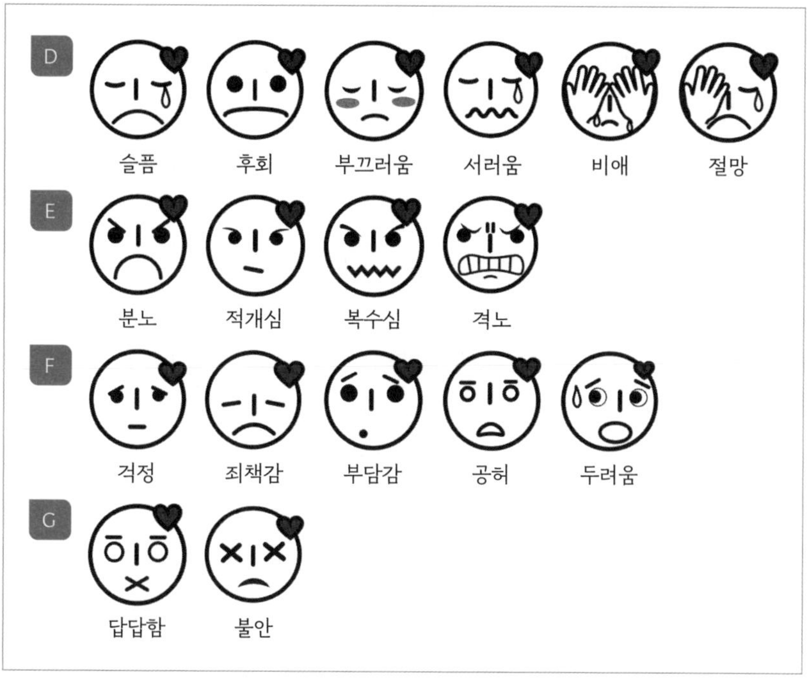

그룹 2에 속한 표정들은 모두 부정 정서에 해당한다. 부정 정서의 표정은 대부분 다음과 같은 측면에서 긍정 정서의 표정과 쉽게 구별된다. 시선이 정면을 응시하지 않고 아래로 회피 처리, 입꼬리가 아래로 향하거나 좌우 비대칭의 썩소, 입술 움츠리기 또는 앙다물기(입꼬리 주변 근육의 긴장), 입술 삐죽대기, 손으로 눈 가리기, 얼굴 근육의 부조화 등과 같은 부정 정서를 표출하는 공통점이 있다.

이를 다시 [D], [E], [F], [G]라는 소그룹으로 구분하여 표정을 정리했다. 소그룹별 구분 기준이 무엇인지 발견했는가?

① 소그룹 [D]의 표정은 슬픔, 후회, 부끄러움, 서러움, 비애, 절망 정서를 나타낸다. 해당 표정들은 기본정서에 비해 시선을 내리깔아서 눈맞춤을 하지 않은 경우가 많다. 부정 표정의 종류가 긍정 표정보다 훨씬 많은 관계로, 정서표현의 차이는 표정에서 다르게 나타나고 있음을 알 수 있다. 홍조나 눈물, 손으로 가리기 같은 다른 요소를 추가해서 표정을 다양하게 표현했다. 또한 소그룹 [E]나 [F]에 비해 낮은 에너지 상태임을 알 수 있다.

② 소그룹 [E]의 표정은 분노, 적개심, 복수심, 격노 정서가 표현되었다. 해당 표정의 특징은 눈썹이 위로 올라가서 눈을 치켜뜬 듯한 느낌을 준다. 소그룹 [D]에 비해 훨씬 공격적인 정서상태를 반영하고 있다. 입 모양은 정서 강도에 따라 다르게 반영했다.

③ 소그룹 [F]의 표정은 걱정, 죄책감, 부담감, 공허, 두려움 정서를 대변하고 있다. 눈썹 방향이 아래로 향하고 있어서 긍정 정서와 유사한 면이 있으나, 입꼬리가 상승하지 않아 눈매와 입매의 가장자리 간격이 긍정 정서에 비해 가깝지 않다. 다른 소그룹 표정에 비해 입 크기가 작고, 소극적인 모습을 반영했다.

④ 소그룹 [G]의 표정은 답답함, 불안 정서를 나타낸다. 소그룹 [D]나 [F]의 경우는 정서의 책임이 본인에게로 향하는 느낌의 표정이라면, 소그룹 [E]는 반대로 정서 유발요소가 외부에 있다는 느낌이 강하다. 다만 [G]의 표정은 정서 책임이 어디서 유발되었는지 모르는 상태를 X를 활용해서 이미지화했다.

긍정적 표정 vs. 부정적 표정의 차이점 다섯 가지

그룹 1과 그룹 2의 결정적인 차이점은 눈과 입의 방향 또는 모양이다.

① 눈썹의 방향

긍정 표정의 눈썹 끝부분은 대체로 아래로 향하는 반면, 부정 표정은 대체로 미간이 모이고 눈썹 끝 방향이 위로 향해 있다. 화난 표정의 대표적 캐릭터인 앵그리 버드(angry bird)의 눈썹이 왜 그렇게 위로 치솟았는지 이해할 수 있을 것이다.

② 입술의 방향

눈썹 방향과는 동시에 반대로 나타난다. 즉 긍정 표정은 대체로 입꼬리가 귀 쪽으로 끌어당겨 올라가는 반면, 부정 표정의 입꼬리는 대체로 아랫입술을 윗입술보다 더 내밀고 가장자리는 처진다.

③ 눈꼬리와 입꼬리의 간극

긍정 표정은 눈과 입이 상응하여 웃으므로 서로 끝부분이 가까워지면서 사이가 좁아진다. 반대로 부정 표정은 눈과 입의 끝부분이 서로 멀어지면서 사이가 벌어진다. 한편 전혀 웃기지 않은 상황에서 웃는 척 연기할 때가 있다. 이 상태는 눈의 변화가 없고 입꼬리만 의도적으로 올려 웃는 시늉만 한다. 눈과 입이 동시에 웃지 않는다면 부자연스럽다. 참고로 진짜 기쁨과 행복에 겨운 미소를 '뒤센 미소'라고 구분하는데, 이는 정서의 신뢰성을 판별하는 단서가 된다.

④ 눈 모양 또는 입 모양

긍정 정서 표정은 얼굴 근육이 이완된 상태를 반영하므로 부드러운 느낌(곡선)이 많이 나타난다. 반면, 부정 정서 표정은 얼굴 근육이 긴장되어 대체로 눈이나 입이 찌그러진 상태(직선)가 많다.

⑤ 정서의 강도 표현

눈을 감거나 입을 다문 정도가 다르게 표현되었다. 정서의 강도가 셀수록 눈이나 입이 커지는 경향을 볼 수 있을 것이다. 현실에서는 비록 미세한 수준이지만 잘 살펴보기 바란다. 표정도 일종의 근육을 단련시켜서 교정할 수 있다. 정서적 의사소통을 잘하고 싶다면 얼굴 근육을 의도적으로 움직이는 연습을 통해 정서의 강도 차이를 구별하여 전달할 수 있다.

이상과 같이 표정 이모티콘을 활용하여 비언어적 의사소통에서 표정에 나타난 정서표현의 차이를 확인했다. 정서적 의사소통이란 양방향으로 교감이 이루어지는 경우를 의미한다. 일방적인 대화는 누구든지 답답함을 느낄 수밖에 없다. 이는 소통이 아닌 불통이다. 이제는 비언어적 소통방식의 중요성을 절감했을 것이다. 누구나 신체를 단련하듯이 표정도 관리해나간다면 정서적 의사소통에 도움이 될 것이다. 정서 전달이 하이패스처럼 신속하게 이루어지는 표정 관리를 위해 힘들더라도 노력해보기 바란다. 이 또한 뛰어난 공감과 소통으로 개인정체성 또는 퍼스널브랜딩에 반영될 것이므로!!

6

내 삶의 주인답게 살기

정서는 나침반처럼 상황마다 방향을 알려준다. 사람들이 겪는 경험들은 라이프스타일을 만든다. 이는 저마다의 습관이 되어 긍정 또는 부정으로 구분된 자기개념에 영향을 미친다. 그 결과로 현재의 자신이 되었다. 이제라도 반복되는 습관에 떠밀려 순응하는 삶을 사는 건 아닌지 각성해볼 때다. 매 순간 생겼다가 사라지는 정서를 인식하면서 그 정서가 열등감으로 인해 방어적으로 생겨난 것은 아닌지 자문해보자. 대체로 성공하는 사람들은 열등감을 극복하려는 의지가 있다. 열등감도 직시하고 인정한다면 올바른 자기이해를 통해 정서적 자기관리를 할 수 있다. 그렇게 된다면 '나는 누구인가?'라는 질문이 더 이상 막막하지 않을 것이다.

우리에게 정서는 나침반이자, 영혼의 목소리다. 자아실현은 영혼의 목소리인 정서에 귀 기울이고, 정서 나침반이 알려주는 방향대로 나아가면 더 쉬울 것이다. 단, 그 방향이 타인의 삶에 공헌할 수 있다면 더욱 성공적이라 할 만하다. 늘 정서에 깨어있으며, 공동체 생활에서 정서적 공감과 소통이 이루어지는 라이프스타일을 지향하길 바란다.

성찰질문

아래의 다섯 가지 질문에 스스로 답해보시기 바랍니다.

1. 당신의 강점은 어떤 정서(핵심 정서)를 토대로 발달했을까?
2. 자기객관화를 하지 못하도록 핑계를 만드는 것은 열등감인데, 현재 자신에게 어떻게 반영되었는가?(실패사례)
3. 열등감을 극복하기 위해 어떤 노력을 했는가?(성공사례)
4. 자신/타인에 대한 인상 이미지를 평가할 때 적용하는 기준은 무엇인가?
5. 자신만의 개인정체성 또는 퍼스널브랜드를 한 줄로 표현해본다면?

참고문헌

김도환 · 정태연, 『청년기의 자기탐색』, 도서출판 동인, 2003.

로버트 플루치크, 박권생 옮김, 『정서심리학』, 학지사, 2004.

마크 브래킷, 임지연 옮김, 『감정의 발견』, 북라이프, 2020.

박종수, 『융심리학과 정서』, 학지사, 2013.

본하트 정서카드. www.Boneheart.co.kr

아돌프 아들러, 김문성 옮김, 『심리학이란 무엇인가』, 스타북스, 2011.

코난 도일, 백영미 옮김, 『셜록 홈스 전집』, 황금가지, 2002.

폴 에크만, 이민아 옮김, 『얼굴의 심리학』, 바다출판사, 2006.

Molina, Anthony D., 2015, The Virtues of Administration: Values and the Practice of Public Service, Administrative Theory & Praxis, 37(1): 49–69.

정선미

8. 워킹맘의 행복한 가족경영을 위한 정서코칭

"가정에서 마음이 평화로우면 어느 마을에 가서도 축제처럼 즐거운 일들을 발견한다."

- 인도 속담

1 가족과 정서

(1) 코로나19를 겪는 가족 간의 관계: 더 힘들어진 가족 vs. 더 소중해진 가족

코로나19를 겪으며 사람들은 말한다.

"가족의 소중함을 깨닫게 되는 계기가 되었어요!"	vs.	"가족끼리 스트레스와 갈등이 더욱 심해졌어요!"

코로나19로 인해 가족끼리 집 안에 머무는 시간이 많아지면서 행복한 가족은 관계가 더욱 좋아진다. 반면, 평소 갈등이 심하고 불만이 있었던 가족은 함께하는 시간이 늘어나면서 관계가 더욱 악화될 우려가 크다. 실제로 여성가족부와 한국청소년상담복지개발원은 2020년 청소년사이버상담센터의 상담이 30% 이상 증가했다고 밝혔다. 그중 가장 많이 늘어난 상담영역은 가족 문제로, 전년 동기 대비 75.8% 증가했다. 또한 2020년 여성가족부의 '코로나19와 가족생활 실태조사'에 따르면 고등학생 이하 자녀가 있는 국민 1,500명은 감염병 대비 지원이 필요한 분야로 81.1%가 '가족 스트레스 및 갈등해소' 지원을 선택했다. 그만큼 많은 가족이 가족 간의 스트레스와 갈등으로 인해 힘들어하고 있다.

당신의 가족은 어떤가?

(2) 워킹맘의 일과 가정: 워라밸?! vs. 워라인?!

직장과 가정에서 동시에 역할을 수행하는 워킹맘들은 말한다.

"직장에서도 일하고, 집안에서도 일하느라 너무 힘들고 지쳐요!"	vs.	"내 일이 있다는 것이 즐겁고, 사랑하는 가족이 있어서 큰 힘이 돼요!"

워킹맘들은 대부분 직장과 가정 양쪽에서 어려움과 갈등 상황을 경험한다. 일과 가정이라는 밸런스를 맞추기 위해 끊임없이 노력하지만, 항상 피곤하고 지칠 뿐이다. 게다가 어린 자녀에게는 늘 죄책감을 느끼고, 어느 것

하나 제대로 해내지 못하고 있다는 자괴감마저 들 때도 있다. 이러한 관점은 일과 가족을 갈등 관계로 보는 관점이다(양소남 · 신창식, 2011). 하지만 또 다른 관점으로 오히려 일과 가족이 상호 시너지를 내는 상호 향상의 관계가 될 수 있다는 관점도 있다(유성경 · 한영주 · 조윤진, 2011). 워라밸(work-life balancing)이 아닌 워라인(work-life integration)의 관점인 셈이다. 즉, 일(work)과 삶(life)을 서로 구분하고 배타적으로 보지 않는다. 오히려 일과 삶이 자연스럽게 삶 속에서 융화되고 통합되어 시너지를 낼 수 있다고 본다. 마찬가지로 워킹맘은 일과 가족에서의 역할을 수행하며 양쪽에서 심리적 · 물리적 만족감과 기쁨을 얻을 수 있다. 워킹맘은 일을 통해 자아실현과 자기효능감을 확인할 수 있다. 엄마이자 아내의 긍정 정서는 결국 가족들의 정서에도 긍정적인 영향을 미친다. 또한 가족으로부터 얻은 지지와 긍정적인 정서는 일에서의 집중과 효율을 높이게 된다. 결국 워킹맘의 긍정적이고 안정된 정서관리는 일과 가족 모두에게 긍정의 시너지를 전파하게 되는 셈이다.

당신은 어떤 워킹맘인가?

(3) 이런 분들, 꼭 읽어주세요!

필자 역시 16년차 워킹맘으로, 커리어 분야 전문가이자 인디펜던트 워커다. 가정에서는 22년차 주부이자, 세 아이의 엄마이기도 하다. 이 장은 워킹맘으로서 필자의 경험과 사례, 가치관을 기반으로 작성한 글이다. 오늘도 일터와 가정으로 하루에 두 번씩 출근하고 있는 워킹맘들에게 이 이야기를 전하고 싶다. 이 글을 통해 가족들과 다양한 정서코칭을 활용하고 자신의 상황에 맞게 응용해보길 바란다. 이 글을 읽는 모든 워킹맘이 자신과 가족들의 정서관리를 통해 행복한 가정의 경영자가 되기를 희망한다. 참고로 다음에 해당하는 분들은 꼭 읽기를 바란다.

① 일과 가정, 나와의 균형을 맞추기 위해 오늘도 애쓰고 있는 워킹맘들
② 오늘도 아이에게 끓어오르는 화를 주체하지 못해 소리를 지른 엄마들
③ 아이를 혼내키는 자신의 모습이 마치 어린 시절 자신의 부모 같아 깜짝 놀란 적이 있는 엄마들
④ 아이의 잠든 얼굴을 보며, 죄책감과 자괴감으로 가슴을 쥐어뜯어본 경험이 있는 엄마들
⑤ 매일 반성하고 좋은 엄마가 되겠다고 다짐하지만, 솔직히 육아일기의 절반은 반성문으로 채우고 있는 엄마들
⑥ 내 아이들만큼은 나보다 더 잘 키우고 싶은 엄마들
⑦ 내가 갖고 있는 깊은 상처와 방어기제, 강박, 습관적인 행동으로 인해 배우자 또는 자녀와의 관계에 어려움을 겪고 있는 분들
⑧ 자신과 다른 매력 때문에 남편과 결혼했는데, 이제는 그것 때문에 싸우고 있는 아내들
⑨ 남편과 이혼할 게 아니라면 최대한 평화롭게 잘 지내고 싶은 아내들
⑩ 본인이 먼저 읽고 아내에게 권해주고 싶은 남편들

2

'우리 가족 관계도' 그리기

이제부터는 실질적으로 가족들과 함께 해볼 수 있는 정서카드 활용법을 소개하고자 한다. 다양한 정서코칭을 통해 가족들의 정서도 관리하고, 더욱 행복한 가족이 되길 바란다.

첫 번째 소개할 방법은 정서카드를 활용한 가족 관계도(그림 3.21) 그리기다. 학창 시절에 그려봤던 가계도와 비슷하다. 우리 가족의 관계도를 그려봄으로써 서로가 서로를 어떻게 느끼고 있는가를 알아볼 수 있다. 또한 가족 구성원 간의 정서적인 친밀도와 역동 관계를 파악할 수 있고, 갈등 요소나 잠재적인 갈등 가능성을 예측할 수도 있다. 지금부터 소개할 가족간 정서코칭 예시는 필자의 가족 사례이다.

내가 생각할 때 남편과 큰딸의 대표 정서는 '편안함'과 '안정'으로 비슷했다(그림 3.22). 마찬가지로 내가 남편과 큰딸에게 느끼는 정서 역시 '감사'와 '감동', '사랑'이라는 감정으로 비슷했다. 남편은 가장이자 집안일에 대한 조력자로서 나에게 가장 많은 도움을 주고 있었고, 큰딸 역시 어릴 때부터 엄마가 없는 자리를 대신해 동생들을 돌보고 책임지는 과중한 역할을 부여받았기에, 마찬가지로 내가 남편에게 느끼는 정서와 비슷한 감정이었다. 반면 자유분방하고 통제가 잘 안 되는 작은딸은 '걱정'이라는 정서도 느끼고 있었다. 내가 느끼는 걱정은 남편이 작은딸에게 느끼는 '걱정'과 '못마땅함'에서 비롯된 것이기도 하다. 남편과 작은딸 사이를 중재하고 작은딸을 옹호하는 역할을 하다 보니 오히려 내가 먼저 작은딸을 걱정하거나 단속하는 상황으로 바뀌어 있었다. 마지막으로 나는 막내아들에게서는 '만족', '행복', '포근함' 등의 정서를 느끼고 있었다.

〈방법〉

- 우리 집 가족 관계도를 그린다.
- 각 인물의 성향을 대표하는 정서카드를 2장씩 고르고 시트지에 단어를 적는다.
- 각 인물에 대해 내가 느끼는 정서카드를 2장씩 고르고 마찬가지로 시트지에 단어를 적는다.
- 카드를 고른 이유에 대해 스스로 설명하도록 한다.

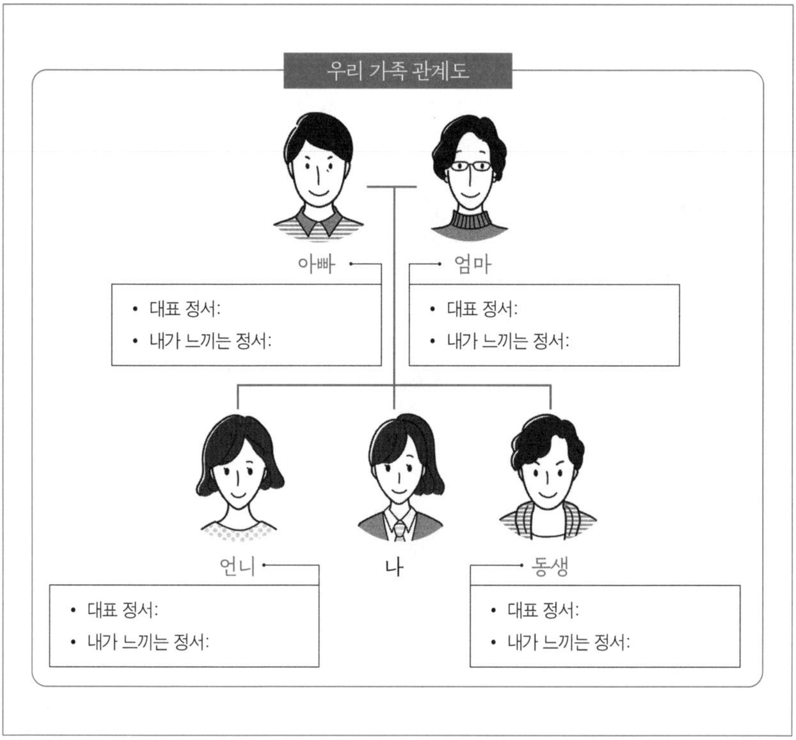

〈그림 3.21〉 가족 관계도 예시

마지막으로 나는 가족 모두에게 공통으로 느끼는 정서카드 2장을 더 골랐다. 나는 늘 가족들에 대한 걱정을 하는 편이었고, 워킹맘으로서 집안 살림과 육아에 소홀했던 것에 대해 늘 미안함과 죄책감을 갖고 있었다. 아이들도 엄마가 걱정이 많은 것에 대해서는 공감하고 있었다. 하지만 엄마가 자신

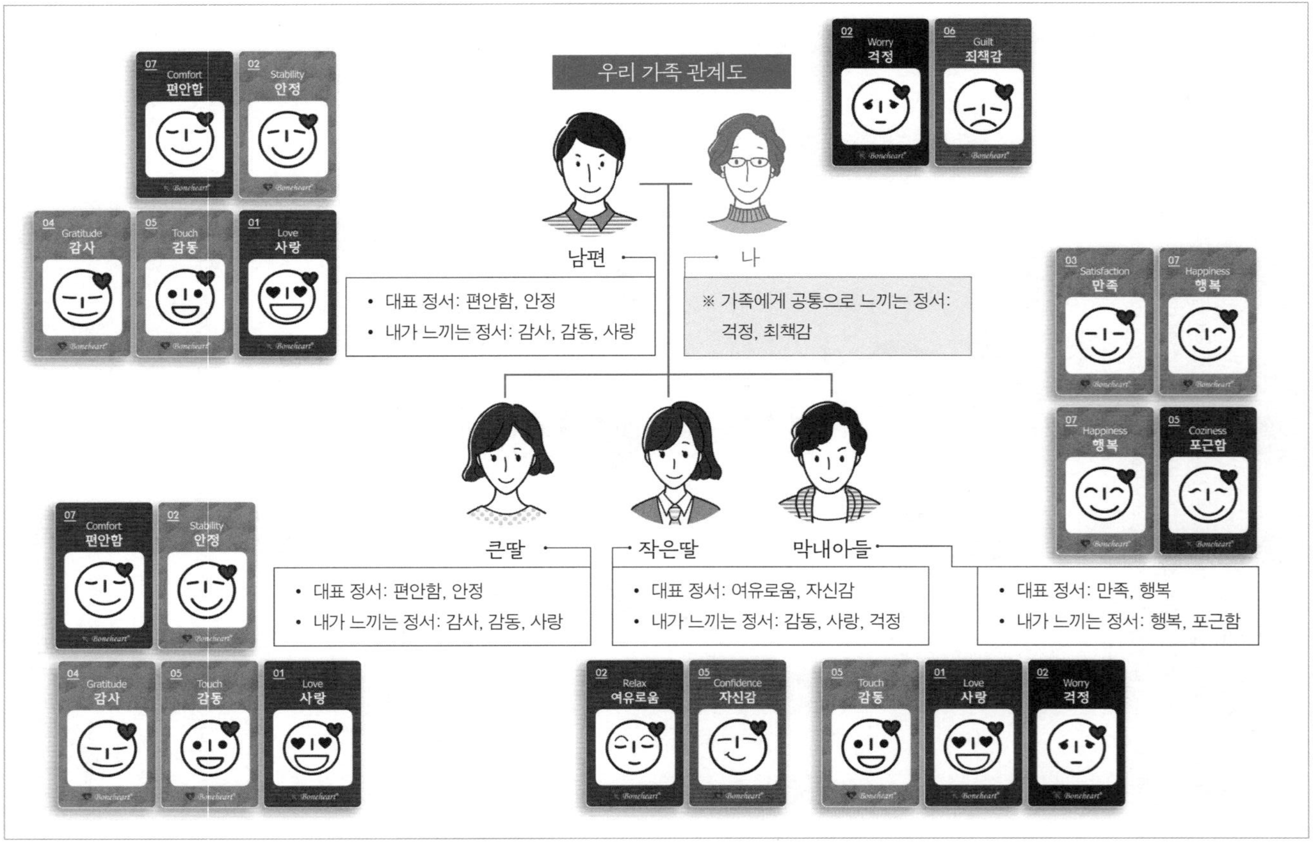

〈그림 3.22〉 엄마가 느끼는 가족 관계도

들에게 죄책감을 갖고 있는 것은 몰랐다고 했다. 엄마의 속마음을 알게 되자 아이들 역시 자신의 입장에서 느끼는 감정을 하나씩 꺼내놓기 시작했다. 큰딸은 자기 역시 막냇동생에게 미안한 마음을 갖고 있다고 했다. 동생을 챙기는 게 너무 귀찮고, 자기 자신도 사춘기가 되면서 마음이 너무 달라져 동생을 방치했다고 고백했다. 큰누나의 말을 듣고 막내는 자신이 특별히 외로움을 타는 성격이 아니어서 그다지 문제점을 느낀 적이 없다고 덤덤히 말했다. 둘째 역시 자신의 이야기를 했다. 언니뿐만 아니라 자기도 언니만큼이나 막내를 돌봤다는 이야기를 하면서 엄마와 언니에게 자신의 공로도 있었음을 인정받았다. 이렇게 서로가 서로를 어떻게 바라보고 느끼는지 이야기를 나눔으로써 서로의 지난 과거와 현재까지 남아 있는 감정의 잔해들을 돌아보는 계기가 되었다.

큰딸은 아빠에게 '감사', '가여움'을 느끼고 있었다(그림 3.23). 가장으로서, 직장인으로서, 아들로서 수행하는 모든 역할로 인해 아빠가 너무 힘들어 보인다며 아빠의 건강과 과도한 책임감을 염려하고 있었다. 엄마에게는 '편안함'과 일에 대한 엄마의 열정이나 도전정신을 보며 '경이로운' 마음을 갖고 있었다. 또한 동생들에게는 공통적으로 '재미'를 느끼고 있었고, 모든 면에서 자신과 성향이 다른 여동생에겐 엄마와는 다른 의미의 '경이로움'을 느낀다고 표현했다.

둘째 딸은 아빠의 대표 정서로 '재미', '부담감'을 꼽았다(그림 3.24). 함께 장난도 치고 농담도 하여 재밌지만, 성적과 장학금에 대한 부담감을 준다고 했다. 엄마의 대표 정서는 '자신감'과 '갈망'을 꼽았다. 엄마에게 느끼는 정서는 '온정' 속에 '답답함'도 있는 것을 알 수 있었다. 엄마가 너무 걱정이 많고 자신의 귀가 시간 등을 단속하여 답답함을 느끼고 있었다. 언니와 동생과의 정서적인 관계는 편안하고 친밀한 사이였다.

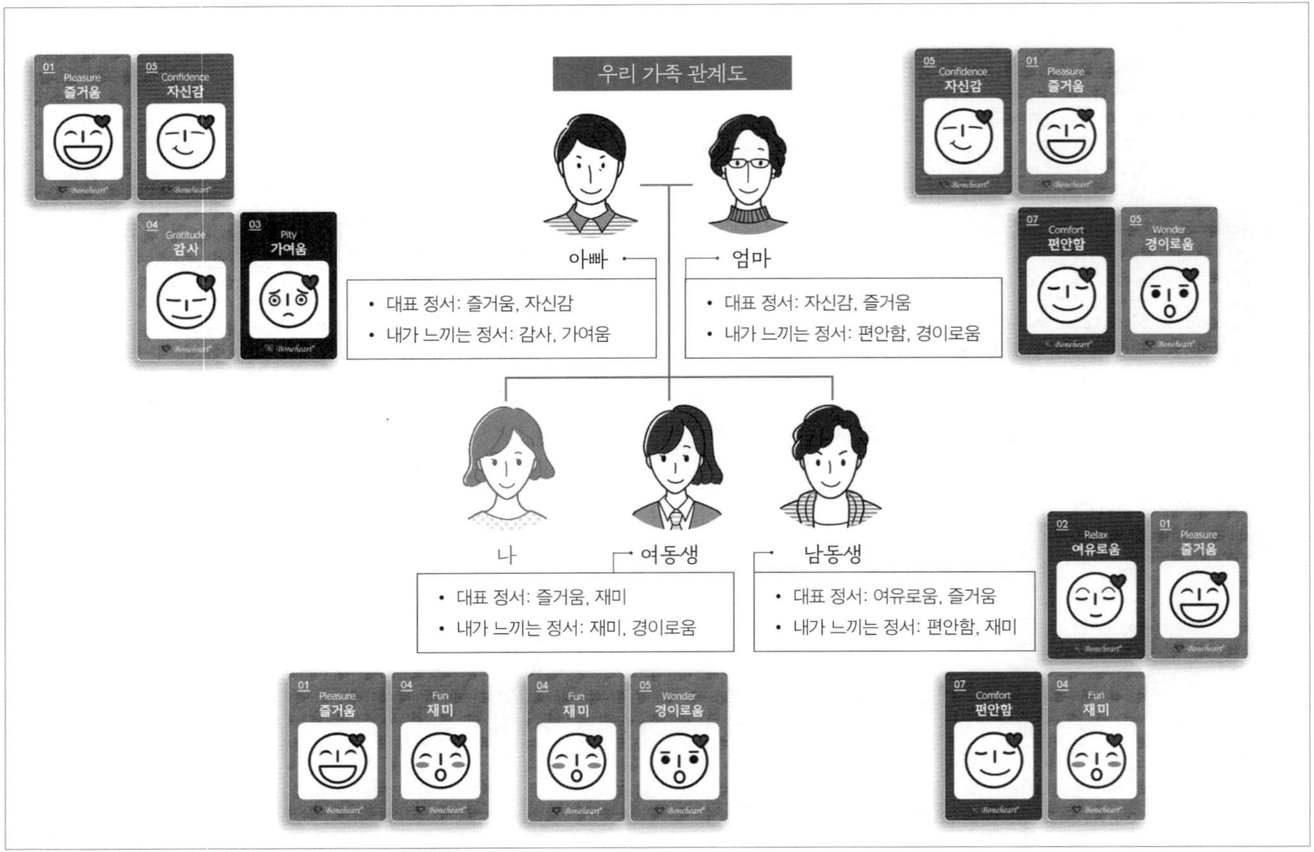

〈그림 3.23〉 큰딸이 느끼는 가족 관계도

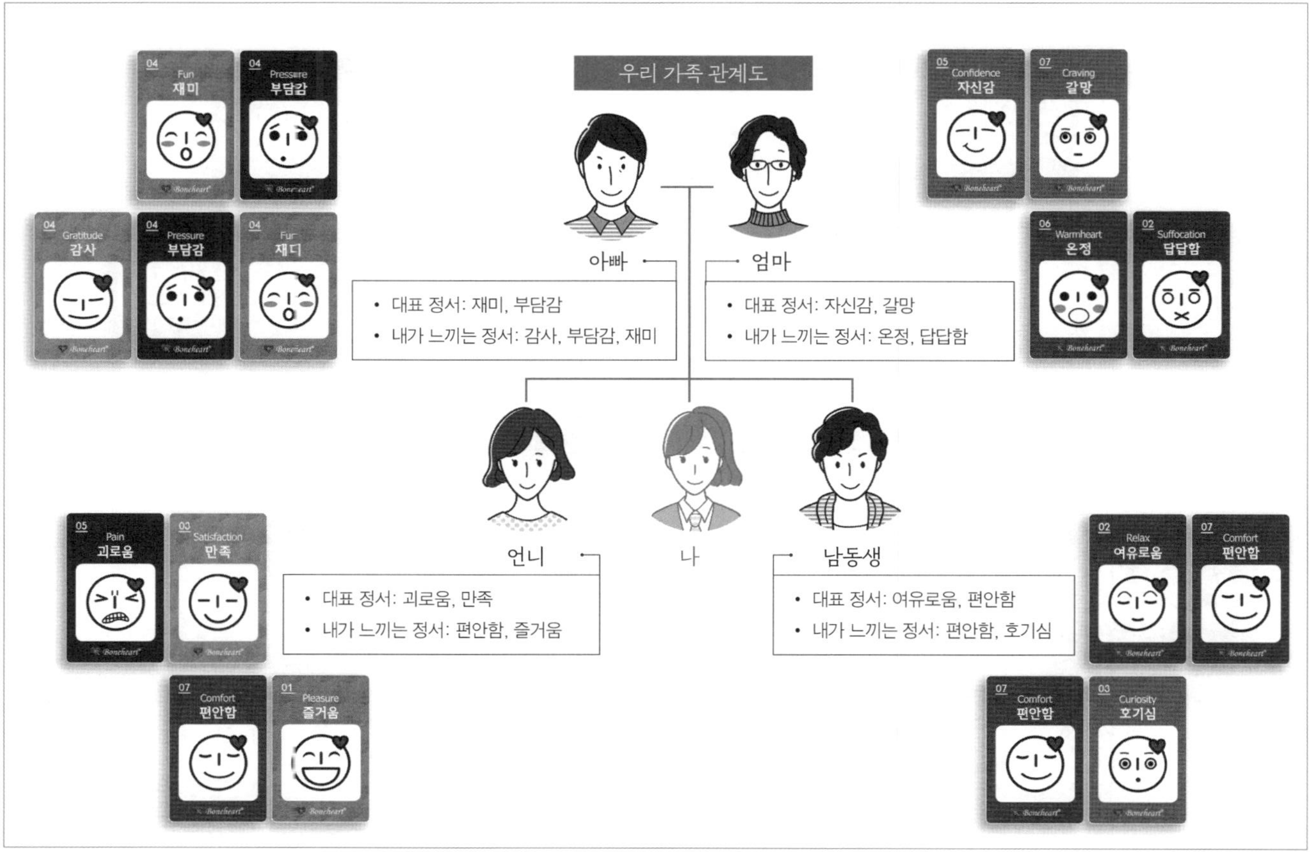

〈그림 3.24〉 둘째가 느끼는 가족 관계도

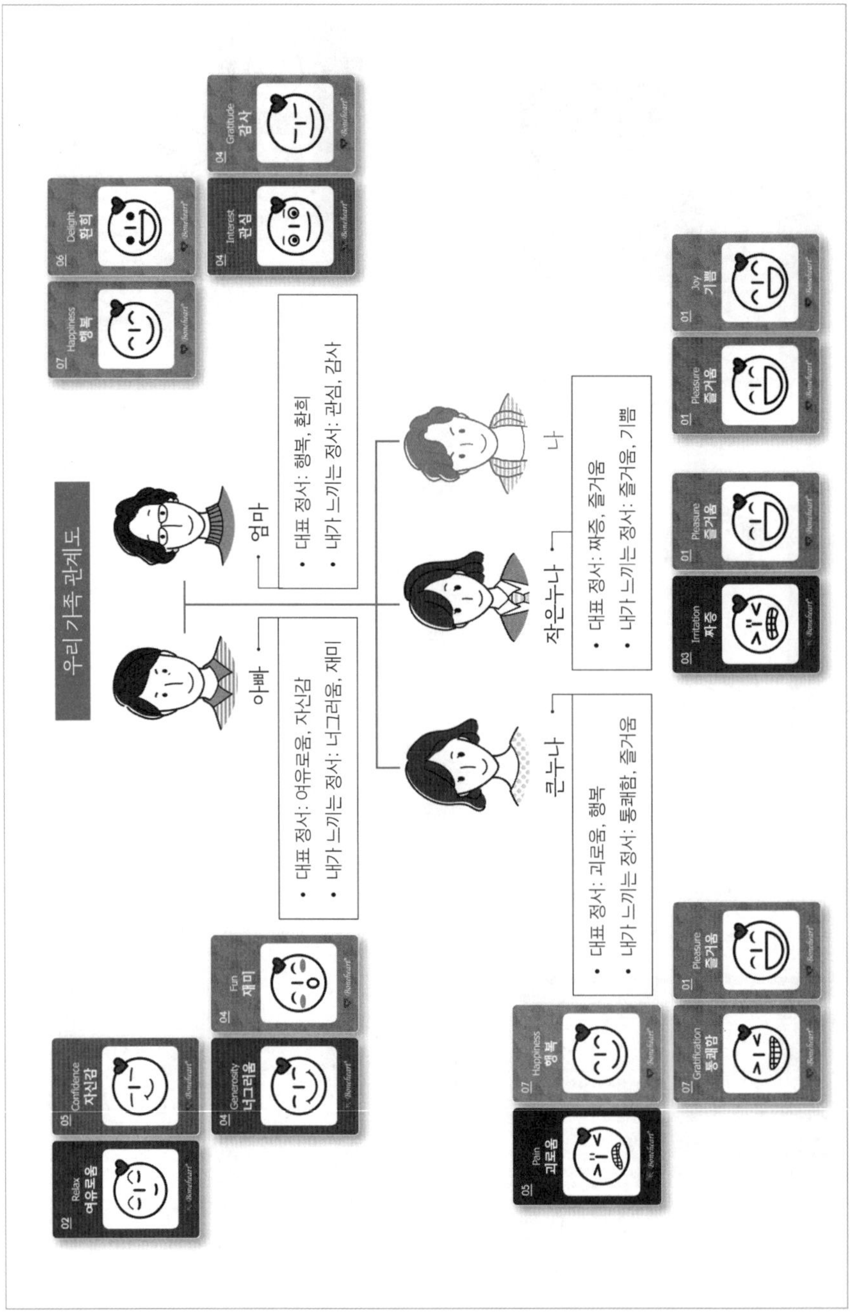

〈그림 3.25〉 막내가 느끼는 가족 관계도

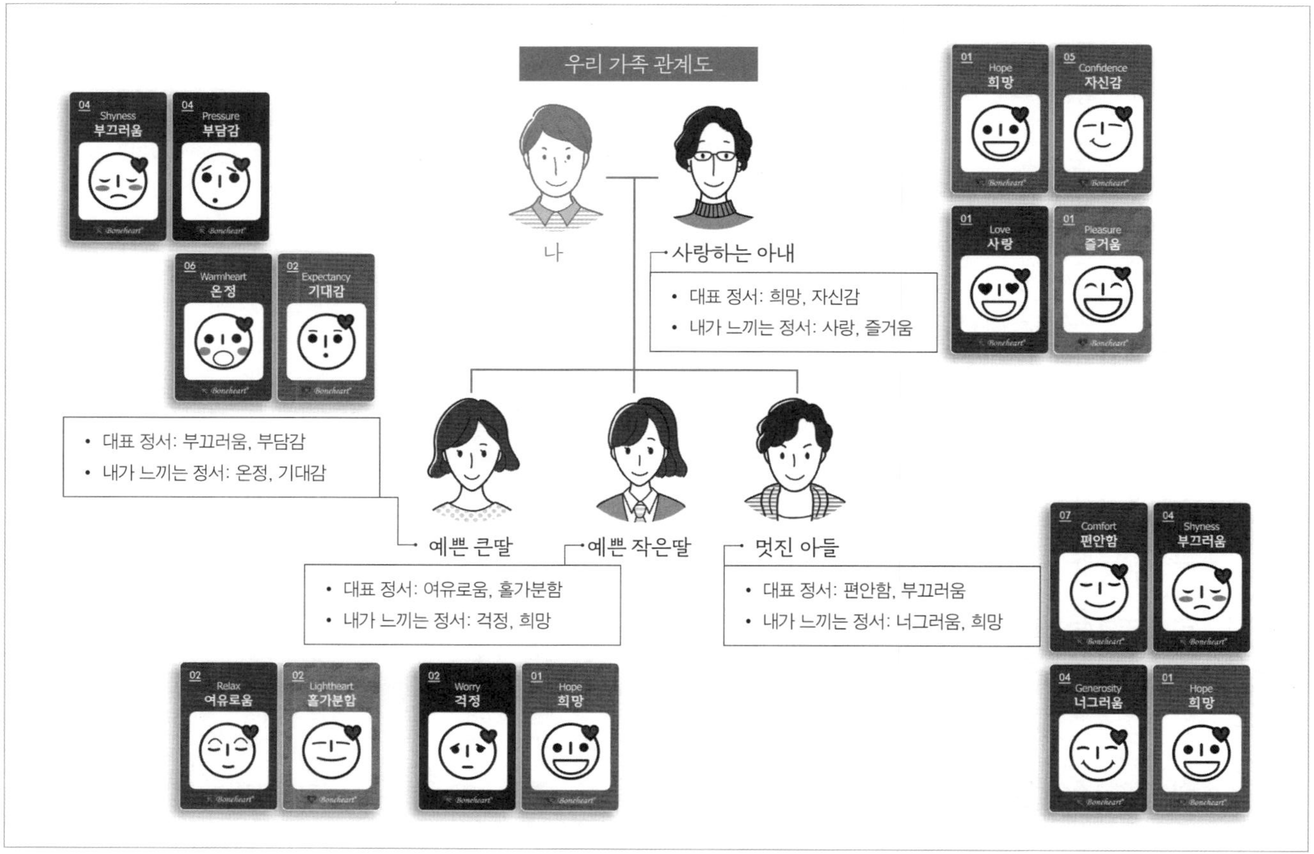

〈그림 3.26〉 아빠가 느끼는 가족 관계도

막내아들은 아빠의 대표 정서로 '여유로움'과 '자신감'을 꼽았다(그림 3.25). 또한 아빠는 자신에게 너그럽게 대해주시고, 자신은 아빠에게 감사함을 느낀다고 했다. 엄마의 대표 정서를 '행복'과 '환희'라고 말하는 아들의 이야기를 듣고 내심 놀라웠다. 아들에게 비친 환희에 찬 내 모습에 대해 생각해보았다. 또한 엄마에게 '관심'과 '감사'함을 느끼는 것이 기분 좋아 물었더니, '관심'은 엄마가 본인에게 느끼는 감정이라고 정정해주었다. 재밌는 점으로 막내는 누나들의 대표 정서로 '괴로움'과 '짜증'을 꼽은 점이다. 형제 관계에서 서열이 높은 형제들은 동생 앞에서 훨씬 편안하고 자유로움을 느낀다. 따라서 본인의 희로애락이나 의견, 주장 등을 여과 없이 보여주고 표출하기에 이런 형제 간의 정서적인 역동이 자연스럽게 형성되는 것이 아닐까 싶다.

마지막으로 아빠는 공통적으로 자녀들에 대해 '기대감'과 '희망'을 갖고 있었다(그림 3.26). 그 마음을 알고 있기에 자녀들은 아빠에 대해 부담감을 느끼는 것이기도 했다. 아빠는 또한 자녀들이 좀 더 자신감 있고 당당하길 바랐다. 그러한 아빠의 기준에 비친 자녀들은 '부끄러움'과 '부담감'을 느끼거나 때론 지나치게 여유로워 보이기도 했다. 결국 각 인물이 갖고 있는 대표 정서라는 것도 그 사람이 가진 고유한 에너지이자 정서이기도 하지만, 상대방이 어떤 눈으로 바라보는가에 따라 다르게 느껴지기도 한다.

당신 가족의 정서는 어떠한가?
당신은 가족에게 주로 어떤 감정을 느끼는가?
당신의 가족은 당신을 어떻게 느끼는가?

3
요즘 나의 정서카드 고르기

워킹맘의 가족들은 늘 서로 바쁘다. 서로 분주한 일상을 살아내느라 한 자리에 모여 밥을 먹는 일도, 얼굴을 마주 보며 깊은 대화를 나눌 기회도 적다. 남편은 남편대로, 아이들은 아이들대로 각자 자신의 위치에서 각자의 역할들을 해내느라 애쓰고 있다. 남편의 회사생활도, 아이들의 학교생활도 단편적으로 들려오는 이야기를 듣고는 있지만, 속마음까지는 잘 모르겠다. 모처럼 주말에 한자리에 모인 우리 식구들! 점검해보는 시간을 가져보자. 다음의 예시는 필자의 가족 사례다.

〈방법〉
- 가족들에게 요즘 자신의 기분이나 정서를 표현하는 카드를 골라보도록 한다.
- 긍정 정서 1장과 부정 정서 1장씩 고르도록 하자.
- 각자 자신이 고른 카드를 보여주며 이유에 대해 설명하고, 서로의 이야기를 나누도록 한다.

아빠(48세, 직장인): 난 요즘 골프 치러 필드 나갈 때가 제일 마음이 여유롭고 기분이 좋아. 그런데 말야, '내가 왜 이제서야 배웠을까?' 너무 후회가 돼.

작은딸(20세, 21학번 대학생): 나는 요즘 죄책감을 느끼며 재밌게 놀고 있어요! 요즘 정말 노는 거 너무너무 재밌고 완전 신나고 좋은데… 내가 정말 과제 때문에, 나는 완벽하게 과제를 해서 제출하고 싶은데. 맨날 시간이 모자라고 너무 힘들어서 적당히 만족한 수준에서 제출하니까. 그게 너무 짜증 나고 자꾸 생각나고. 그런 생각을 하면서도 또 신나게 놀고 있어요!

〈그림 3.27〉 가족들이 고른 정서카드

큰딸(22세, 19학번 대학생): 아, 근데 정말 너무 공감. 내가 지금 딱 그러고 있잖아. 나는 지금 대학 생활 너무 만족하고 좋거든. 기숙사 생활하는 것도 그렇고 18학번 오빠들이랑 애들이랑 노는 것도 넘넘 재밌고. 그런데 딱 한 가지, 환경생물공학 발표 준비 때문에 완전 미쳐버리겠어. 정말 나도 죄책감 고르고 싶었는데, 니가 먼저 골라서 나는 부담감을 골랐어.

막내아들(15세, 중학교 2학년): 나도 나도야. 나는 정말 이불 속에 있을 때가 정말 너무 편안하고 제일 좋은데, 담주 월요일에 학교 가는 주간이라 너무 가기 싫어. 학교 가려면 또 학습지도 해야 하고. 요즘엔 학교에 갈 때마다 맨날 수행평가만 한단 말야.

워킹맘(47세, 갓 독립한 개인사업자): 나는 감사와 걱정을 골랐어. 퇴사하자마자 여러 가지 일들 수주할 수 있어서 너무너무 감사하고 다행이란 생각이 들어. 하지만 요즘 허리 아픈 뒤로 의식적으로 일하는 시간을 줄이고 운동량을 늘리고 보니 진짜 예전에 비해 일하는 시간이 엄청 줄었거든. 근데 이것저것 할 일은 많은데, 생각만큼 일이 정리가 안 되니까 '이래도 되나' 걱정이 돼.

우리 가족은 행복한 편이다. 20년 이상 살아오면서 싸우는 날도 위기의 순간도 있었지만, 각자 나름의 방법으로 지금은 평화롭게 공존하는 법을 터득했다고나 할까? 정서적으로도 친밀하고 소통도 잘되는 편이다. 다섯 명이 함께 있는 단톡방에서 저녁 메뉴나 집안의 대소사들을 의논하고 공유한다. 막상 이야기를 나눠보니 남편과 아이들에 대해 모른다고 생각하지 않았는데, 의외의 이야기들이 툭툭 튀어나왔다. 22년째 가장과 직장인으로 헌신해온 남편에게 골프를 적극적으로 권유한 건 나다. 항상 직장과 가정에서 막중한 책임감과 스트레스를 느끼는 남편에게도 일종의 보상이 필요하다고 생각했다. 만약 계속 희생하고 헌신하는 역할만 하게 된다면 어느 순간부터 자신의 희생을 몰라주는 가족들이 야속하고 원망스러울 것이기 때문이다. 남편은 골프를 통해 새로운 재미와 활력을 찾았다. 하지만 어떨 땐 살짝 지나칠 정도로 남편이 골프에 푹 빠졌다고 생각했다. 그런데 막상 남편의 입을 통해 이런 이야기를 듣게 되니 다시 남편의 골프 응원군이 되어주기로 했다.

대학 3학년 큰딸은 아빠의 학비 부담을 덜어주고자 매 학기 장학금을 목표로 세운다. 대학교 1학년을 신나게 보내고 2학년이 되면서 하고 싶은 것, 계획했던 것들이 참 많았다. 하지만 코로나19와 함께 시작한 대학교 2학년 생활은 모든 것이 단절되었다. 3학년을 맞아 기숙사 생활을 하며 대학 생활의 활기와 재미를 되찾았다. 잘하고 싶은 욕심과 현실 사이에서 내가 짐작한 것 이상으로 훨씬 부담스럽고 어려움을 느끼고 있었다.

작은딸 역시 대학 생활에 대한 설렘과 로망이 가득한 21학번 새내기다. 온라인으로 수강을 하며 요즘 낮과 밤이 뒤바뀐 생활로 인해 내 걱정을 자아내는 중이다. 늘 과제 때마다 완벽성을 기하느라 수행이 늦은 편인데, 신나게 스무 살의 자유를 즐기고 싶은 마음과 과제를 잘 해내고 싶은 마음 사이에서 갈등하고 있는 것이 느껴졌다.

막내아들 역시 매일 편안하고 여유로워 보였다. 최소한의 학교 수업과 학원 수업, 과제, 합기도 가는 날을 제외하면 모든 시간은 게임과 웹툰, 유튜브 시청 등으로 자유롭게 보내는 편이었다. 코로나가 처음 시작될 때는 몇 달만, 1년만 이렇게 견디면 모든 게 정상화될 거라고 생각했다. 그렇게 중학교 1년을 집에서 보내고, 2학년에 올라가서는 3주마다 1주일씩 학교에 간다. 작년보다는 훨씬 상황이 나아졌다고 생각했는데, 그건 순전히 엄마 입장이었다. 영어학원도 한사코 온라인 줌으로 참여하는 막내아들에게 종일 마스크를 써야 하는 학교생활이 반가울 리 없었다. 친구들과 자유로운 소통도, 운동장에서 체육수업도 할 수 없는 학교보다는 자기 방안이 훨씬 더 편안하고 자유롭고 장점이 많은 곳이었음을 인정하게 되었다.

"아!! 그랬구나!! 그래서 네가 힘든 거구나!"

겉으로 내색을 하건 안 하건, 어떤 식으로 얼마만큼의 힘듦을 호소하건 각자 차이는 있었다. 하지만 우리 모두 '자기만의 감정과 정서를 느끼며 관리하고 있었구나' 느껴지는 시간이었다.

또한 너무나 가까운 가족이기에 이미 다 알고 있다고 생각하기 쉽다. 하지만 이번 정서코칭을 통해 마음속 깊은 생각까지는 미처 모르고 있었음을 알게 되었다. 모든 가족들이 막내는 편안하고 여유롭게 지낸다고만 생각했다. 하지만 중학생 아들에게도 나름의 어려움이 있음을 알 수 있었다. 서로가 자기 몫의 짐을 꺼내놓고 공유하기만 했는데도, 가족에게 이해받고 공감받는 것만으로도 서로 충분히 위로를 느끼는 시간이었다. 한 발짝 더 나아간다면, 이런 질문도 추가로 해볼 수 있을 것이다.

"현재 내가 느끼는 긍정적인 정서를 더욱 자주, 크게 느끼려면 어떻게 해야 할까?"

"현재 내가 느끼는 부정적인 정서를 최소화하는 방법에는 뭐가 있을까?"라는 질문까지 연결하여 보면 좋겠다.

4
내가 기대하는 우리 가족의 정서

가족은 가장 사랑하고 편하게 느끼는 대상이다. 그래서 자주 자신의 감정과 표정이 여과 없이 노출된다. 이 활동을 통해 평소 가족에게 어떤 표정과 정서가 노출되고 있는지 점검해보자. 가족에게 자주 보여지는 표정과 감정, 정서를 통해 결국 가족의 표정과 감정, 정서가 형성된다. 가족은 서로를 바라보고 비추는 정서거울과 같다. 가족의 표정과 정서는 서로 닮아간다.

〈방법〉

- 다음의 순서대로 질문하여 정서카드를 고르고 이야기를 나누도록 한다.
- 정서카드 중에 적절한 카드가 없다면 표정을 직접 지어보거나 어떤 표정인지 말로 설명하도록 한다.

〈질문 1〉 내가 가장 좋아하는 ○○의 표정은 어떤 표정인가요?
그 표정을 최근에 언제 보았나요?
그 표정을 짓는 ○○의 감정이나 기분은 어떤 걸까요?
그 표정을 자주 보기 위해 내가 할 수 있는 일은 무엇인가요?

〈질문 2〉 내가 가장 가여워하는 ○○의 표정은 어떤 표정인가요?
그 표정을 최근에 언제 보았나요?
그 표정을 짓는 ○○의 감정이나 기분은 어떤 상태일까요?
그 표정을 짓지 않도록 내가 할 수 있는 일은 무엇이 있을까요?

〈질문 3〉 내가 가장 싫어하는 ○○의 표정은 어떤 표정인가요?
그 표정은 주로 어떨 때 볼 수 있나요?
그 표정을 볼 때 나는 어떤 기분이 드나요?
그 표정을 짓는 ○○의 감정이나 기분은 어떤 상태일까요?

5 가족들을 대하는 나의 정서카드 고르기

가족이 가장 편안한 대상이긴 하나 가족 역시 또 하나의 작은 사회다. 가족 안에서도 자신의 모습과 정체성을 어떻게 드러내고 싶은지 선택할 수 있다. 내가 주로 보여주는 나의 표정은 무엇일까? 내가 주로 드러내고 있는 나의 정서는 어떤 것일까? 이 활동을 통해 가족 개개인에 대한 나의 마음과 정서상태를 더욱 세밀하게 확인할 수 있을 것이다.

〈방법〉

- 나는 주로 ㅇㅇ를(을) 향해 어떤 표정을 짓고 있나요?
- 그런 표정을 지을 때 나의 감정이나 정서는 어떤 것인가요?
- 가장 최근에 그런 표정을 지은 경험에 대해 말해보세요.

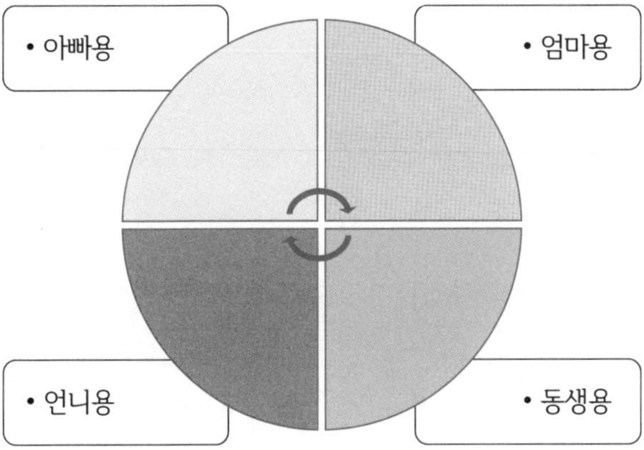

6

오늘 하루 정서일기

하루에도 수없이 우리의 감정상태는 변하기 마련이다. 하루 내내 일관되게 지속된 나의 정서상태가 있을 수도 있고, 조금 더 크고 무거운 단위로 정서상태가 변화했을 수도 있다. 하루를 마무리하는 저녁시간이나 하나의 사건 혹은 경험이 일단락된 후에 스스로 고요히 앉아 자신의 내면상태를 되돌아보고 점검해보자. 순간순간 사건이나 경험이 일어나는 중에도 자신의 미묘한 감정상태나 정서의 변화를 잘 자각하고 인식하는 사람도 물론 있을 것이다. 그러한 인식능력이 잘 발달되지 않았거나 그러한 경험 자체가 부족하다면, 정서카드를 활용하여 의도적으로 시도해보는 것도 의미 있는 작업이 될 것이다.

〈방법〉

- 오늘 하루 나의 감정 변화를 나타내는 카드 3장 고르기
- 아침과 점심, 저녁으로 나누어 고르고 그 이유에 대해 이야기를 나눈다.
- 좀 더 자세하게 시간대별이나 사건별로 골라도 된다.

〈그림 3.28〉 둘째가 고른 어제 하루 동안의 정서일기

하루에 느낀 정서카드를 고르고 그때의 상황을 떠올리며 이야기를 나누는 것만으로도 말하는 사람은 훨씬 마음이 가벼워짐을 느낄 것이다. 때로는 불편했던 감정이 해소되거나 혼란스러웠던 감정이 정리되는 효과를 경험할 수도 있을 것이다. 당시에는 모르고 지나쳤던 감정 속에서 새로운 의도나 교훈, 깨달음을 얻게 될 수도 있다. 말로 이야기를 나누는 것에만 그치지 말고, 실제 한 편의 일기로 적어본다면 더욱더 효과가 클 것이다. 그 과정에서 코치가 되는 엄마, 아빠는 함께 따라가주고, 곁에 머물러주는 것만으로도

충분하다. 만약 당사자가 미처 살피지 못하는 부분이 있다면 코치는 살짝 질문을 통해 비춰주기만 하면 된다. 왜냐하면 이미 온전한 존재인 그가 충분히 스스로 깨달을 것이기 때문이다.

7

1주일간의 정서 파노라마

〈방법〉

방법 1, 2 중에 적합한 방법으로 실행해본다.

① 매일 반복되는 나의 일상, 하루하루는 나에게 어떤 느낌인가요?
   월요일부터 일요일까지 요일별 정서카드를 고르고 점수를 부여해보세요.

② 지난 1주일이나 앞으로 보낼 1주일에 대해 이야기를 나누어도 됩니다.

〈표 3.11〉 1주일간의 정서 파노라마

	월	화	수	목	금	토	일
10					■	■	
9				■			■
8		■					
7							
6			■				
5							
4	■						
3							
2							
1							
대표 정서	싫어함	환희	홀가분함	기쁨	홀가분함	행복	만족

※ 학교를 가는 날과 영어학원 가는 날(월, 수)에 따라 달라지는 중2 아들의 정서 파노라마(예시)

〈그림 3.29〉 막내의 요일별 정서 파노라마

이 외에 집안의 다양한 이벤트 속에서도 다음과 같이 질문을 통해 정서 카드를 활용해볼 수 있다.

① 특별한 주말이나 휴가를 보낸 뒤, 나의 정서를 표현하는 카드를 골라본다면?

② 명절이나 집안 대소사를 맞이하는 엄마 아빠의 정서는 어떤 것일까요?

③ 우리 가족이 가장 좋아하는 기념일은 언제일까요? 그날 나의 정서는?

(예시: 어린이날, 어버이날, 크리스마스, 생일, 결혼기념일 등)

성찰질문

아래의 다섯 가지 질문에 스스로 답해보시기 바랍니다.

1. 일은 나에게 어떤 의미인가? 일에 대한 감정이나 정서를 표현해보자.

2. 가족은 나에게 어떤 의미인가? 가족을 떠올릴 때 느껴지는 감정이나 정서를 표현해보자.

3. 나의 대표 정서는 무엇이며, 나의 정서에 가장 많은 영향을 미치는 것(사람)은 무엇(누구)인가?

4. 나는 내 감정을 스스로 선택하고 안전한 방법으로 표현할 수 있는가?

5. 나만의 정서를 관리하는 방법이나 비결은 무엇인가?

참고문헌

게리 D. 맥케이, 돈 딩크마이어, 김유광 옮김, 『아들러의 감정수업: 내 마음의 주인으로 살기 위한 감정 선택 훈련』, 시목, 2017.

알프레드 아들러, 정명진 옮김, 『삶의 과학: 개인 심리학으로 풀어내는 삶의 기술』, 도서출판 부글북스, 2014.

양소남 · 신창식, 「어린 자녀를 둔 일하는 어머니의 일가족양립 고충」, 『보건사회연구』 31(3), 70-

103, 2011.

유성경 · 한영주 · 조윤진, 「기혼 직장 여성의 개인 특성 및 사회적 지지가 일-가족 갈등 및 향상에 미치는 영향」, 『상담학연구』 12(6), 1955-1975.

윤영돈, 『채용트렌드 2021』, 비전코리아, 2020.

이효주 · 오수연 · 박성민, 「기혼 여성근로자의 삶의 질에 관한 비교 연구: 여가 및 직장생활 수준의 매개효과 분석을 중심으로」, 『한국행정논집』 32(3), 147-169, 2020.

정서린 · 장윤옥, 「맞벌이부부의 배우자 지지, 직장 지지 및 일-가족 전이가 일-생활 균형에 미치는 자기효과와 상대방효과」, 한국가족자원경영학회지, 21(3), 97-119, 2017.

"코로나 이후 37.4% 가족간 갈등 경험… 배우자와 마찰 60% 최다", 뉴시스, 2020.07.09.

"코로나19로 청소년의 가족 갈등 · 우울 상담 31.6% 증가", 한국경제, 2020.12.17.

김영대

9. 창업에도 정서적 소통이 필요한가?

"나는 당신이 할 수 없는 일을 할 수 있고, 당신은 내가 할 수 없는 일을 할 수 있다. 따라서 우리는 함께 큰일을 할 수 있다."

- 마더 테레사

1 왜 창업에서도 정서적 소통이 필요한가?

필자는 (예비)창업자들을 대상으로 창업컨설팅과 창업멘토링을 하는 동안, 그들이 제출한 사업계획서나 IR 발표 자료만으로 창업 타당성과 실현 가능성을 평가하는 기술적이고 논리적인 접근을 해왔다. 필자뿐만 아니라 대부분의 창업전문가들은 논리적 사고(logical thinking)에 근거한 접근법에 초점을 두고, 정서적 사고(emotional thinking)에 근거한 접근법은 소홀히 했다. 그 이유는 창업 분야에서 정서적 사고나 의사소통을 배우거나 경험한 적이 없었고, 필자 역시 그러한 경험을 한 적이 없기 때문이다. 물론 창업에서의 논리적 접근이 잘못되었다고 지적하는 것은 절대 아니다. 다만 창업 분야에서도 정서적 사고가 중요함을 제안하고자 한다.

이 장에서는 (예비)창업자 이야기를 경청하고, 공감하는 정서적 접근의 시도 경험을 공유해보려고 한다. 광범위한 창업 분야에 적용할 새로운 정서플레이 방법을 제안하기보다는, 정서카드를 활용한 창업코칭 사례를 제시한다.

본하트의 6종 카드인 정서카드, 역량카드, 리멤버카드, 소질카드, 질문스토리카드, 모자이크카드를 펼쳐보면 비전문가들도 쉽게 활용해볼 수 있는 정서플레이 방법들이 제시되어 있다. 정서플레이를 할 수 있는 6종 카드는 독립적으로 각 카드의 활용 목적에 맞게 사용할 수도 있지만, 본하트의 6종 카드는 통합적 관점에서 접근하도록 만들어진 카드로 함께 활용하면 정서적 소통뿐만 아니라 진정한 나를 찾을 수 있는 과정에 활용할 수 있는 좋은 도구다.

필자가 (예비)창업자들에게 적용해본 정서플레이 도구들은 본하트의 6종 카드로 다음과 같다.

〈표 3.12〉 정서플레이 도구: 본하트 6종 카드

 1. 소질카드	리처드 볼스(Richard N. Bolles)의 소질이론을 근거로 제작된 카드. 기본적인 여섯 가지 흥미를 토대로 한국정서에 맞는 54가지 소질 활용(색, 그림, 개념, 행동지표로 표현). 소질, 역량, 정서 등 통합적 관점에서 접근

 2. 정서카드	정서심리학자 로버트 플루치크의 정서이론을 근거로 제작된 카드. 여덟 가지 기본정서(즐거움, 희망, 기쁨, 사랑, 분노, 미움, 슬픔, 두려움)와 56가지 감정 활용(색, 그림, 개념, 질문으로 표현). 긍정/부정, 공격/방어, 통쾌/불쾌, 온정/냉정 등 통합적 관점으로 접근
 3. 역량카드	하버드대학교 심리학과 맥클리랜드(David Clarence McClelland) 교수의 이론을 근거로 제작된 카드. 역량 모델을 기초로 54가지 역량을 엄선해서 활용(역량개념, 행동지표, 질문으로 표현). 3H(Head, Heart, Hands) 통합적 관점으로 접근
 4. 질문스토리카드	뉴욕대학교 로버트 랜디(Robert J. Landy) 박사의 역할이론을 근거로 제작된 카드. 여덟 가지 역할모형(신념, 정서, 사회, 상상, 인지, 신체, 가족, 미적). 인생의 무대에 어떤 역할을 맡고 있는지 페르소나를 깨닫게 하는 카드(이미지, 역할, 질문으로 표현)
 5. 리멤버카드	'기업문화의 아버지'라 불리는 세계적인 석학 에드거 샤인(Edgar Scein) 박사의 이론을 근거로 제작된 카드. "당신은 어떤 사람으로 기억되고 싶은가?" 피터 드러커의 질문을 통해 자신의 미래상을 구체화하고 가치 있는 인생을 살기 위해 다른 사람에게 어떻게 기억되고 싶은지를 질문하는 카드(이미지, 역할, 질문으로 표현)
 6. 모자이크카드	아무런 연관성이 없는 조각들을 모아 퍼즐처럼 끼워맞추다 보면 전체 그림이 만들어진다는 의미의 모자이크카드. 여덟 가지 모자이크(발견, 성찰, 검색, 탐험, 초점, 선택, 개시, 제거)로 구성된 카드(이미지, 조각, 질문으로 표현)

출처: 정서플레이 도구 본하트 6종 카드(www.Boneheart.co.kr)

이 책『한국형 정서코칭을 말한다』는 정서카드 활용만 다루기 때문에 필자가 올해 수행하고 있는 창업멘토링에 적용한 정서카드 활용사례를 다루고자 한다. 정서카드에 제시된 정서플레이 방법을 창업 분야에 그대로 적용해보는 것만으로도 충분히 의미 있고 가치 있는 일이다.

창업에서도 과연 정서플레이가 필요할까? 창업 관련 자문, 심사, 평가, 컨설팅, 멘토링 등을 하는 창업전문가들은 정서플레이가 생소하게 들릴 것이다. 이유는 그동안 창업학 커리큘럼이나 창업프로그램에서 정서적 사고나 정서적 소통을 다루지 않았기 때문이다. 현재의 창업학 커리큘럼이나 창업지원 프로그램을 살펴보면 기업가정신, 창업가정신, 창업역량을 다루는 과목들은 있어도 정서, 감정을 다루는 과목은 없다. 하지만 이제부터는 창업 분야에서도 코칭과 코칭스킬, 정서, 감정을 다루는 방법론과 정서플레이 도구를 활용할 필요가 있다. 다시 말하면 창업에서도 정서플레이가 필요함을 이야기하고자 한다.

그렇다면 창업에서의 정서플레이란 무엇인가? 필자가 이해한 정서플레이는 다음과 같다. 창업에서의 정서플레이란 창업멘토링의 첫 만남에서 종료 시까지 역량진단과 사업계획서 검토, 비전과 미션, 목표를 확인하는 과정에서 쉽게 이야기하기 어려운 (예비)창업자들의 생각이나 감정, 정서 및 사업 동기, 추구하는 가치를 찾기 위한 질문과 인터뷰 또는 본하트 6종 카드 같은 도구를 사용해서 놀이하듯이 자연스럽게 의사소통하는 것이다.

창업멘토링에 적용한 정서플레이 사례를 소개하기 전에, 창업컨설팅과 창업멘토링, 창업코칭의 정의와 차이를 구분할 필요가 있다.

2
창업컨설팅, 창업멘토링 vs. 창업코칭

창업 분야에서는 창업컨설팅(entrepreneurship consulting)과 창업멘토링(entrepreneurship mentoring), 창업코칭(entrepreneurship coaching)의 개념을 정확히 구분하지 않고 사용하는 경향이 있다. 창업교육자나 창업컨설턴트, 창업멘토 등 창업전문가들조차 구분 없이 사용한다.

'창업지원패키지'라는 이름으로 진행하고 있는 정부지원사업의 창업지원프로그램을 살펴보면, 창업컨설팅, 창업멘토링, 창업코칭의 이름으로 지원프로그램을 구성한다. 그러나 실제 현장에서 창업전문가들은 컨설팅과 멘토링을 함께하고 있으며, 지원프로그램에 '코칭'이라는 표현을 사용하지만, 코칭프로그램은 진정한 코칭이 아니다.

그렇다면 창업컨설팅과 창업멘토링, 창업코칭이란 무엇인가? 컨설팅과 멘토링은 확실히 구분되는 개념이다. 하지만 멘토링과 코칭을 구분하기란 쉽지 않다. 창업컨설팅, 창업멘토링, 창업코칭의 정의를 살펴보면 다음과 같다.

창업컨설팅이란 창업컨설턴트가 창업자나 창업기업의 객관적인 자료를 분석하여 문제점을 제시하고, 문제의 원인을 찾아 해결 대안을 제시하는 것을 말한다. 창업컨설팅은 가시적이고 실질적인 성과를 내기 위해 문제진단과 대안 제시 등 컨설턴트가 주도적으로 행하는 활동으로 정의할 수 있다. 창업컨설턴트는 객관적인 자료 분석, 정보제공과 문제 제기, 원인도출과 대안 제시에 최적화된 전문가다. 그렇지만 창업컨설턴트는 개별 기업이나 소상공인 창업 등 특정 분야의 전문가는 아니다.

창업멘토링은 (예비)창업자를 대상으로 창업준비에서부터 창업단계,

창업 후 성장단계까지 교육(education), 훈련(training), 동기부여(motivation), 목표설정(goal), 방향제시(direction), 정보제공(information offering), 코칭(coaching), 조언(advice) 등의 역할로 창업에 관련된 A~Z까지 도움을 주는 것을 말한다. 멘토의 사전적인 의미는 "지혜와 신뢰로 한 사람의 인생을 이끌어주는 지도자"라는 뜻을 가지고 있다. 다시 말해 멘토링은 특정 산업, 특정 기술, 업무에서 경험과 지혜가 많은 전문가가 경험이 부족한 멘티를 맡아서 교육하고, 지도하며, 이끌어가는 것을 의미한다. 창업멘토링은 해당 분야에 실제 창업한 경험이 있는 전문가나 창업학전공 교수 등 전문가들이 창업멘토를 맡아서 진행한다. 멘토링프로세스에서는 코칭스킬과 프로세스를 활용하기도 한다.

그렇다면 창업코칭이란 무엇인가? 창업코칭은 코칭스킬과 검증된 도구, 체계적인 절차와 방법론을 활용하여 자격을 갖춘 창업전문 코치가 (예비) 창업자와 함께 목표로 정한 것을 달성하도록 상호작용을 통해 도움을 주는 것이다. 컨설팅 또는 멘토링과 다른 점은, 코칭은 문제해결에 초점을 두지 않고, 심지어 문제해결 접근법도 사용하지 않는다는 점이다.

코칭은 경청, 질문, 대화법, 피드백과 피드포워드를 활용하여 대상자 스스로 길을 찾도록 도와주는 것을 의미한다. 문제를 발견하고, 원인을 찾고, 이에 대한 해결책을 찾아 실행하는 주체 역시 대상자다. 코치는 대상자가 스스로 할 수 있도록 검증된 도구와 체계적 절차, 방법론을 가지고 도움을 주는 역할을 한다. 이것이 컨설팅 또는 멘토링과 구분되는 가장 큰 차이점이라고 볼 수 있다.

이처럼 창업컨설팅, 창업멘토링, 창업코칭은 엄연히 다른 활동이지만 분별없이 표현하고 사용했다. 이제는 정확하게 구분하여 표현하고 사용할 필요가 있다.

그동안 창업에서는 정서적 사고와 정서적 소통, 정서적 접근법을 간과

해왔다. 그 이유는 다음과 같다. 창업은 제한된 자원을 가지고 주어진 시간 안에 성과를 창출해야 한다. 따라서 효율성과 혁신성을 강조한다. 그러기 때문에 정서적 접근보다는 기술적 접근과 논리적 접근에 초점을 두었다. 창업 분야에서도 창업컨설팅과 창업멘토링 등 기술적이고 논리적인 접근법과 더불어 이제는 정서적 접근법도 도입하고 병행해야 한다.

정서는 고객을 알아가고 이해하는 통로이자, 고객과 공감할 수 있는 통로다. 따라서 창업전문가들은 (예비)창업자들과 정서적 소통을 통해 그들이 느끼는 정서를 파악해야 한다. 그러기 위해서는 예비창업자인 고객의 신발을 신고, 고객의 마음속에 들어가야 한다. 그래야 고객이 느끼는 정서경험을 통해 공감포인트를 찾을 수 있다.

창업전문가들도 (예비)창업자들을 대상으로 한 창업코칭에서 정서플레이를 활용하여 그들의 애로사항을 정확히 파악하고 공감할 수 있어야 서로 간의 라포가 형성되고, 진실한 소통을 할 수 있게 된다. 창업전문가들이 진실한 마음으로 정서적 소통을 하지 않으면, (예비)창업자들은 마음의 문을 닫게 되고, 컨설팅과 멘토링은 형식적인 활동이 되어버린다. 그러한 컨설팅과 멘토링으로 진행된 창업은 가치를 창출하지 못하고, 지속할 수도 없다.

따라서 (예비)창업자와의 정서적 소통을 하기 위해서는 코칭스킬이 필요하고, 코칭스킬을 활용하기 위해서는 코칭을 배울 필요가 있다. 즉 창업에서도 코칭에 대한 교육과 훈련, 멘토링과정에서도 코칭기법을 활용해야 한다.

다행스럽게도 최근에 창업전문가들 역시 (예비)창업자들을 대상으로 창업멘토링의 시작 단계나 중간 단계에 코칭에서 활용하는 스킬과 도구들을 사용하는 움직임이 생겼다.

필자가 『한국형 정서코칭을 말한다』 공저에 참여하게 된 이유는 다음의 세 가지 메시지를 전달하기 위함이다.

첫째, 창업에서도 정서적 소통이 필요하다.

둘째, 창업학 교육과정에서도 코칭과목 도입과 방법론, 스킬과 도구를 배울 필요가 있다.

셋째, 창업전문가들은 창업멘토링을 할 때 코칭의 방법론, 스킬, 도구를 활용하자는 점이다.

창업코칭에서 정서플레이는 어떻게 하는가?

3

창업코칭에서 정서플레이 방법

창업은 과거나 현재보다는 미래지향적이다. 기존에 없었던 새로운 상품과 서비스를 만들어 제공해야 한다. 고객이 불편해하며, 하기 어려웠던 고충이나 애로사항을 찾아서 문제를 해결할 수 있는 대안으로 제품과 상품을 적시에 제공해야 성공할 수 있다.

고객의 진정한 소리를 들어야 고객의 불편과 고충, 애로사항을 파악할 수 있듯이, 창업멘토링에서도 (예비)창업자의 진정한 소리를 들어야 한다. 그러기 위해서는 정서적 소통이 필요하다. 그래서 창업전문가들이 (예비)창업자들을 대상으로 창업멘토링이나 창업컨설팅을 할 때 코칭스킬을 활용할 필요가 있다. 그뿐만 아니라 정서적 사고(emotional thinking)에 기반한 의사소통을 부담 없이 할 수 있는 분위기 조성과 적절한 도구를 사용할 필요성이 있다.

창업전문가는 (예비)창업자들에게 그들이 창업하려고 하는 사업군에 대한 정보제공 및 창업준비과정과 창업과정, 성장과정에 필요한 정보를 제공하고, 다양한 지혜와 경험 등 실전노하우 및 행정절차를 지원해서 창업시장에 진출하고 성장하고, 지속 가능하도록 도와주는 역할을 한다. 창업전문가의 역할은 창업아이템 분석, 상권분석, 시장분석, 제조, 홍보, 마케팅, 시스템 구축, 브랜드 인큐베이팅, 창업교육, 특허, 상표권 등 지식재산, 창업에 대한 자금지원 및 조달방법, 업종별 · 업태별 · 전문영역별 컨설팅과 멘토링 서비스를 제공한다.

반면, 일반적으로 (예비)창업자들은 전문적인 창업교육을 받지 않았고, 경험과 정보도 많지 않다. 현재 창업에 도전했지만, 무엇을 어떻게 해야 할지 모르고 있다. 창업의 성공확률이 높지 않기 때문에 (예비)창업자들은 불안하고, 자신감도 결여되어 있고, 해야 할 것도 너무 많기 때문에 창업을 생각했다가도 시도하지 않거나 중도에 포기하는 경우도 많다. 이러한 (예비)창업자들이 창업을 포기하지 않고, 자신감을 가질 수 있도록 용기를 주고 격려하고 칭찬하며, 그들이 하고 있는 창업이 얼마나 중요한 활동인지에 대해 상기시켜주고, 그들이 인지하지 못했던 사회적 가치를 찾아 동기부여를 해주고 창업 의지를 높이는 것이 창업전문가의 역할이다.

'2021년 강원도 경제진흥원에서 수행하는 폐광지역 주민창업지원사업'에서 필자는 3명의 창업자와 매칭되어 창업멘토링과 창업컨설팅을 수행했다. 매칭된 3개 업체의 창업멘토링 과정에서 필자는 정서카드를 활용한 정서플레이를 (예비)창업자에게 적용해보았다. 정서플레이를 통한 창업자의 가치발견 사례와 창업 방향 재설정 사례, 자기인식과 이해 사례 등을 세 업체에 적용해보았고, 성공적인 정서소통의 대표사례인 공연예술창작집단 '베짱이'의 사례를 소개하고자 한다. 공연예술집단 베짱이는 이 책에 성공사례로 공유하기 위해, 기업명과 사회적협동조합 조합원들의 성명, 활동들을 소개하며 공개될 수 있음을 밝혔고, 흔쾌히 허락을 받았다.

필자가 그동안 진행했던 창업멘토링 방법은 코칭기법 중의 하나인 STAR 기법을 사용하여 멘토링을 했다. 코칭적용모델에 사용한 STAR 기법은 다음과 같다. 안남섭 외(2021) 「현장실전코칭: 라이프, 비즈니스, 커리어 코칭사례」에 '중소기업의 효과적인 인재육성과 조직문화의 변화'에서 코칭 적용 모델로 사용한 STAR 기법을 설명한다.

〈표 3.13〉 코칭적용모델로 사용한 STAR 기법

S(Story)	친밀감 형성, 지난 세션에 대한 피드백, 성과에 대한 리뷰
T(Target)	목표설정, 원하는 것을 명확히 하기, 현실과의 차이 인지
A(Action Plan)	구체적인 실행계획 세우기
R(Recap)	실행의지 확고히 하기, 정리하기, 인정과 축하, Follow Up 약속하기

출처: 안남섭 외(2021), 「현장실전코칭: 라이프, 비즈니스, 커리어코칭」, 21쪽 재인용

필자가 (예비)창업자들을 만나서 진행하는 창업멘토링 프로세스를 위의 STAR 기법에 적용해보면 다음과 같다.

〈표 3.14〉 창업멘토링 프로세스(STAR 기법에 적용)

S (Story)	친밀감 형성	멘토링 시작 전 가벼운 주제로 대화 시작(사업장의 인테리어 변화, 행사포스터, 애완견, 날씨, 코로나, 건강 등 새로운 이슈나 현황 등)
	지난 세션에 대한 피드백	지난번 멘토링 때 어떤 이슈로 진행했는지 간단히 정리, 어떤 변화가 있었는지 질문과 경청, 공감, 이해, 칭찬, 격려, 오늘 진행할 멘토링 설명
	성과에 대한 리뷰	사업계획서에 명시된 활동 중 지난번 멘토링 이후 오늘까지 진행된 활동 체크, 사업계획서 외에 진행된 사항 체크, 예산집행에 대한 점검 및 피드백
T (Target)	목표설정	당일 멘토링의 목표 설명 What(무엇을), Why(왜), How(어떻게)에 대한 설명
	원하는 것을 명확히 하기	당일 멘토링에서 얻고자 하는 결과(output) 제시 및 확인을 위한 질문
	현실과의 차이 인지	멘토링 대상기업의 환경(SWOT), 목표와 현실 차이의 GAP 설명, 한계점 또는 문제점 제시, 문제원인 설명
A (Action Plan)	구체적인 실행계획 세우기	목표달성을 위해 필요한 활동 제시 What(무엇을), Why(왜), How(어떻게)에 대한 설명
R (Recap)	실행의지 확고히 하기	실행의지를 높이기 위한 동기요인 제시, 대표가 인지하지 못했던 대표나 팀원들의 역량, 활동들에 대한 사회적 가치 창출 제시, 비전과 미션 재확인
	정리하기	오늘의 창업멘토링 정리. 상호확인
	인정과 축하	Story 단계에서 제시했던 활동, 성과에 대한 피드백, 자신감과 동기부여 향상을 위한 활동 - 칭찬, 격려, 응원, 긍정마인드, 앞으로의 성장, 미래의 모습 등 기대감 표시
	Follow Up 약속하기	추후 멘토링 일정 확인

4

창업에서 정서적 소통 사례

(예비사회적기업 공연예술창작집단 베짱이)

(1) 2020년 베짱이와의 첫 만남: 정서적 소통을 통해 베짱이의 가치를 발견하다

강원도 경제진흥원에서 수행하는 '2020년 폐광지역 주민창업지원사업'의 창업멘토링으로 만나게 된 영월군 공연예술창작집단 베짱이 사례다. 2020년 7월 16일 베짱이의 창업멘토와 컨설턴트 매칭 전 역량진단을 위한 첫 만남. 언제나 그랬듯이 창업자를 만나서 역량진단을 하든, 컨설팅이나 멘토링을 하든 첫 미팅에서의 프로세스는 동일하다.

먼저 경제진흥원에서 보내준 사업계획서를 검토하고 한계점이나 문제점을 체크한다. 문제의 원인이 될 수 있는 여러 요인에 대해 생각하고, 그에 맞는 대안들을 준비하여 역량진단과 컨설팅을 하러 방문한다. 그리고 사회적협동조합 공연예술창작집단 베짱이를 방문하여 대표와 인사하고, 오늘의 컨설팅 목적을 설명한다.

그리고 필자에 대해 소개하고, 대표에게 사업에 대한 이야기를 듣는다. 궁금한 것이 있으면 이야기를 중단하고 질문한다. 먼저 내가 체크해간 한계점과 문제점을 확인하기 위해 질문한다. 한계점과 문제점을 제시하며, 원인에 대해 함께 생각한다. 문제해결을 위한 대안을 제시하고, 추후 컨설팅 프로세스를 설명한다. 컨설팅 종료 후 역량진단보고서 및 컨설팅보고서를 작성하고 제출한다.

사회적협동조합 공연예술창작집단 베짱이를 만나기 전에도 동일한 프로세스에 의해 사업계획서를 검토하고, 한계점과 문제점을 체크하고, 원인에 대해 자료를 바탕으로 판단하고, 원인별 대안을 준비해서 컨설팅을 진행했다.

그런데 사업계획서를 검토하고 많이 실망했다. 사업계획서에는 영월로 귀촌한 공연예술단이 여러 공연과 교육을 비즈니스모델로 2020년 사업을 준비하고 있다는 것 외에는 특이사항이 없었다. 실제 연극과 공연을 전공했고, 대학로에서 공연을 기획하고 연출했으며, 전문배우라는 것과 다양한 공연실적과 문화예술 교육실적을 소개하며 공연과 교육사업을 하겠다는 것으로 사업계획서를 작성했다.

베짱이의 임용수 대표가 창업전문가에게 몇 시간만 검토를 받았어도 이러한 사업계획서는 작성되지 않았을 것 같은 많이 부족한 사업계획서였다. 창업전문가의 도움을 받지 않고 작성한 사업계획서라는 것을 알 수 있었다.

필자가 사업계획서를 검토하고 느낀 점은, 사회적협동조합 공연예술창작집단 베짱이를 왜 지원해야 하고 도움을 줘야 하는지 그 이유를 찾을 수 없다는 점이었다. 사업계획서에는 베짱이가 바라본 영월지역의 문제점이나 한계점이 제시되지 않았고, 어떤 사회적 가치를 창출하는지도 기술되지 않았다. 사회적협동조합인데 사회적 가치, 차별화된 아이템도 표현되지 않았다. 내가 무엇을 어떻게 도와줘야 할지 한참을 고민하게 했다.

역시나 임용수 대표도 나에 대한 기대가 없었으며, '폐광지역 주민창업 지원사업'을 받기 위한 형식적인 컨설팅과 멘토링으로 인식하고 있었다.

첫 만남에서 필자는 임용수 대표에게 사업계획서를 보고 느낀 점을 솔직하게 이야기했다. 그리고 사업계획서 작성의 한계점을 지적하고 다음부터는 사업계획서를 작성할 때 창업전문가의 검토를 받을 것을 제안했다.

주어진 멘토링 시간 3시간 중 1시간 정도 문제점과 한계점에 대한 체크 및 설명으로 멘토링이 진행되었고, 잠시 쉬고 나서 나머지 2시간 동안은 사회적협동조합으로 사업계획서를 작성할 때 반영되어야 할 중요한 요소들에 대한 컨설팅을 해야겠다고 판단하고, 사업계획서에 들어가야 할 구성요소에 대해 질문하고 답변을 들었다.

최소한 사업계획서의 구성요소(영월지역의 배경, 문제 제기, 문제 원인, 어떤 사회적 가치를 창출하려고 하는지, 누구와 할 것인지, 언제 어디에서 어떻게 실행할 것인지와 비즈니스 9블럭 구

〈그림 3.30〉 공연예술창작집단 베짱이와의 창업멘토링 첫 만남(2020.7.30)

성요소)를 체크해주고 싶었다.

나머지 2시간 동안 필자는 질문하고, 임용수 대표는 답변하는 시간으로 진행했다. 그 당시 필자는 심사자나 평가자의 관점이 아닌, 창업을 지원하기 위한 협력자의 입장에서 베짱이 임용수 대표의 이야기를 끝까지 들어보고자 했다. 베짱이가 준비하는 사업을 포기하지 않고, 계속 도전할 수 있도록 경청하고 격려하며 칭찬과 응원을 해야겠다는 마음으로 진행했다. 필자의 경청하는 자세와 공감, 이해, 칭찬과 격려를 듣고 난 후 임용수 대표는 하고 싶었던 이야기를 부담 없이 할 수 있었던 것 같다.

임용수 대표의 이야기를 경청하면서 내가 선입견과 편견을 가지고 임용수 대표와 공연예술창작집단 베짱이를 바라보고 있었다는 것을 깨닫게 되었다. 부분정보(사업계획서)만 보고 임용수 대표와 베짱이 극단에 대해 확증편향에 빠져 잘못 판단하고 있었음을 알게 된 것이다. 그리고 필자가 호기심과 관심으로 자신의 이야기에 집중하고 있다는 것을 인지했는지 임용수 대표도 2017년 영월로 귀촌한 이유와 그동안의 스토리를 이야기해주었다. 그 이야기를 듣는 동안 영월지역의 문제점과 한계점을 파악할 수 있었고, 공연예술창작집단 베짱이가 무엇을 하려고 하는지, 왜 하려고 하는지, 임용수 대표가 추구하는 가치가 무엇이고, 어떤 비전을 가지고 미션들을 수행하려는지를 찾게 되었다. 그리고 그 찾은 가치가 맞는지 확인하고, 정리해주었다. 당일 멘토링 3시간 중 첫 시간에 사업계획서를 보면서 문제점과 한계점을 체크했고, 역량진단을 위한 질문에서는 소극적이고 짧은 답변으로 일방적인 진행이 되었다가, 남은 2시간 동안에는 부담 없이 가볍게 질문하고, 임용수 대표의 이야기에 경청하고 공감하며 몰입했다. 자연스럽게 일방향의 멘토링이 아닌 쌍방향 소통을 하게 된 것이다.

임용수 대표는 사업계획서에 표현되지 않았던 영월군 지역사회의 한계점과 문제점을 정확히 파악하고 있었고, 영월군의 지역, 역사, 문화, 전통에 대해 관심이 많았으며, 영월지역을 사랑하고 영월의 역사와 문화, 전통을 지키고 홍보하려는 마음이 크다는 것을 알 수 있었다. 그와 더불어 영월의 지역, 역사, 문화, 전통에서 영감을 얻고, 소재를 얻어 창작극을 만들어 공연을 하고 있었다.

그리고 임용수 대표와 베짱이가 영월에서 느꼈던 지역사회의 한계점과 문제점은 다음과 같다. 첫째, 영월에는 지리, 역사, 문화, 전통과 관련된 다양한 소재와 스토리가 많이 있고, 동강뗏목축제나 김삿갓문화제 등 영월의 대표 축제들과 지역문화 행사들이 많이 있지만, 전문화된 공연 및 행사팀의 부재로 관광객이 많지 않고 볼거리가 많지 않다는 점. 둘째, 영월의 아이들에게 표현력과 창의력을 높여줄 수 있는 전문화된 문화예술 교육기관과 프로그램이 없다는 점. 셋째, 청소년을 위한 쉼터나 놀이공간이 없다는 점. 넷째, 이주청년과 영월청년의 소통 장소가 없다는 것과 청년들을 위한 네트워킹 행사가 없다는 점. 다섯째, 지역예술인들의 제품을 전시하고 판매할 장소가 부재하다는 점. 여섯째, 젊은달Y파크, 강원도탄광문화촌, 동강, 라디오스타박물관, 별마로천문대, 한반도지형, 고씨동굴 등 관광지는 많으나, 관광객이 찾아 방문할 만한 공연예술 소재가 부족하다는 점 등 이미 지역사회의 한계점을 정확히 인지하고 있었다. 물론 사업계획서에는 하나도 반영되지 않았다.

공연예술창작집단 베짱이는 이러한 문제를 해결하기 위해 문화예술생태계를 조성할 비전을 가지고, 영월을 중심으로 강원도의 지역, 역사, 문화에서 소재를 찾아 가치 있는 창작공연문화 콘텐츠를 개발하려고 한다. 또한 강원지역에 수준 높은 공연문화를 제공하고, 아이들과 청소년들을 위한 문화예술 교육프로그램 개발로 표현력과 창의력을 향상시키며, 연극 등 예술문화교육을 실행하는 미션을 수행하고자 한다는 것을 파악하고 정리해주었다.

또한 베짱이는 청소년과 청년들의 쉼터 및 놀이공간 제공, 청년네트워킹 행사주최 및 청년창업양성지원, 지역예술인들의 전시 및 젊은 청년 예술가들이 찾아오는 공간으로 만들기 위한 미션도 계획하고 수행한다. 이러한 사회적 가치를 창출하는 활동을 하는 베짱이의 임용수 대표와 팀원들은 자신들이 하고 있는 활동들이 얼마나 중요하고, 사회적 가치를 창출하는 활동 인지를 인지하지 못했던 것으로 기억한다. 자신들의 활동 가치를 인지했을 때 임용수 대표와 손민지 대표의 표정이 밝아지고, 동기부여 되며, 자신감을 갖고 일할 수 있는 계기가 되었다.

그날 나에게 주어진 3시간의 멘토링 시간을 초과해서 많은 시간 동안 함께 소통하며, 그들의 이야기에 경청하고 공감했다. 필자는 그들의 활동에 응원과 칭찬, 격려를 많이 했다. 임용수 대표가 생각하는 비전, 미션, 그리고 추구하는 가치를 듣고 필자는 감동했다. 비현실적이고 이상적으로 들리는 꿈같은 이야기가 내 머릿속에 현실처럼 그 모습들이 그려졌고, 공연예술창작집단 베짱이는 충분히 그 가치를 실현할 수 있는 역량 있는 팀이라는 것을 직감할 수 있었다. 그리고 강원도 경제진흥원에서 수행하는 폐광지역 주민창업지원사업에서 추후 내가 멘토로 매칭되지 않더라도 그 꿈이 현실이 될 때까지 함께하자고 제안했다.

필자가 판단하기에 공연예술창작집단 베짱이는 그 당시에 예비사회적기업으로 선정되지 않았고 준비하는 단계였지만, 이미 충분한 사회적 가치를 실천하는 사회적기업이라고 확신했다.

아마도 첫날, 공연예술창작집단 베짱이의 임용수 대표와 문화기획소 곳간의 손민지 대표에게 평소와 같은 기술적이고 논리적인 관점의 컨설팅을 진행했다면 그들의 사회적 가치를 발견하지 못했을 것이다.

공연예술창작집단 베짱이의 가치를 찾을 수 있었던 것은 필자가 심사자, 평가자, 컨설턴트가 아닌 창업을 지원하고 도와주는 전문가 입장에서 (예비)창업자의 이야기에 경청하고 공감하며, 이해, 격려, 칭찬, 응원 등 코칭스킬을 활용한 정서 소통의 결과다.

(2) 2021년 예비사회적기업에 선정된 공연예술창작집단 베짱이의 파트너가 되다

2020년 공연예술창작집단 베짱이와의 첫 만남 이후 폐광지역 주민창업 컨설팅에 창업멘토로 매칭이 되었고, 6회에 걸친 멘토링과 컨설팅을 수행했다. 전문컨설턴트나 멘토로 지도하기보다는, 임용수 대표가 추구하는 비전과 미션을 수행하는 데 있어 동반자와 파트너로 베짱이가 지원받을 수 있는 정보를 제공했다. 그뿐만 아니라 코로나19로 인해 베짱이가 2020년 계획했던 공연이나 교육이 취소되는 상황에서 좌절하거나 포기하지 않고, 변화된 환경에 대응하기 위한 1인 미디어 영상제작 관련 전문컨설턴트를 매칭해 새로운 기회를 찾을 수 있도록 지원했다. 공연영상 · 교육영상 제작, 유튜브, 인스타그램 등 SNS 활동과 베짱이팀의 홍보에 관련된 창업전문 컨설턴트를 매칭하여 컨설팅을 진행했다. 그뿐만 아니라 베짱이가 수행하는 공연과 행사에 참여하여 응원도 하고, 교육영상 제작을 위해 촬영한 영상들도 모니터링과 피드백, 보완해야 할 부분들에 대해 체크해주었다.

공연예술창작집단 베짱이의 임용수 대표는 코로나19로 어려운 시기임에도 좋은 소식을 전해주었다. 2020년 영월군 진로체험 우수기관 선정, 2021년 문화체육관광형 예비사회적기업 선정, 2021년 지자체 문화가 있는 날 공연 확정, 2021년 강원도교육청 온마을학교 선정, 꿈다락토요문화학교

확정, 강원살이 파트너단체 선정 등 의미 있는 성과를 보여주었다.

멘토와 멘티로 시작한 '공연예술창작집단 베짱이'의 임용수 대표와 '문화기획소 곳간'의 손민지 대표는 2021년 강원도 미디어 융합 청년 일자리창출을 위한 창직 · 창업지원에 관한 업무협약을 체결하고 파트너업체가 되었다. 그리고 필자가 사업 책임을 맡고 있는 고용노동부 지역산업맞춤형 일자리창출지원사업에 공연예술기획운영전문가로 창업특강교육에 참여했으며, 창업컨설턴트로도 참여할 예정이다. 공연예술창작집단 베짱이는 창작공연기획 운영, 문화예술교육, 1인 미디어 영상교육과 창업전문가 역량도 갖추고 있어 앞으로가 더 기대된다.

(3) 2021년 베짱이와의 첫 만남: 정서플레이로 서로를 이해하다

2020년에 이어서 2021년 강원도 경제진흥원에서 수행한 폐광지역 주민창업지원사업에 공연예술창작집단 베짱이와 다시 창업멘토로 매칭이 되었다. 첫 번째 멘토링은 역량진단이었다. 베짱이팀의 경우 2020년부터 필자가 멘토링과 컨설팅을 했고, 그들의 공연과 행사에 참여하며 그동안 역량진단은 충분히 했다. 베짱이는 영월의 아이들을 대상으로 꿈다락토요문화학교를 운영한다. 필자는 영월의 아이들에게 본하트의 정서카드를 이용하여 아이들과 정서소통을 위한 정서플레이를 할 것을 제안했다. 코로나19로 힘들어하는 아이들에게 정서소통이 필요하다고 생각해서 본하트의 정서카드 활용법을 설명해주고, 임용수 대표와 손민지 대표를 대상으로 정서플레이를 해보았다.

정서플레이를 하면서 임용수 대표가 선택한 긍정 정서와 부정 정서는 다음의 이유와 관련되어 있었다. 임용수 대표는 '단원들이 연기자로서 공연과 연기에만 관심을 두고, 다른 사업부문에 대해서는 크게 관심을 두지 않는다'라고 느낀다. 혼자서 모든 업무를 맡아서 하는 임용수 대표의 단원들에 대한 아쉬움이 반영된 정서들이다. 사업에 관련된 모든 일을 임용수 대표가 혼자 맡아서 하는 부분에 대한 부담감과 책임감에서 오는 감정들로 단원들에게 자신의 감정과 정서를 표현해야 하는데, 성격상 표현하지 못하고 혼자 떠안고 가면서 느끼는 감정으로 판단된다. 그래서 임용수 대표에게는 직원들과 정서카드를 활용해 서로가 상대방의 정서나 감정에 대해 느끼는 카드를 선택해서 대화해볼 것을 제안했다. 손민지 대표의 경우, 본인이 하는 창작과 기획에 대한 자신감과 자긍심이 높고, 일에 대한 재미와 즐거움을 느끼는 반면, 기획하고 극본을 쓴 작품들의 공연이 시작되기 전 또는 공연 도중 발생할 수 있는 실수나 사고에 대한 걱정과 불안을 항상 가지고 있다는 것을 알 수 있었다. 손민지 대표 역시 자신이 느끼는 정서나 감정을 팀원들과 함께 이야기하고 소통하지 않는다는 것을 알 수 있었고, 임용수 대표와 단원들 모두 부담감 없이 카드플레이를 하듯 정서카드로 소통해볼 것을 제안했다.

또한 임용수 대표와 손민지 대표는 각자 카드를 선택한 이유를 듣고, 평소에 서로 말하지 않아서 알 수 없었던 부분에 대해 알 수 있었다고 소감을 밝히며, 서로에 대해 알게 되고 공감하고 이해하는 시간이 되었다고 감회를 표현했다.

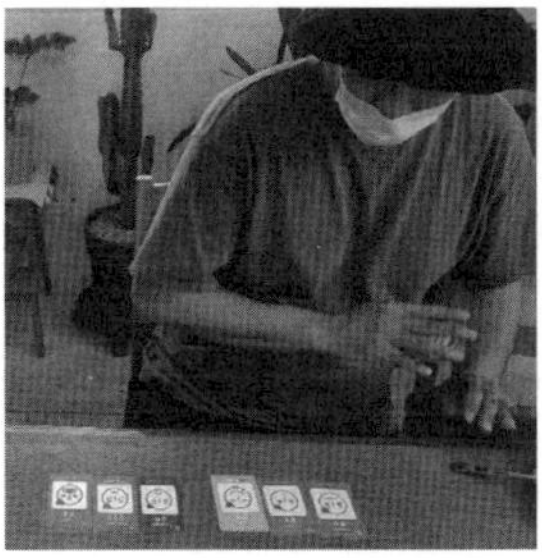

긍정 정서: 갈망, 관심, 안정
부정 정서: 답답함, 짜증, 공허

긍정 정서: 즐거움, 재미, 자신감
부정 정서: 걱정, 불안, 부담감

5

창업전문가의 역할은 무엇인가? 평가자가 아닌 동반자(파트너)

창업전문가의 역할은 무엇인가?

창업전문가의 역할은 예비창업자를 발굴하고, 아이디어를 도출하며, 아이템 개발에서 사업계획서 및 비즈니스모델 개발, 자금조달 및 제품개발, 홍보, 마케팅, 지적재산권, 광고, 판매, 수출 및 성장, 사업화 등 A~Z까지 관리와 지원을 돕는 일을 한다. 따라서 각 분야의 지식과 경험, 전문성을 필요로 한다.

그러나 전문적인 기술과 지식, 경험을 제공하는 것만이 창업전문가의 역할일까? 창업전문가들은 아마도 그렇게 생각할 것이다. 하지만 (예비)창업자들이 창업전문가에게 진정으로 원하는 것은 무엇일까? 전문적인 지식? 기술? 최적의 대안? 그보다는 자신의 이야기를 들어주고, 인정받고, 격려와 응원을 받고 싶어 한다. 즉 서로 간의 신뢰를 기반으로 한 라포 형성, 공감과 정서, 소통일 것이다.

(예비)창업자들은 창업을 계획하고 준비하면서 두려움, 걱정, 불안, 부담감, 괴로움, 무서움, 공허함, 외로움이라는 부정적인 감정을 느끼게 된다(정서우산의 두려움과 슬픔의 정서). 이러한 부정적인 감정들을 긍정적인 감정으로 전환해줄 컨설팅과 멘토링을 필요로 한다. 경청과 공감, 긍정적 피드백을 통해 기쁨, 안정, 만족, 감사, 환희, 행복, 희망, 기대감, 자신감, 용기, 갈망, 즐거움, 재미, 통쾌함이라는 감정을 얻을 수 있을 것이다(정서우산의 기쁨, 희망, 즐거움의 정서).

창업전문가는 (예비)창업자들의 이야기를 진심으로 들어주고 이해하며,

<table>
<tr><th>Painpoint</th><th>창업전문가의 역할</th><th>Gainpoint</th></tr>
<tr><td></td><td>경청
질문
긍정 피드백</td><td></td></tr>
<tr><td>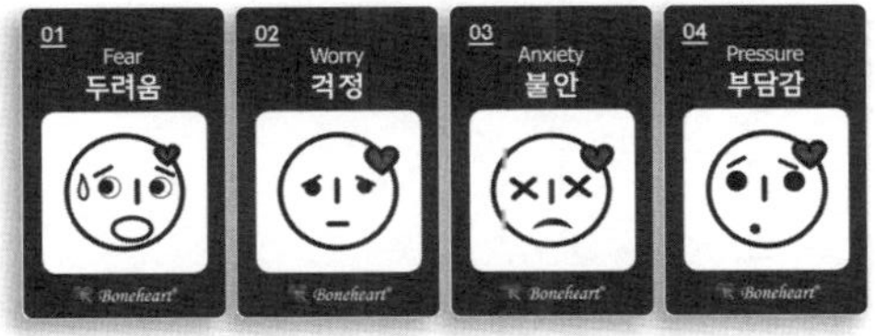</td><td>공감
존중
이해
응원
격려
칭찬</td><td></td></tr>
<tr><td></td><td>정서 소통</td><td>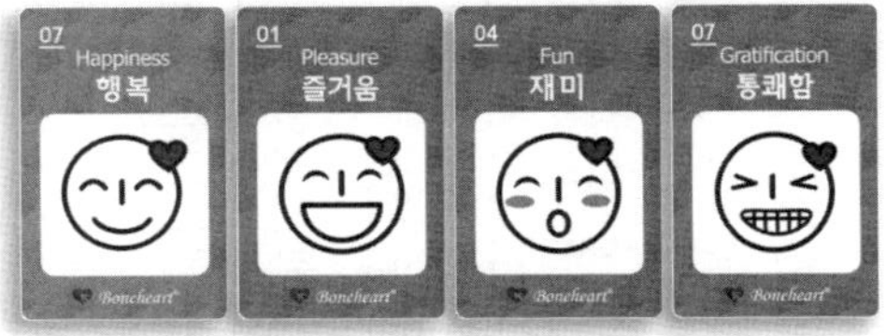</td></tr>
</table>

공감과 인정, 칭찬과 격려, 응원과 지지로 포기하지 않고 도전할 수 있도록 용기와 자신감을 주어야 한다.

창업멘토링에서 상호 간의 신뢰 형성에 중요한 요소는 무엇일까? 역시 경청과 스스로 문제를 인식하고 찾을 수 있도록 도와주는 적절한 질문, 그리고 긍정 피드백이다.

긍정 피드백은 창업자에게 자기효능감과 창업의지, 동기부여를 높이는 결과를 만들 수 있고, 반대로 창업의 중도포기도 방지할 수 있다. 효과적인 피드백은 창업전문가에 대한 신뢰 형성, (예비)창업자의 자기인식, 자원의 발견, 창업적 접근, 관점의 전환, 자신감 강화, 동기부여에 긍정적인 영향을 미치게 된다. 여기서 자기효능감이란 "특별한 업무를 수행하기 위한 자신의 능력에 대한 믿음 또는 확신"을 말한다(Bandura, 1977). 창업도 자기효능감이 중요하며, 창업전문가의 피드백에 따라 창업에 대한 동기부여, 신뢰 형성, 자기인식, 자신감 강화, 창의적 접근 등에 긍정적인 영향을 준다.

돌이켜 생각해보면, 창업전문가의 역할이 기술적이고 전문적인 이론, 지식의 전달, 정확한 문제 인식, 그에 따른 최적의 대안 제시 등으로 머물기보다는, (예비)창업자의 동반자나 파트너로 그들이 스스로 문제를 인식하고, 대안을 찾을 수 있도록 도와주는 코칭 역할이 더 적합하다.

성찰질문

아래의 다섯 가지 질문에 스스로 답해보시기 바랍니다.

1. 창업멘토링에서 기술적 · 논리적 접근의 한계는 무엇인가?
2. 창업멘토링에서 정서플레이는 어떤 역할을 하는가?
3. 창업코칭이란 무엇인가?
4. 창업코칭에서 STAR 기법이란 무엇인가?
5. (예비)창업자가 느끼는 부정 정서를 어떻게 긍정 정서로 전환시킬 수 있는가?

참고문헌

김영기 외, 『창직형창업』, 브레인플랫폼(주), 2021.

본하드, 『소질카드, 정서카드, 역량카드, 리멤버카드, 질문스토리카드, 모자이크카드』, www.Boneheart.co.kr

아만다, 『Painpoint 정의, 사업성공 페인포인트』, 2020.10.05 네이버블로그.

안남섭 외, 『현장실전코칭: 라이프, 비즈니스, 커리어코칭사례』, 동화세상에듀코, 2021.

이상헌, "창업컨설턴트라는 직업의 역사와 그들의 역할, 이상헌칼럼", 메트로신문, 2016.03.28.

이지현, "#03. 코칭과 상담, 멘토링, 컨설팅, 교육의 차이/코치가 되는 쉬운 방법, 이지현 행복코치", brunch, 2018.12.06.

전은지 외, 「창업가 특성요인과 창업코칭활동이 창업성과에 미치는 영향: 의식전환을 매개로」,

『벤처창업연구』, 2019, 47-58.
정승훈 외, 『문화路 크리에이터』, 이새의나무, 2021.
하영목 외, 『한국형 커리어코칭을 말한다』, 북코리아, 2020.

남상은

10. 학습효능감을 향상시키는 정서코칭

"사람들의 대응방식은 생각과 감정, 그리고 그에 따른 행동에 의해 전적으로 결정된다. 좋건 나쁘건 상관없이 감정의 95%는 어떤 일이 벌어졌을 때 이를 어떻게 받아들이는지에 따라 달라진다."

– 마틴 셀리그만

1 정서와 학습의 연관성

(1) 학습의 관점에서 정서를 이야기하다

인공지능 시대로 진입함에 따라 다양한 과학적 · 기술적 관점에서 학습을 탐색하고 연구하는 것이 중요하게 여겨지지만, 다른 한쪽에서는 학습의 관점에 대해 인지적인 영역뿐만 아니라 정서의 영역까지 확대하고 전환할 필요가 있다는 논의가 함께 대두되고 있다. 학습에서 정서와 감정의 역할이 중요하다는 것은 오래전부터 여러 학자에 의해 연구되어왔다. 특히 긍정적인 감정에 대한 확대 · 형성 이론은 미래 사회가 요구하는 창조적 행동, 사회적 유대감, 회복탄력성에 있어 긍정적 감정과 정서의 역할을 강조한다(김도헌, 2020).

(2) 학습몰입, 학업적 자기효능감을 바탕으로 형성되다

학습에 몰입한다는 것은 학습할 때 최상의 심리적인 에너지를 발현하고, 스스로 즐거움을 느끼며, 학습 과정에 완전히 참여한다는 것을 의미한다. 학습에 몰입하는 동안 짧은 순간의 절정 경험을 통해 학습이 즐겁다고 느끼게 되며, 만족감과 성취감을 얻게 되기도 한다. 학습에서 몰입을 경험한 사람들은 의욕적이며, 자신에 대한 자부심이 높고, 긍정적인 가치관을 가지고 있는 경향성이 짙다. 따라서 삶의 질 또한 높다. 자신에 대한 시선, 학습 환경이나 분위기에 대한 인식이 긍정적일수록 학습몰입이 잘 이루어질 가능성이 크다. 학습자가 자신의 학습 환경이나 학습능력에 대해 어떻게 인식하느냐에 따른 다양한 요인이 학습 몰입에 큰 영향을 미칠 수 있다. 또한 학습에 대한 선택권과 결정권이 자신에게 있다고 인식하는 학습자는 자신이 존중받고 있다고 느끼며, 자신에 대해 학습을 잘할 만한 가치가 있는 존재로 인식하게 된다. 자신에 대한 긍정적인 인식은 학업적 자기효능감으로 귀결되며, 학업적 자기효능감은 학습을 하는 데 필요한 행위를 조직하고 실행해나가도록 하는 내재적 동기로 작용하여, 학습에서의 몰입을 경험하게 한다(김아영 · 박인영, 2001).

(3) 학습과 정서가 연결되다

정서는 방향성을 가진 에너지로 행동의 동기가 되기도 하며, 행동을 조절하고 통제하기도 한다. 감정이나 정서가 이야기하는 것은 감정 자체와 감정을 처리하는 과정, 감정의 조절, 감정적인 관계, 감정적인 경험, 감정적으로 의미 있는 사건, 감정의 발달, 감정적 안녕 등의 의미를 모두 내포하고 있다(Daniel, 2009). 이를 학습에 적용한다면, 학습할 때 개인에게 일어나는 정서적 작용으로서의 감정은 감정 자체와 감정을 처리하고 조절하는 과정, 관계나 경험 속에서 설정된 정서의 모양이 표출된 것이라고 할 수 있다. 따라서 정서와 학습의 연결 차원에서 볼 때, 학습을 잘한다는 것은 학습의 시점에 긍정적인 정서를 가지고 있다는 것을 의미하며, 부정적 정서를 가지고 있더라도 학습을 위해 긍정적 정서로 조절할 수 있다는 것을 의미한다. 또한 중요한 타인과의 관계가 좋지 않을 때 갖게 되는 부정적인 정서가 학습에 영향을 미친다는 것이고, 학습에 대한 부정적인 경험이 개인의 학습을 지속적으로 방해할 수도 있다는 것을 의미한다. 정서지능이 발달한 개인은 부정적인 정서를 조절할 수 있는 능력이 뛰어나기 때문에 학습에 대한 애착과 호기심이 발달하고, 학습에 대한 책임감을 스스로 갖게 됨으로써 자기주도적인 학습능력을 향상시킬 수 있다(황혜리 · 김지윤, 2013). 반면 정서조절에 어려움을 겪는 학습자는 학습할 때 어려움을 느끼고, 문제해결 같은 인지작용에 방해를 받기 때문에 학습전략의 정확성이나 효율성이 떨어지며, 새로운 정보를 학습하는 데 어려움을 겪을 수 있다(Graziano, Reavis, Keane & Calkins, 2007).

2

일상에서의 학습과 정서

(1) 부정적 감정의 에너지가 긍정적 행동을 견인하다

고등학교 1학년 때의 일이다. 눈이 나빠서 안경을 쓰기 시작했는데, 안경을 쓰면 심한 두통에 시달려서 결국 쓰지 못하고 그냥 다니곤 했다. 수업 시간에 필기할 일이 있으면 짝꿍이 필기한 것을 보고 베꼈다. 어느 날 영어 시간, 칠판에 잔뜩 적힌 수업 내용을 짝꿍의 필기를 보며 쓰고 있는 나를 본 선생님께서 수업이 끝나면 교무실로 내려오라고 하셨다. 선생님은 왜 짝꿍의 것을 보며 필기하느냐고 물으셨다. 나는 자초지종을 설명했고, 전혀 예상하지 못했던 질문을 받게 되었다. "상은아, 너네 집엔 돈이 없니?" 참 당황스러운 질문이었다. 영문을 모르고 "네?" 하고 대답하자 선생님은 다시 물으셨다. "안경을 못 쓰면 렌즈를 끼면 되잖니?"라고 말씀하시는 선생님께 "네…" 하며 풀죽은 대답을 하고는 교무실을 빠져나왔다. 그날로 당장 렌즈를 맞추러 갔던 기억이 난다. 그리고 다시는 영어 선생님과 말을 섞고 싶지 않았던 기억도 떠오른다. 잠깐의 선생님과 대화를 통해 나의 내면에서 작용했던 감정은 처음엔 죄책감, 그러고는 돈이 없어 보였다는 수치심, 나중에는 다시는 저 사람과 말을 하지 않겠다는 분노였다. 부정적인 세 가지 감정을 나는 어떻게 다루었을까? 그 당시 나는 선생님과 말을 하지 않으려면 시험을 잘봐야 한다는 생각을 했다. 그래서 매 시간 봤던 쪽지시험, 중간고사, 기말고사 공부를 굉장히 열심히 했다. 부정적인 감정이 에너지가 되어 나의 행동을 조절하는 데 사용되었다.

(2) 원하는 것을 학습하는 즐거움이 환희와 감사로 표현되다

30대 중반의 나이에 처음으로 하고 싶은 공부가 생겼다. 여러 기관에서 다양한 과정을 수강했고, 관련된 자격증도 취득했다. 더 깊은 학습을 하기 위해 대학원에 입학했고, 6년간 다양한 연구와 학습을 통해 원하는 공부를 지속했다. 공부하는 동안에는 지치는 것도 몰랐다. 어려운 과정도 있었지만 할 수 있다는 자신감과 묵묵히 이어갈 수 있는 끈기가 절로 생겼고, 잠을 자지 않으면 아프던 몸이 하루 2시간만 자는 생활을 6개월간 이어가도 아프지 않았다. 매일매일이 설레고 행복했다. 10여 년 가까이 일하며 얻은 위병도 앓지 않고 있다는 걸 공부를 시작하고 2년이 지나서야 깨달았다. 그때의 나는 원하는 것을 한다는 즐거움과 전율, 새로운 것을 시작한다는 호기심과 기대, 어려움을 극복할 수 있다는 용기, 그리고 공부한 만큼의 성과를 보는 환희와 감사를 느끼고 있었다.

(3) 뇌를 춤추게 해볼까?

아이들이 어릴 때부터 함께 시간을 보내는 게 좋았다. 어떻게 하면 우리의 시간을 즐겁고 충만하게 보낼까를 고민했다. 무엇을 잘할까가 아니라 무엇으로 행복할까를 고민해왔다. 그것은 학습에서도 마찬가지였다. 앞서 학습과 정서의 연결성을 연구하는 다양한 학자의 논의를 서술하기도 했지만, 뇌를 연구하는 과학자들에 의하면 우리의 뇌는 즐거운 감정에 따라 움직인다고 했다. 어떤 일을 했을 때 즐거움, 행복감, 만족감, 기쁨 등의 긍정적인 정서가 느껴진다면 그 일을 지속하려는 경향성을 가지고 있다는 것이다. 그래서였을까? 아이들의 학습 시간이 즐거운 시간이 되기를 바랐다. 간혹 아이가 짜증이 나 있는 상황에서는 공부하지 말고, 아이가 좋아하는 다른 즐거운 활동을 하면서 마음을 먼저 긍정적인 상태로 조절하도록 시도했다. 아이의 보물지도에는 "뇌를 기쁘게 하라"라는 말이 적힌 메모장이 붙어 있을 정도였다. 말하기를 좋아하는 아이는 학교에 다녀오면 학교에서 있었던 일을 엄마에게 이야기하고 싶어 했다. 아이의 이야기를 끝까지 다 들어주는 날이면, 아이는 엄마로부터 포근함과 온정을 느꼈다. 아이가 느낀 따뜻한 감정은 아이의 학습 시간이 즐거운 시간이 되도록 도와주었다.

(4) 수용이 불안함과 두려움을 녹이다

새 학기가 되면 새로운 선생님과 친구들을 만나는 것이 낯선 아이는 초반 접근성이나 적응이 떨어지는 편이다. 하지만 친해지기만 하면 소속 집단 안에서 리더십을 발휘하고 친구들로부터 인기를 휩쓰는 능력이 있다. 배려심이 많고 따뜻한 성품을 가졌기 때문에 친구들이 좋아한다. 생각보다 적응 시간이 짧기도 하다. 이내 적응할 것을 알면서도 아이는 매번 새 학년에 올라갈 때마다 두려움을 느꼈다. 이 두려움은 특히 중학교에 입학했을 때 절정에 다다랐다. 코로나로 인해 혼자서 입학식에 다녀온 아이는 반에 아는 친구가 없었고, 그런 상황에서 다음날 수업 시간에 자신에 대해 소개하는 발표를 해야 한다는 과제로 고민했다. 어떻게 소개할지 생각하고 연습해도 기억 속에 저장이 안 된다는 아이에게 처음에는 이번에도 발표도 잘하고, 적응도 잘할 거라는 응원을 보내주었다. 물론 이 응원은 아이의 마음에 도달하지 못했다. 두려움과 걱정이 너무 컸기 때문이다. 다음날 학교 가는 길에 아이에게 응원과 격려를 보내주다가, 불현듯 아이의 두렵고 걱정되는 감정을 읽어주지 않았다는 생각이 들었다. "나은아, 엄마가 생각했던 것보다

네가 많이 걱정되나 보다. 그렇게 걱정되고 무서우면 안 가도 돼. 최선을 다해 버텨보되 그게 네 마음을 너무 아프게 하면, 그건 버티는 게 아니라 아픈 거니까, 그땐 엄마한테 얘기해. 학교 까짓거 안 가도 돼. 네 마음이 더 중요해"라는 이야기에 아이의 표정은 그제야 안심이 되었다는 듯이 밝아졌고, 조금은 편안해진 마음으로 학교에 갔다. 그날 학교에 다녀온 아이는 친구가 두 명이 생겼고, 수업 시간에도 발표를 잘했다며 자랑을 늘어놓았다. 학교를 그만두지 않은 것은 당연했다. 때로는 현상보다 감정이 더 중요할 때가 있다. 현상을 해결하는 것보다 현상에 대한 감정을 읽어주고, 그 감정이 당연하다고 이야기해주는 것이 더 중요할 때가 있다. 아이의 두려움은 현상을 해결하려고 했을 때는 해결되지 않았으나, 그 두려움을 읽어주고 인정해주었을 때는 해결되었다.

3
학습을 위한 정서코칭

수년간 대학에서 학습코칭을 진행하면서, "공부가 잘되지 않는다"라는 한 문장의 동일한 이슈에는 다양한 감정과 정서가 숨어있음을 발견했다. 때론 과도한 불안함이 학습을 방해했고, 다른 사람에 대한 분노가 학습의 장애물이 되기도 했다. 자신에 대한 죄책감이나 부끄러움이 학습을 하지 못하게 막기도 했고, 지나친 걱정과 책임감이 청년들의 학습에 걸림돌이 되기도 했다. 이는 비단 청년들의 이야기만은 아니다. 왜냐하면, 대학생들이 펼쳐놓은 이야기는 이들의 10대 시절로 거슬러 올라가기 때문이다. 단순히 스무 살부터 시작된 정서작용이 아닌 경우가 더 많았다. 아니, 성인이 되어 새롭게 자리한 감정 때문에 학습이 방해받는 경우는 거의 없었다. 그리고 학습을 방해한 감정은 학습 자체에 대한 감정, 주변의 중요한 타인과의 관계에서 비롯된 감정, 학습상황에서 겪은 경험에서 기인한 감정 등 다양한 형태로 나타났다. 다양한 형태와 상황에서 사람들이 자신의 감정이 어떤 모양인지 정확하게 이야기할 수 있는 경우는 드물었다. 그래서 '정서카드'라는 도구를 활용하여 코칭을 실시했다. 이제 학습에 대한 고민이 있는 사람들이 정서코칭을 통해 어떻게 학습 이슈를 해결해나갔는지 살펴보자.

(1) 너무 불안해요

사례 1 /// 두려움, 불안, 부담감, 후회

고등학교 입학을 앞둔 A는 공부를 어떻게 해야 할지 모르겠다며 코칭을 의뢰했다. 공부를 어떻게 해야 할지 모르겠다는 A의 마음에 대한 이야기를 듣고 보니, 사실은 두려움이 있다는 것을 발견할 수 있었다. A가 말하길, 학원에 다니면서 학원 선생님으로부터 들었던 고교 생활에 대한 이야기가 자신을 두렵게 한다고 했다.

---

① 현재 자신의 상태와 정서를 연결하기

A에게 정서카드를 보여주며 고교 생활에 대한 현재의 감정은 어떤 것인지 선택해보라고 했다. A는 두려움, 불안, 부담감, 후회의 네 가지 감정을 선택했다. 각각의 카드 뒷면에 적혀있는 정서의 정의를 살펴보며 자신의 상태와 어떻게 연관되어 있는지를 설명해보라고 했다. 이를 정리하면 〈표 3.15〉와 같다.

〈그림 3.31〉 현재 상태 네 가지의 감정카드 앞 · 뒷면

〈표 3.15〉 정서의 정의와 상황의 연관성 설명하기

두려움	"두려움이란 어떤 상황이나 대상이 위협적으로 느껴져 불안한 마음이라고 했는데, 저는 지금 고등학교에서의 학업이 위협적으로 느껴지고 있는 것 같아요. 그런데 두려움이 미래를 준비하고 예방하게 해주는 에너지라는 설명은 왠지 지금의 제가 고등학교에서 공부를 잘하고 싶은 마음을 강하게 갖고 있는 게 아닐까 하는 생각을 하게 했어요."
불안	"불안이란 스스로 믿는 마음이 부족할 때 나타나는 마음이라는 걸 보면서, 저는 지금 저를 믿지 못하고 있는 것 같다는 생각이 들어요. 제가 고등학교에 가서 잘할 수 있을지 잘 모르겠어요. 중학교 졸업 성적이 좋았지만, 그건 제가 다니던 중학교가 우리 동네에서 공부를 잘 못하는 쪽에 속해 있기 때문이었던 것 아닐까요? 고등학교에 올라가면 잘하는 아이들이 중학교 때보다는 많을 것 같고, 그 속에서도 제가 잘할 수 있을지는 의심스러워요. 아니, 못할 것 같다는 생각이 강하게 들어요."
부담감	"부담감을 설명하고 있는 두 가지 정의 중 두 번째 정의가 마음에 와닿아요. 가슴을 누르고 있는 힘이면서 잘하려고 하는 동기라는 거요. 저에게는 아직까지 동기로 작용하고 있는 것 같지는 않고, 잘하고 싶은 마음인 것 같아요."

후회	"이전의 잘못을 깨닫고 뉘우치는 감정이 후회라고 했는데, 중학교 때 영어 공부를 좀 더 열심히 할 걸 하는 후회가 많아요. 학원에서 고등학교 영어를 시작했는데, 중학교 때와는 차원이 다르게 어렵다는 게 느껴져요. 그런데 다른 애들을 보면 잘 따라가는 것 같고, 저만 못 따라가는 것 같아요. 중학교 때 학교에서 하는 영어만 공부했던 게 후회가 돼요. 단어 좀 더 외울 걸, 공부 좀 더 많이 할 걸 하는 후회가 돼요."

② 두려움 이면의 욕구 발견하기 : 잘하고 싶다

A의 이야기를 듣는 동안, A가 설명하는 두려움, 불안, 부담감, 후회라는 정서 속에는 '잘하고 싶다'라는 욕구가 있음이 발견되었고, 이 발견에 대해 A는 어떻게 생각하는지 물었다.

> "맞아요, 코치님. 저는 사실 어렵다고 생각했고, 그래서 불안하다고 생각했어요. 너무 무섭고 불안해서 공부를 하고 싶지 않다는 마음이 강하게 들기도 했어요. 그런데 얘기를 하다 보니, 제 마음에 잘하고 싶다는 마음이 굉장히 크게 자리하고 있다는 게 느껴져요. 그런데 여전히 잘할 수 있을지는 잘 모르겠고, 아직은 자신이 없어요."

자신의 감정이 무엇인지 구체적으로 찾아보고 정의해보는 과정을 통해 A는 자신의 마음을 좀 더 정확하게 들여다볼 수 있었고, '앎'을 통해 '편안함'으로 진입했다는 것을 느낄 수 있었다. 게다가 그동안 자신의 마음을 죄고 있었던 부정적인 감정들 안에 욕구가 숨어 있다는 것이 발견되기도 했다. 이제 A는 앞으로 나아갈 수 있게 되었다.

③ 원하는 정서 찾기 : 안정, 자신감, 편안함

A에게 두려움, 불안, 부담감, 후회라는 정서 대신 어떤 정서를 갖고 싶은지 물었다. 그는 안정, 자신감, 편안함이라는 정서를 선택했다. 각각의 카

드 뒷면에 있는 세 가지 질문 중 가장 대답하고 싶은 한 가지 질문에 대답해 볼 것을 권했다. 각각의 질문에 대해 학습 상황과 연관 지어 질문하고 대답해보았다.

〈그림 3.32〉 원하는 상태 세 가지의 감정카드 앞 · 뒷면

〈표 3.16〉 갖고 싶은 정서에 대한 질문과 답

안정	지금까지 (학습적인) 위험에서 벗어나 가장 안심이 되었던 상황은?
	"중학교 때 처음부터 좋은 성적이었던 건 아니거든요. 중학교 2학년 때 같이 놀던 친구가 분명히 놀 땐 같이 놀았는데, 성적은 저보다 훨씬 잘 나오는 거예요. 그걸 보고 이상하다는 생각이 들었고, 공부하기 시작했어요. 그런데 공부를 하니까 하는 만큼 성적이 오르는 거예요. 그래서 '내가 성적이 나빴지만 바보는 아니었구나' 하는 생각을 했고, 그게 안심이 되더라고요. 그 이후로는 꾸준히 공부했고, 성적은 계속 올라갔어요."

자신감	최근 (학습과 관련하여) 굳게 믿는 마음은 무엇인가?
	"이것은 굳게 믿는 마음이라기보다는 이런 마음을 갖고 싶은 게 맞는 것 같아요. '할 수 있다', '하면 된다'라는 마음? 나는 예전부터 할 수 있다고 마음먹고 했던 일은 다 잘했다는 마음을 갖고 싶어요."
편안함	(학습과 관련하여) 가장 편안할 때는 언제였는가?
	"공부를 하고 있으면 편안했던 것 같아요. 아무것도 안 하고 있으면 불안하고, 뭐든지 공부를 하고 있으면 편안함이 느껴져요."

④ Action Plan

정서의 현재 상태와 원하는 상태에 대한 이야기를 나눈 후, 어떤 성찰이 일어나며, 두 가지 상태의 간격을 좁히기 위해 어떤 행동이 필요할지에 대해 이야기를 나누었다.

"일단 불안함이나 두려움은 잘하고 싶은 마음이 너무 강하기 때문에 느꼈던 감정이었던 것 같아요. '불안하고 무섭다'가 아니라 '잘하고 싶다'라고 생각하니까 마음이 편안해져요. 원하는 상태로 가기 위해서는 일단 제가 뭔가 할 수 있다는 마음을 먹어야 할 것 같고, 어떤 공부를 어떻게 해야겠다고 계획을 세우고, 그대로 공부해보면 마음이 편안해질 것 같아요."

부정적인 정서가 자신을 괴롭히고 있다는 생각만 할 때는 아무것도 할 수 없었던 A는 부정적인 정서 이면에 있는 자신의 욕구를 발견하게 됨으로써, '두렵다'에서 '하고 싶다'라는 마음으로 변화하게 되었다. 이 변화는 정서카드라는 도구를 통해 자신의 감정상태와 원하는 감정을 탐색하고, 내면의 잠재되어 있는 욕구를 스스로 발견한 것이었기에 가능했다.

(2) 학점에 목매는 애들이 찌질해 보여요

사례 2 자신에 대한 부정적 정서가 타인에 대한 부정적 시선으로 나타나다

대학교 2학년, 막 군대를 제대하고 다시 학교생활을 시작하는 시기에 있었던 B는 그 동안 계속 움츠리고만 있었고, 이번 학기에는 세상으로 한 걸음 더 나가보자는 생각이 들었다고 했다. 하나에 마음이 가면 그 일에 몰입하면서도 하고 싶은 것이 많은 청년이었고, 미래에 대한 설계도 나름대로 잘하고 있었지만 현실에서의 구체적인 실행이 어려웠다고 했다. 특히 다른 사람들의 시선에 신경이 많이 쓰이고, 감정조절에 약한 편이라고 했다.

원하는 대학에 가기 위해 삼수를 했고, 현재 다니는 학교가 처음에 목표했던 대학은 아니었지만, 전공 선택에서는 자신의 흥미와 적성을 고려했다고 했다. B가 대화를 통해 가장 많이 했던 말은 "공부는 대충 해도 되지 않아요? 대학생씩이나 되었는데 학점에 목매는 건 찌질한 애들이나 하는 짓이잖아요", "나도 다 공부해봤어요. 시간표에 맞춰서 공부만 하는 건 고등학교 때까지만 하는 행동 아닌가요?"라는 말이었다. 자신이 과거에 어떻게 공부했으며, 어떤 성과와 후회가 있는지 이성적으로 구체적인 이야기를 할 수 있었지만, 여전히 자신에 대한 부정적 정서를 가지고 있다는 것을 발견할 수 있었다.

① 자신의 현재 감정 찾기

B에게 정서카드를 주며 지금 이야기 속의 주인공인 자기 자신이 느꼈던 감정, 지금도 느끼는 감정을 다 찾아보라고 했다. B는 이미 자신이 말했던 다양한 상황에서의 감정을 '정서카드'라는 도구를 활용하여 다시 떠올리기 시작했다.

B는 후회, 공허, 부담감, 불안, 답답함, 죄책감, 지루함, 걱정이라는 여덟

가지 부정적 감정과 호기심, 감사, 온정, 여유로움, 만족, 안정, 편안함이라는 일곱 가지 긍정적 감정과 관련된 카드를 선택해서 보여주었다.

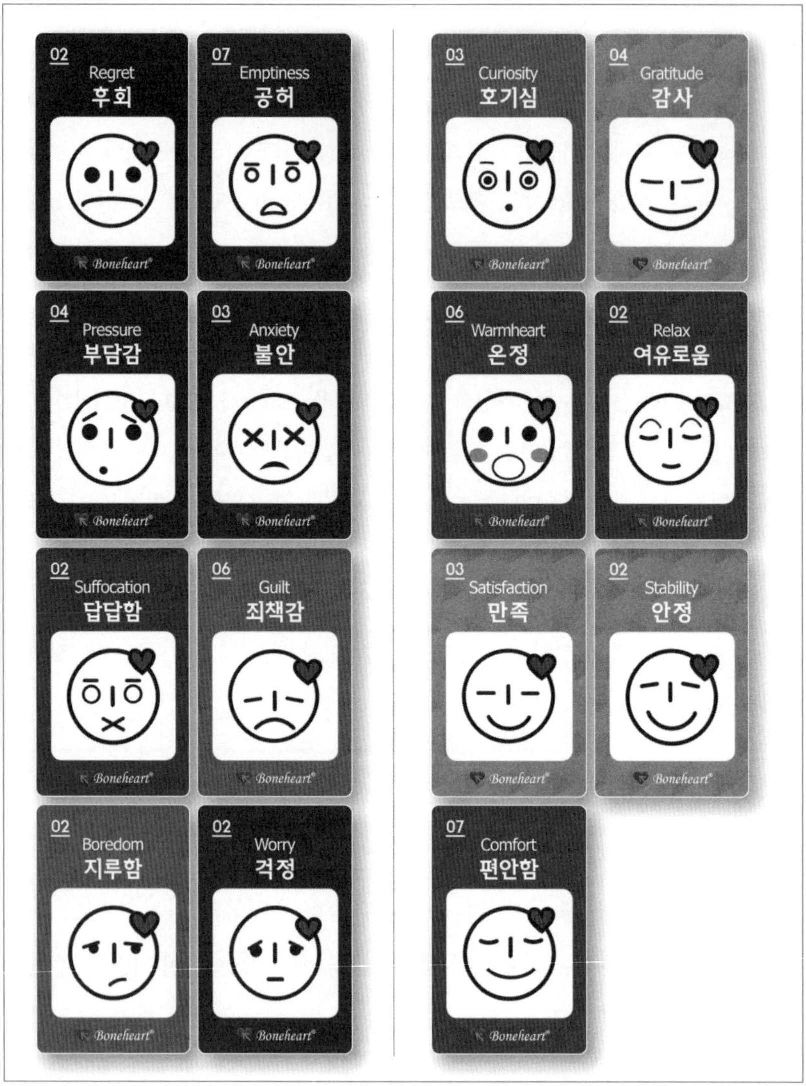

〈그림 3.33〉 과거, 현재를 관통하고 있는 감정

"코치님, 제가 말로만 하고, 생각으로만 했던 감정을 이렇게 카드를 통해서 찾아보니, 뭔가 명확해지는 것도 같고, 저를 좀 더 객관적으로 보게 되는 것 같아요."

그랬다. 각각의 감정에 대해 어떤 의미인지, 그 감정을 갖게 된 상황은 어떤 상황이었는지, 그 감정에 대해 어떤 생각이 드는지 등에 대해 이야기를 나누며 B는 자신을 좀 더 객관적인 시각으로 바라보기 시작했다. 또한 자신의 감정과 상황, 그리고 이에 대한 자신의 생각을 분리하기 시작했다.

② 정서카드로 정리한 과거, 현재, 미래

각각의 감정에 대해 구체적으로 이야기를 나눈 후, 현재 상태를 정서카드로 정리해보라고 했다. B는 과거의 자신에 대한 분노와 부정적 감정이 느껴지며, 이제는 후회하고 싶지 않다고 했다. 현재 공부하고 있는 부분들에 대한 호기심을 '분노'라는 감정으로 누르고 있었다는 생각이 들고, 계획한 것을 꼭 이루어서 만족감을 느끼고 싶은 욕구가 있다고 이야기했다. 그러면서 후회, 호기심, 만족이라는 정서단어가 자신의 현재 상태를 종합적으로 이

〈그림 3.34〉 정서카드로 정리한 과거, 현재, 미래

〈표 3.17〉 정서카드를 통해 구체적으로 정리된 과거, 현재, 미래

후회 (과거)	"제가 공부만 하는 친구들을 보면서 찌질이라고 생각했던 건, 공부해야 할 때 공부하지 않았던 저에 대한 분노라는 생각이 들어요. 그게 제 삶에서 가장 후회되는 부분이고요. 분노라고 생각했던 부분은 사실 잘하고 싶었지만 잘하지 못했던 저에 대한 후회로 정리됩니다."
호기심 (현재)	"IT라는 제 전공이 굉장히 맘에 들어요. 그동안은 공부하는 행위 자체에 대한 분노와 거부감이 있었는데, 그게 제 학문에 대한 호기심을 막고 있었던 것 같아요. 정작 공부를 하고 싶었는데도 '열심히 해도 또 실패할 거잖아' 하는 마음이 공부하지 못하게 붙잡았던 것 같고, 괜히 열심히 공부하는 애들한테 화풀이했던 것 같아요. 이제는 호기심이 있고, 공부를 잘하고 싶고, 또 열심히 하고 싶어 하는 저를 인정해줘야 할 것 같아요."
만족 (미래)	"저는 일단 이번 학기를 성공적으로 끝내서 뿌듯함을 느끼고 싶어요. 제가 계획한 것을 잘 실행한다면 저 스스로에게 만족할 것 같아요."

야기하고 있다고 했다.

단순히 현재 상태를 정리해보자는 요청이었지만, 현재의 감정상태를 알아차리는 것은 미래의 도달하고 싶은 감정 상태까지 발견할 수 있도록 도와주었다. 머릿속을 가득 채운 감정의 덩어리들을 하나하나 풀어놓고 정리하는 과정은 우리의 삶을 좀 더 나은 방향으로 이끌어가는 마중물이 되기도 한다.

③ 정서카드로 나의 욕구 발견하기

B가 선택한 3장의 카드 뒷면을 보며 다시 이야기를 나눴다. 먼저 각각의 정의에 대해 이야기하면서, B는 자신의 과거와 현재 상태, 그리고 미래의 원하는 상태가 좀 더 구체적으로 정리된다고 이야기했다.

B가 발견하고 정리한 세 가지 정서는 B의 삶에 대한 방향성도 살펴볼 수 있도록 도와주었다. 후회하지 않는 삶, 현재 하고 있는 공부에 대해 호기심을 가지고 공부해보는 삶, 스스로 계획한 것을 잘 실행하는 뿌듯한 삶이

바로 그것이었다. '하기 싫다', '열심히 하는 애들이 찌질해 보인다'라는 마음에서 시작한 학습에 대한 부정적인 감정은 정서카드를 활용한 정서코칭을 통해 '잘하고 싶은 사람이구나', '나는 사실 나에 대해 계속 화가 나 있었구나'라는 발견을 거쳐 호기심과 안정, 만족이라는 긍정적인 감정에 도달하게 되었다.

4
정서를 다룰 수 있는 주인공, 바로 나

정서심리학자 로버트 플루치크에 의하면, 감정은 생존본능에 의해 발현되는 것으로, 사람은 예상했거나 예상하지 못했던 어떤 자극을 받았을 때 그 상황에 대한 인지적인 평가를 하게 되고 이에 대한 주관적인 반응을 보이는데, 이것을 '감정'이라고 정의했다. 그리고 긍정심리학자인 마틴 셀리그만은 좋건 나쁘건 상관없이 감정의 95%는 어떤 일이 벌어졌을 때 이를 어떻게 받아들이는지에 따라 달라진다고 이야기했다. 첫 번째 사례의 주인공은 학습하는 것이 두려운 자신의 정서 속에 숨어있는 욕구를 발견하고, 그 욕구를 원하는 감정상태에 도달하게 하는 에너지로 활용했다. 두 번째 사례의 주인공은 학습에 대한 부정적인 감정 이면에 숨은 자기 자신에 대한 분노와 욕구를 발견하고, 이를 활용하여 자신의 과거, 현재, 미래의 학습을 재설계했다. 어떤 상황에 직면했을 때 부정적인 감정이 올라오는 것은 어쩌면 자동적인 신체 시스템일 수 있다. 그러나 그 시스템을 그대로 두는 것 혹은 나에게 좋은 최선의 상태로 바꾸는 것은 개인의 선택이다. 이 선택에서 나의 정서를 인식하는 것, 정서 이면에 숨은 욕구를 발견하는 것, 원하는 상태의 정서를 인식하는 것, 원하는 정서상태에 도달하기 위해 내가 할 수 있는 것을 설계하는 것 등 정서에 대한 탐색은 학습뿐만 아니라 생애 전반에 걸친 다양한 이슈에서 성장과 변화, 발전을 향해 가는 데 도움을 준다.

성찰질문

아래의 다섯 가지 질문에 스스로 답해보시기 바랍니다.

1. 나의 학습을 발목 잡는 부정적인 감정은 무엇인가요?
2. 현재 가지고 있는 부정적인 감정 안에는 어떤 욕구가 숨어있나요?
3. 현재 가지고 있는 부정적인 감정 대신에 갖고 싶은 감정은 무엇인가요?
4. 원하는 감정상태를 가졌던 과거의 경험이 있다면 무엇인가요?
5. 원하는 감정상태를 갖기 위해 무엇을 할 수 있나요?

참고문헌

김도헌(2020), 사물인터넷과 인공지능시대의 미래학습, 어떻게 바라볼 것인가?: 연결, 확장, 정서의 개념을 중심으로, 『평생학습사회』 16(1), 1-25.

김아영 · 박인영(2001), 「학업적 자기효능감 척도 개발 및 타당화 연구」, 『교육학연구』 39(1), 95-123.

황혜리 · 김지윤(2013), 「놀이중심의 자기주도학습능력 향상 프로그램이 저소득 청소년의 자기주도 학습능력, 정서지능 및 진로발달에 미치는 효과」, 『놀이치료연구』, 16(4), 397-419.

Fosha, D., Siegel, D., Solomon, M. F. (2013), 『감정의 치유력』, 노경선 · 김건종 옮김, NUN.

P. A. Graziano, R. D. Reavis, S. P. Keane & D. S. Calkins. (2007). The role of emotion regulation in children's early academic success. Journal of School Psyhology, 45, 3-19.

부록

1. 정서 주간 노트

정서 주간 노트		
______년 ___월 ___일 월요일	알아차린 감정	
—— 날씨 —— ☼ ☁ ☂ ☃	실천한 행동	
______년 ___월 ___일 화요일	알아차린 감정	
—— 날씨 —— ☼ ☁ ☂ ☃	실천한 행동	
______년 ___월 ___일 수요일	알아차린 감정	
—— 날씨 —— ☼ ☁ ☂ ☃	실천한 행동	

정서 주간 노트

______년 ___월 ___일 목요일	알아차린 감정	
―― 날씨 ―― ☼ ☁ ☂ ☃	실천한 행동	
______년 ___월 ___일 금요일	알아차린 감정	
―― 날씨 ―― ☼ ☁ ☂ ☃	실천한 행동	
______년 ___월 ___일 토요일	알아차린 감정	
―― 날씨 ―― ☼ ☁ ☂ ☃	실천한 행동	
______년 ___월 ___일 일요일	알아차린 감정	
―― 날씨 ―― ☼ ☁ ☂ ☃	실천한 행동	

한 주 동안 성찰

부록

2. 부정 감정을 반대로 뒤집는 정서사전

1 슬픔 vs. 기쁨

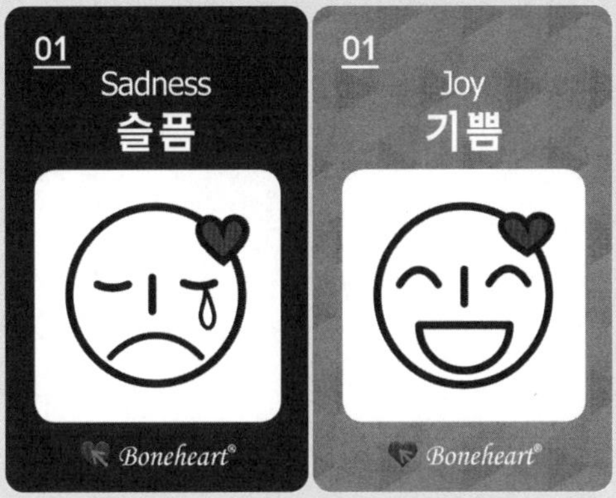

감정은 동전의 양면과 같다. 감정을 알아차리면 동전을 뒤집는 것처럼 바뀌는 것도 한순간이다. 슬픔이 지나간 뒤에 해 뜬 날이 돌아온다. 슬픔(Sadness)이 비 오는 날이라면, 기쁨(Joy)은 해가 뜬 날이다. 슬픔을 느끼면 신체적으로 혈압이 떨어지고 우울한 마음이 들고 무기력해지는 반면, 기쁨은 혈압이 빨라지고 경쾌한 마음으로 활력이 넘친다. 슬픔[哀]이 원통한 일을 겪을 때 마음이 아프고 괴로운 감정을 말한다면, 기쁨[喜]은 내적 욕구가 충족되었을 때 안에서 뿜어져나오는 에너지를 말한다. 겨울에 우울감이 심해지는 이유는 햇빛이 줄어들기 때문이다. 슬픔은 기쁨을 통해 회복되며, 가까운 사람과의 관계를 유지하면서 보호를 받을 수 있게 한다. 타인과의 유대를 강화해 주고, 반성의 시간을 얻으면서 자신을 되돌아볼 수 있다. 자기 안에 빠져 위축된 행동이 지속되면 슬픔이 오랫동안 방치될 수 있다. 공감과 위로를 통해 기쁨을 되찾아 회복된다. 좋은 일이 생겼을 때 함께 기뻐함을 통해 우리는 더불어 성장한다.

- 가장 슬펐던 때는 언제인가?
- 기운이 회복되었을 때는?
- 최근 느꼈던 기쁨의 순간은?

❷ 두려움 vs. 용기

두려움 너머에는 용기가 숨어있다. '두려움[懼]'이 어떤 상황이나 대상이 위협적으로 느껴져 불안한 마음이라면, '용기(勇氣)'는 역경이 오더라도 도망가지 않고 정면으로 맞서는 씩씩하고 굳센 기운을 말한다. 두려움을 많이 느끼는 기질이 있지만, 두려움도 학습된다. 두려움은 위험을 감지하도록 해준다. 두려움을 느끼면 심장 박동과 호흡이 가속화되고 근육이 수축되어 두 손은 떨린다. 두려움은 무의적으로 다른 감정보다 먼저 감지되는 정서다. 두려움은 위험을 피할 수 있게 하는 벗이기도 하지만, 얼어붙게 해서 기회를 놓치게 만드는 적이기도 하다. 새로운 일을 할 때 두려움과 용기의 시소가 팽팽하게 맞서기 쉽다. 이때 누군가가 용기에 조그만 힘을 보태주면, 두려움은 어느새 내려가고 갑자기 용기가 올라가기 시작한다. '두려움(Fear)'이 미래를 준비하고 예방하게 해주는 에너지라면, '용기(Courage)'는 비록 겁이 나더라도 굴복하지 않으면 성취할 수 있다.

- 최근 두려웠던 순간은 언제인가?
- 에너지가 회복되었을 때는?
- 지금 용기를 내고 싶은 것은?

3 불안 vs. 안정

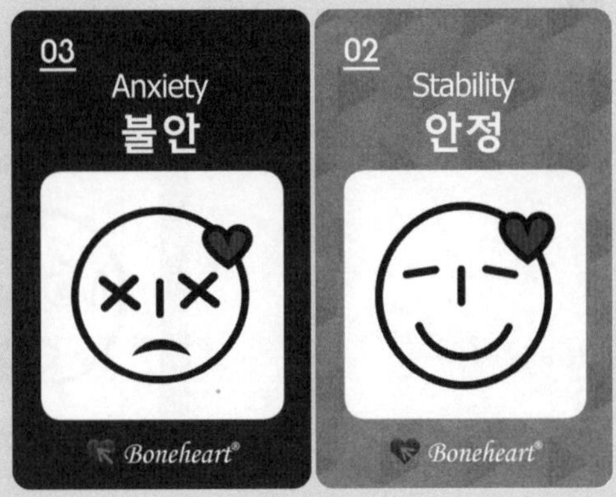

불안한 마음 뒤에는 안정적인 마음이 숨어있다. 불안은 공포를 느끼고 결국 위협에서 벗어날 수 있게 한다. 불안감은 위험을 알리는 일종의 경고 장치다. 불안감은 심박수와 혈압을 증가시키고, 가슴을 빠르게 뛰게 한다. 불안(Anxiety)이 스스로 믿는 마음이 부족할 때 편하지 않고 조마조마한 마음을 말한다면, 안정(Stability)은 걱정하던 긴장감이 사라질 때 느끼는 감정을 말한다. 불안감은 한기가 느껴져 오들오들 떨리거나 반대로 땀이 날 수 있다. 심박수와 숨 가쁨을 가라앉히는 심호흡을 하면 편안해질 수 있다. 불안(不安)이 마음의 거울 속에 비친 자신의 모습이 부정적일 때 나타나는 소극적인 마음이라면, 안정(安定)은 누군가 자신을 지켜주고 보호받고 있다고 믿는 마음이다.

- 가장 불안했던 경험은 무엇인가?
- 위험에서 벗어나 안심이 되었던 상황은?
- 최근 안정적인 시간은?

4 분노 vs. 기대감

분노 뒤에는 기대감이 숨어있다. 분노가 일어나면 소리치고 때리고 부수는 난폭한 행동을 한다. 분노(Anger)가 엄청나게 성이 나서 뿜어져나오는 기분을 말한다면, 기대감(Expectancy)은 어떤 일이 이루어지기를 바라고 기다리는 감정을 말한다. 분노의 핵심 원인은 자신의 경계가 침범당하고 공격받을 때, 자존감이 손상되었을 때, 자신이 기대하는 것이 방해될 때 일어날 수 있다. 화가 나면 근육이 긴장되고 심장 박동수가 빨라지고 열기가 달아오른다. 분노는 종종 주먹을 불끈 쥐게 만들기도 한다. 분노는 자신을 보호하고 굉장한 추진력을 발휘하게 만드는 유용한 역할도 한다. 화를 내면 후련한 느낌이 들지만 결과가 다 좋은 것은 아니다. 불같이 성낼수록 주변 사람들이 슬슬 피하기 시작한다. 자신이 기대했던 것과 다르더라도 감정에 휩쓸리지 않을 때 마음의 평화를 찾을 수 있다. 기대감(期待感)을 버리지 않으면 좌절에서 벗어날 수 있다.

- 스스로 놀랄 정도로 화를 냈던 경험은 언제인가?
- 자신만의 분노를 가라앉히는 방법은?
- 일주일 안에 가장 기대하는 것은?

5 부담감 vs. 홀가분함

부담감 뒤에는 홀가분함이 숨어있다. 부담감(Pressure)이 가슴을 누르고 있는 힘으로 잘하려고 하는 동기라면, 홀가분한 마음(Light-heart)은 훌훌 털어버리고 날아갈 것 같은 느낌이다. 부담감(負擔感)이 자신에게 주어진 어떠한 책임을 져야 한다는 감정을 말한다면, 홀가분함은 거추장스럽지 않으며 가볍고 편안한 감정을 말한다. 홀가분한 감정은 누르고 있었던 무언가가 사라졌기 때문에 생기는 감정으로, 부담감이 없으면 존재하지 않는다. 부담감은 책임감이 없는 사람에게는 생기지 않는 감정이다. 그렇다고 지나치게 부담감을 느끼면 성과가 줄어들 수도 있다. 부담감이 커질수록 삶이 피폐해진다. 삶의 활력을 잃고 불면증도 생기고 식욕 균형도 깨지면서 쉽게 탈진한다. 부담감은 성공이냐 실패냐 극단적으로 민감하게 느끼게 한다. 우리의 에너지는 총량의 법칙으로 한정되어 있다. 뇌가 부담을 많이 느끼게 되면 정작 필요할 때 쓰지 못하는 꼴이 된다. 홀가분함은 부담을 갖지 않아 과도한 욕심이나 집착이 없는 상태를 말한다. 지나치게 밝은 조명과 밀집된 환경에 장시간 노출되면 과잉흥분이 될 수 있으니 주의가 필요하다. 잠을 잘 자야 신진대사가 원활해지면서 몸이 가벼워진다. 1시간 이상 걷는 행위는 과거의 집착을 털어내는 데 큰 효과가 있다. 걸을 때는 허리를 똑바로 세우고 씩씩하게 걷자. 남 탓하지 않고 내 탓으로 할 때 자기 마음의 주인이 된다. 부담감이 우리의 인생을 책임지게 만든다면, 홀가분한 감정은 우리를 자유롭게 만든다.

- 가장 책임감을 느끼는 것은 무엇인가?
- 날아갈 것같이 가벼웠던 때는?
- 최근 홀가분했던 때는?

❻
답답함 vs. 통쾌함

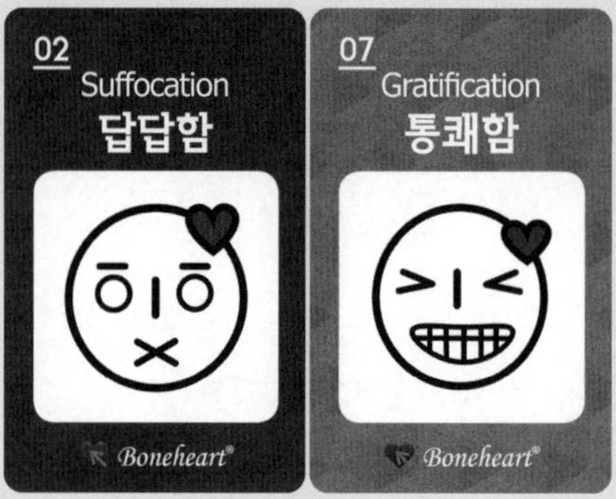

답답함 뒤에는 통쾌함이 숨어있다. 답답함(Suffocation)이 숨이 막힐 듯이 갑갑한 상태를 말한다면, 통쾌함(Gratification)은 불만스럽게 여기던 일이 뜻대로 잘 풀릴 때 아주 시원하고 유쾌한 감정을 말한다. 답답함을 느낄 때 명상을 할 수 있고, 자전거를 타거나 달리기를 할 수도 있다. 우리는 답답함을 끄집어내서 표현해야 한다. 답답함을 외부로 표출하지 않으면 감정들이 내부에서 곪아 썩어서 에너지를 빼앗길 것이다. 사실 내가 내뱉는 숨소리조차 살아가기 위한 생명력을 표현하고 있는지도 모른다. 답답함은 최고보다 최선을 생각하면 마음이 편안해지고 융통성이 생긴다. 답답함을 날려버릴 한 방이 있다면 그것을 위해 갈고 닦아보자. 통쾌(痛快)한 마음이 있으면 스트레스를 날려버릴 수 있다.

- 숨이 막힐 듯이 답답함을 느꼈던 때는 언제인가?
- 그 답답함이 뚫린 경험은?
- 최근 통쾌했던 순간은?

7 절망 vs. 희망

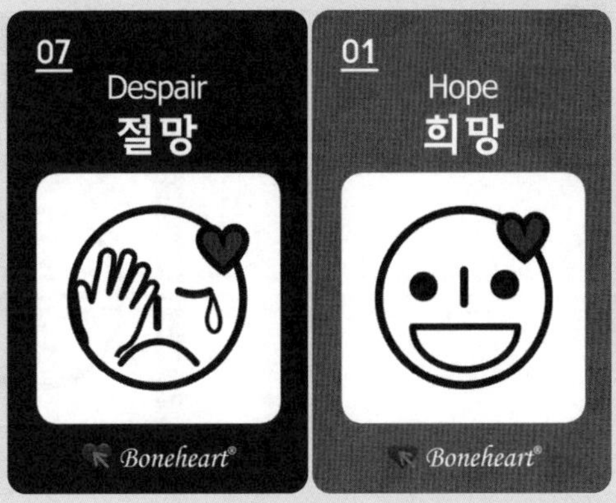

절망 뒤에는 희망이 숨어있다. 절망(Despair)이 바라볼 것이 없게 되어 모든 희망을 끊어버리게 된 느낌이라면, 희망(Hope)은 앞일에 대해 이루어지기를 기다리는 간절한 마음이다. 겁쟁이는 쉽게 절망에 빠지는 반면, 용기 있는 사람은 희망을 품고 인내한다. 절망 끝에 씨앗을 뿌리는 사람이 희망의 열매를 얻게 된다. 절망감을 가진 사람들은 신체활동이 적고 고혈압, 고혈당, 높은 콜레스테롤 수치 등이 있어서 심장 건강에 해를 끼치고 컨디션이 좋지 않은 상태다. 일주일에 최소 3시간 정도 적당한 운동을 하는 사람들이 절망감을 훨씬 적게 느낀다고 한다. 절망감이 밀려올 때는 몸을 움직여야 한다. 절망 속에서 결단을 내릴 때 성장한다. 희망은 낙관과 달리 현실에 뿌리를 두고 미래로 향하는 관문이다.

- 자신에 대해 가장 실망스러울 때는 언제인가?
- 자신이 바라던 바를 이루었던 경험은?
- 최근 희망을 품고 있는 것은?

8

부끄러움 vs. 자신감

부끄러움 뒤에는 자신감이 숨어있다. 부끄러움이 일을 잘 못하거나 양심에 거리껴 볼이 빨갛게 된 상태를 말한다면, 자신감(自信感)은 어떤 일을 해낼 수 있다고 스스로 굳게 믿는 감정을 말한다. 부끄러움(Shyness)이 뻔뻔함에 비해 선한 에너지라면, 자신감(Confidence)은 어떤 일을 해낼 수 있다고 스스로 굳게 믿는 마음이다. 부끄러움을 안다는 것은 인간다움의 기초가 된다. 혈관이 쉽게 확장되어 얼굴이 잘 붉어진다. 수치심이란 인간이 느끼는 가장 파괴적이고 심신을 쇠약하게 하는 감정으로, 자신이나 사회가 세운 기준에 맞지 않은 행동을 했을 때 느끼는 감정이다. 자기부정적인 태도, 자신의 결점, 결함에 관한 혐오감 등도 포함되는 복합적인 감정상태다. "도대체 무슨 행동을 한 거지?" 자신에게 질책하지 말고 너그럽게 대하자. 흑백논리의 사고로 보지 말고 유연하게 세상을 바라볼수록 관점이 달라진다. 마음 챙김은 수치심을 줄이는 데 도움이 된다. 마음 챙김(mindfulness)이란 현재 순간을 있는 그대로 수용적인 태도로 자각하는 것으로, 자신의 감정을 고조시키지 않으면서 자신의 감정을 관찰한다. 있는 그대로 수용할수록 수치심에서 벗어나 자신감이 올라갈 것이다.

- 가장 부끄러웠던 때는 언제인가?
- 다른 사람이 비웃더라도 나를 응원해주는 사람은?
- 최근 자신감을 가졌던 경험은?

9

외로움 vs. 온정

쓸쓸한 외로움은 따사로운 온정으로 회복된다. 외로움[孤獨]이 홀로 되거나 의지할 곳이 없어 쓸쓸한 감정을 말한다면, 온정(溫情)은 냉정의 반대로 따뜻한 분위기의 정답고 포근한 감정을 말한다. 혼자 일하는 사람들에게 말벗과 이야기하는 것은 잠시나마 사람의 온정을 느낄 수 있는 순간이다. 외로움(Loneliness)은 한국인 특유의 문화에서 한 개인이 집단에 소속감을 못 느낄 때 극도로 느끼는 고립감이다. 온정(Warm-heart)은 외로운 사람들의 얼었던 마음을 녹인다. 따뜻한 공감, 인정, 사랑을 통해 소외감에서 벗어날 수 있다. 영국에는 '외로움 담당 장관(Minister for Loneliness)'이 있을 정도로 국가적 차원에서 외로움을 중요하게 다루고 있다. 세상 밖으로 여행할 때 우리는 외로움을 통해 성장한다. 내 안에 온정이 있으면 따뜻한 마음으로 상대방의 차가운 마음도 녹일 수 있다.

- 세상에 혼자 버려진 것처럼 느꼈던 때는 언제인가?
- 독립적으로 자신의 힘으로 해보았던 것은?
- 최근 온정을 느꼈던 경험은?

10 미움 vs. 사랑

미움 뒤에는 사랑이 숨어있다. '미움[惡]'이 어떤 사람의 모습이나 행동이 마음에 들지 않거나 눈에 거슬리는 감정을 말한다면, '사랑[愛]'은 어떤 존재를 몹시 아끼고 귀중히 여기는 감정을 말한다. '미움(Hate)'은 보이지 않는 적을 내 마음에 두어 가시처럼 마음이 불편하다면, '사랑(Love)'은 모든 감정 중에서 제일 강한 것으로 그 사람의 존재를 인정하고 빛나게 하는 것이다. 모든 것은 어머니와의 애착에서 시작된다. 시선, 몸짓, 쓰다듬기, 빨기 등의 주고받는 표현으로 나타난다. 어른이 된 후에도 느끼는 넓은 의미에서의 사랑은 아기 때 어머니에 대해 발달시켰던 애착의 상당부분을 포함하고 있다. 사랑은 상대를 보호하기 위해 자신의 한계를 뛰어넘을 수 있는 능력까지 발휘하게 만들며, 자신의 약점을 받아들일 수 있게 해준다. 사랑과 증오는 양가감정(兩價感情)이다. 양가감정(ambivalence)은 동일 대상에 대해 정반대의 상대적인 감정을 동시에 향하는 정서상태를 말한다. 사랑과 증오는 뇌과학 분야에서도 공통된 부분에서 처리하는 감정으로 밝혀졌다. 증오도 모든 한계를 뛰어넘게 하는 가장 훌륭한 감정인 사랑으로 회복될 수 있다.

- 가장 싫어했던 상대는?
- 싫어했던 상대와 화해했던 경험은?
- 최근 사랑한 사람은?

집필진 소개

하영목

커리어코치협회 회장, (주)스타코칭 대표. 정서연구기관인 (미)하트매스연구소 마스터컨설턴트, 정서지능 유자격 컨설턴트, 인사전문가(코카콜라, 존슨앤드존슨 등 인사담당 중역 역임), 아주대학교 특임교수, 경희대학교 원어강의교수, 리더십코치/정서코치로 활동했다. 저서로는 『핵심인재를 선발하는 면접의 과학』, 『한국형 커리어코칭을 말한다』 등의 저서가 있다. EBS 〈다큐프라임〉, MBN 〈황금알〉, SBS스페셜 등 다수방송에 출연했다.

윤영돈

커리어코치협회 부회장, 지혜의탄생 대표, 윤코치연구소 소장. 단국대학교 종합인력개발원 초빙교수, 성신여자대학교 경력개발센터 겸임교수 등을 역임하면서 단국대학교 대학원에서 문학박사학위를 취득했다. 2007년 한국경제신문 한경닷컴 칼럼니스트 신인상을 받았고, 2010년 콘텐츠 개발 능력을 인정받아 삼성경제연구소 SERI 우수지식인으로 선정되었다. 저서로 『채용트렌드 2022』, 『한국형 커리어코칭을 말한다』 등이 있다.

정한나

커리어코치협회 상임이사, 지혜의탄생 수석연구원, 한국바른채용인증원 역량평가센터 책임연구원이자 ISO바른채용경영시스템인증 심사원. 기업교육, 컨설팅, 역량평가(AC/DC)를 통해 인적자원개발과 평가를 수행한다. 또한 취업준비생들의 역량 발굴과 개발, 진로/취업을 위한 콘텐츠를 개발하여 각 대학과 지자체에 제공한다. 자신의 역량을 마음껏 발휘하며 행복한 삶을 살 수 있도록 도움을 주기 위해 코칭과 강의 등의 활동을 하고 있다.

신은주

커리어코치협회 상임이사, 한국심리교육센터 · 마음[心]바라기 대표, 글로벌사이버대학교 뇌기반감정코칭학과 겸임교수, 본하트 코리아 천안아산지부장, 한국버츄프로젝트 FT, 긍정심리강점전문가. 강점과 미덕으로 행복한 미래를 디자인하는 임상심리사로서, 일선학교 및 교육지원청 등의 교육기관과 지역사회에서 심리전문가로 활동하며, 상담 및 임상실무자를 교육하고 양성한다. '감수성훈련', '마음경영리더십', '진로코칭', '정서수업', '긍정학교 강점코칭' 등으로 나를 찾아가는 '정서산책'의 행복가이드로 동행하고 있다.

심혜련

음악심리치료기관 '익사이팅 뮤직테라피' 대표. 음악치료사가 진행하는 '뮤직테라피 콘서트'를 최초로 기획하여 국민안전처, 신한카드 등의 기업과 전국의 도서관 및 학교에서 치유공연을 진행하고 있다. 과학기술부 한국과학창의재단의 우수프로그램으로 선정되어 감사장을 받았다. 임상음악전문가 1급, 국제 심상음악치료사(GIM)를 수료했으며, 논문으로 「당뇨환자의 스트레스를 돕는 음악활동」(숙명여대 석사학위논문, 2011)이 있다.

손병민

미술심리 상담과 심리기반으로 예술인문학 스트레스 관리 및 진로 강사로 활동하고 있다. 한국컬러심리연구소에서 강사로 활동하고 있다. 저작물로는 '본하트' 정서카드의 표정 이모티콘을 제작했다. 또, 개인적으로 순수미술전공과 미술치료를 바탕으로 개인 미술작품 활동도 하고 있으며, 건국대학교 예술디자인대학원에서 미술치료 학업을 이어가고 있다.

한혜정

커리어코치협회 상임이사, 진로디자인코칭연구소 소장, 아하작은도서관 관장. 2007년부터 청소년 커리어코치로 활동하면서 코치로 자리를 잡았다. 매년 트렌드 작가교실을 운영하며 대학평생교육원에서 강사로 활동하고 있다. 미래학, 관계 리더십, 진로, MBTI 강의, 한국코치협회 KPC로 활동 중이다. 청소년을 위한 '꿈길' 진로체험기관을 운영 중이다. 저서로는 『삶, 소소한 이야기』, 『인성 반올림』, 『유망직업 미래지도』, 『한국형 커리어코칭을 말한다』, 『당신만을 위한 100개 질문』, 『창의진로디자인학교』 등이 있다.

최석규

선문대학교 교양학부 · 상담심리사회복지학과 전임교수이자 다문화정책연구소장. 청년, 퇴직자, 다문화청소년, 북한이탈주민 등을 대상으로 진로상담가로 활동하고 있다. 대한직업상담사회 자문위원과 한국고용정보원 민간위탁 고용서비스 인증심사위원이기도 하다. 저서로는 『직업을 얻는다는 건』, 『실천적 진로상담의 원리와 취업의 기술』 등이 있다. 논문으로는 「다문화 청소년의 부모양육태도와 진로결정태도 연구」 등이 있다.

허희영

커리어코치협회 상임이사, (주)스타코칭 선임컨설턴트. 공공기업 및 공무원 인재 선발과정에서 내부면접위원 대상으로 역량면접 교육 및 외부면접위원으로 참여하고 있다. 사람에 대한 지대한 관심으로 내면 이미지 전담 컨설턴트이자 강점코치로, 정치인 · 기업인 · 직장인 · 주부 · 학생 등 수많은 인재가 자신의 정체성을 찾을 수 있도록 도움을 주고 있다. 저서로는 『핵심인재를 선발하는 면접의 과학』(공저), 『면접준비, 빠를수록 좋다』, 『자녀의 잠재력을 터트려라』(공저) 등이 있다.

정선미

커리어코치협회 상임이사, 소마리베 대표, 한국공학대학교 겸임교수. 국민연금공단과 한국중견기업연합회 등 다양한 공공기관과 대학에서 전문강사로 활동 중이다. 2021년 창업진흥원의 일자리분과 위원으로 선정되었으며, 한국산업인력공단에서는 NCS 점검위원으로, 한국기술교육대학교 온라인평생교육원에서는 취준생을 위한 콘텐츠개발 상시 협의체 위원으로 참여했다. 저서 및 논문으로는 『한국형 커리어코칭을 말한다』, 「성인여성의 몸 활동 학습경험」이 있다.

김영대

전) 연세대학교 정경 · 창업대학원 창업학전공 전담교수, 현) 커리어코치협회 상임이사, 현) 숙명여자대학교 웹발전연구소 부소장/연구교수, 현) 대한경영학회 이사/사무차장, (사)창직교육협회 이사, 한국1인미디어창직창업협회 이사로 활동 중이다. [가치를 찾아주는 창직창업전문가]라는 퍼스널브랜드로 활동한다. 고용노동부와 행정안전부의 창업지원패키지 사업을 기획 · 운영했으며, 강원도경제진흥원과 인적자원개발위원회, 원주여성새로일하기센터에서 창업전문가, 일자리 전문가로 활동하며, 지문, 심시, 평기, 컨설팅, 멘토링을 하고 있다. 저서로는 『창직형 창업』, 『문화로 크리에이터』, 『ESG 경영』, 『메타버스를 타다』, 『10년 후의 내 모습을 상상하라』에 공저로 참여했다.

남상은

봄,길 대표, 커리어코치협회 이사이자 숭실대학교 교육대학원 겸임교수. 커리어 · 학습코칭, 프로그램 개발 등을 강의하고 있다. 고려사이버대학교와 교육부가 주관한 '커리어코칭' 강의를 개발하여 현재는 고려사이버대학교와 KOCW에서 본 강의를 제공하고 있다. Miracle Coach(기적코치)로 '10대와 부모를 위한 진로학교' 등 다양한 프로그램을 운영하고 있다. 저서로 『한국형 커리어코칭을 말한다』, 『오늘이 미래다』, 『현장중심 실전코칭』 등이 있다.

본하트 정서카드

본하트 정서카드(emotion card)란?

자신과 타인의 감정을 인식하고 정서를 깨닫게 도와주는 도구다. 당신은 지금 어떤 감정을 느끼고 있는가? 특히 이 카드는 감정표현이 서툰 사람들에게 쉽게 공감대를 형성해서 마음을 열게 하는 데 탁월하다. 자신의 감정을 인식하는 과정, 타인의 감정을 알아맞히는 과정, 자신의 정서를 찾는 과정, 자신의 부정 정서를 깨닫고 보완하는 과정 등 정서카드를 통해서 자신 감정의 주인이 될 방법을 제시할 수 있다.

코칭에서 정서는 '마음 밭'과 같다. 어릴 때부터 정서는 인성의 토양이 된다. 불안, 분노, 공포, 슬픔 등 부정적 정서를 어떻게 다루느냐가 결국 그 사람의 경력에 영향을 미친다. 기본 정서 위에 '마음 뿌리'가 자라고 '마음 줄기'가 생기는 것이다. 여러 정서들이 얽히면서 각기 다른 감정이 생긴다.

'학생들의 꿈과 끼를 찾아주자'는 슬로건 아래 자유학기제가 도입되면서 정서코칭 프로젝트에 참여하지 않았더라면 정서카드가 나올 수 있었을까. 다시 한번 '계획된 우연'을 떠올린다. 여러 선생님들의 참여로 정성스럽게 만들어진 정서카드가 널리 쓰이기 바란다.

본하트 정서 우산(boneheart emotion umbrella)

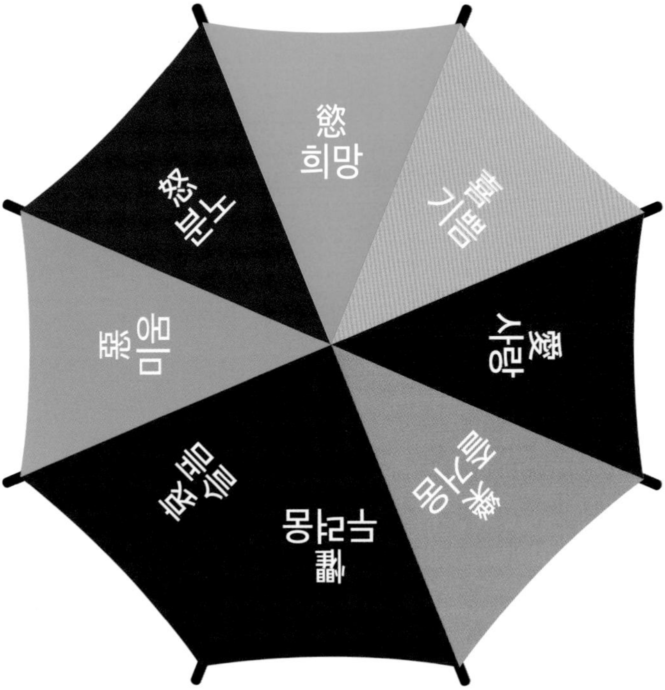

- 정서우산이란 희로애락구애오욕(喜怒哀樂懼愛惡欲) 기본 정서 여덟 가지 색에 각각 일곱 가지 감정으로 총 56장으로 구성되어 있다. 정서우산은 일종의 메타포로 '감정'이라는 장대비에서 벗어나는 우산을 제공한다. 비가 오면 우산을 쓰듯이 정서가 불안해질 때 정서우산을 펼치면 된다.

- 정서카드를 만들면서 서양학자의 8개 감정 분류가 동양에서 유래된 8개의 감정 분류와 유사하다는 사실을 발견했다. 로버트 플루치크는 크게 8개의 기본 정서를 주장한다. 두려움(fear), 분노(anger), 기쁨(joy), 슬픔(sadness), 수용(acceptance), 혐오(disgust), 기대(expectancy), 놀라움(surprise)이다. 동양과 서양의 정서가 유사한 점을 착안하여, 기쁨(joy)은 희(喜), 분노(anger)는 노(怒), 슬픔(sadness)은 애(哀), 놀라움(surprise, 놀람을 기본 감정으로 보는 데는 다소 이견이 있어 본하트 정서카드에서는 즐거움에 포함시킴)은 낙(樂), 두려움(fear)은 구(懼), 수용(acceptance)은 애(愛), 혐오(disgust)는 오(惡), 기대(acticipation)는 욕(欲) 등으로 여덟 가지로 분류했다.

정서카드 활용법 5단계

"지금 기분이 어떠신가요?"

1단계: 내 현재의 감정을 살펴보기

오늘의 감정을 이야기하면서 서로 공감대를 형성한다. 어떤 상황에 빠지다 보면 현재 내 감정을 포착하지 못하고 말과 행동을 했다가 나중에 오해와 다툼이 생긴다. 내 현재의 감정을 정서카드에서 찾아서 감정을 읽어보자.

"많이 속상하셨겠어요?"

2단계: 감정의 문을 열어 기회로 삼기

상대방의 감정을 파악하며 충분히 경청해서 공감과 인정을 먼저 해야 한다. 닫힌 질문보다 열린 질문을 통해 상대방이 스스로 감정의 문을 열 수 있도록 질문을 던진다.

"그때 어떤 감정이셨나요?"

3단계: 감정의 이름을 붙이도록 도와주기

기쁨, 분노, 두려움 등 구체적인 이름을 찾도록 도와줘야 한다. 감정에 이름을 붙이는 순간 감정이 명료화되어 대화하기 쉬워진다. 성급하게 어떤 감정이라고 단정 지으면 안 된다. 비슷한 상황을 겪었을 때 그 감정을 느끼면 현명하게 대처할 수 있도록 도와준다.

"두려움의 반대 감정은 무엇일까요?"

4단계: 현재 감정의 반대 감정을 물어보기

스스로 부정적인 감정의 문제를 해결하도록 코칭하기 위해서는 반대의 감정을 살펴보게 해서 스스로 해결책을 찾도록 이끌어야 한다. 두려움의 반대 감정은 무엇일까? 반대 감정은 절대적이 아니라 상대적이다. 사람에 따라 용기, 희망, 사랑 등 다양하게 나올 수 있다.

"지금까지 이야기해보니 기분이 어때요?"

5단계: 마지막으로 감정들을 정리해보기

감정코칭을 할 때 "기분이 어때요?"라고 물으면 감정을 정리하는 데 도움이 된다. 스스로 말하면서 감정의 강도를 느낄 수 있도록 해야 한다. 그다음 "10점 만점에 몇 점을 줄 수 있나요?" 하고 척도질문을 한다. 감정을 정리할 때도 상대방에게 질문해서 스스로 마무리 정리를 할 수 있도록 한다.

01 Joy 기쁨	02 Stability 안정	03 Satisfaction 만족	04 Gratitude 감사	05 Touch 감동	06 Delight 환희	07 Happiness 행복
01 Anger 분노	02 Suffocation 답답함	03 Irritation 짜증	04 Shyness 부끄러움	05 Hostility 적개심	06 Revenge 복수심	07 Fury 격노
01 Sadness 슬픔	02 Regret 후회	03 Pity 가여움	04 Loneliness 외로움	05 Sorrow 서러움	06 Grief 비애	07 Despair 절망
01 Pleasure 즐거움	02 Lightheart 홀가분함	03 Thrill 전율	04 Fun 재미	05 Wonder 경이로움	06 Ecstasy 황홀함	07 Gratification 통쾌함
01 Fear 두려움	02 Worry 걱정	03 Anxiety 불안	04 Pressure 부담감	05 Pain 괴로움	06 Terror 무서움	07 Emptiness 공허
01 Love 사랑	02 Relax 여유로움	03 Longing 그리움	04 Generosity 너그러움	05 Coziness 포근함	06 Warmheart 온정	07 Comfort 편안함
01 Hate 미움	02 Boredom 지루함	03 Jealousy 질투	04 Envy 시기심	05 Dislike 싫어함	06 Guilt 죄책감	07 Disgust 역겨움
01 Hope 희망	02 Expectancy 기대감	03 Curiosity 호기심	04 Interest 관심	05 Confidence 자신감	06 Courage 용기	07 Craving 갈망

01

Joy

기쁨

Boneheart®

02

Stability

안정

Boneheart®

03

Satisfaction

만족

Boneheart®

04

Gratitude

감사

Boneheart®

Stability 안정

• 안정(安定)이란 걱정하던 긴장감이 사라질 때 느끼는 감정을 말한다.
• 누군가 자신을 지켜주고 보호받고 있다고 믿을 때 우리는 불안을 이겨낼 수 있다.

• 지금까지 위험에서 벗어나 가장 안심이 되었던 상황은?
• 가장 걱정했을 때는?
• 최근 해방감을 느꼈던 때는?

Joy 기쁨

• 기쁨(喜)이란 내적 욕구가 충족되었을 때 안에서 뿜어져 나오는 에너지를 말한다.
• 좋은 일이 생겼을 때 함께 기뻐함을 통해서 우리는 더불어 성장한다.

• 지금까지 가장 기뻤을 때는 언제인가?
• 가장 슬펐던 상황은?
• 최근 느꼈던 기쁨의 순간은 언제인가?

Gratitude 감사

• 감사(感謝)란 다른 사람이 베풀어 준 은혜를 고맙게 여기는 감정을 말한다.
• 감사하는 마음이 있으면 우리는 행복할 수 있다.

• 지금까지 가장 감사한 일은 무엇인가?
• 가장 사과하고 싶은 일은?
• 최근 고마운 사람은 누구인가?

Satisfaction 만족

• 만족(滿足)이란 어떤 일을 성공적으로 끝내서 뿌듯한 감정을 말한다.
• 남에게 의지하지 않고 스스로 필요한 것을 채울 때 우리는 불만을 해소할 수 있다.

• 지금까지 가장 만족했던 결과는 무엇인가?
• 가장 허무해질 때는 언제인가?
• 최근 뿌듯했던 일은 무엇인가?

05

Touch

감동

Boneheart®

06

Delight

환희

Boneheart®

07

Happiness

행복

Boneheart®

01

Anger

분노

Boneheart®

Delight
환희

• 환희(歡喜)란 스스로 기대했던 것보다 더 크게 된 기쁨을 말한다.
• 자신을 위해서 누군가 무엇인가를 하고 있다고 믿을 때 우리는 절망에서 벗어날 수 있다.

• 지금까지 기대했던 것보다 더 크게 기뻤던 경험은?
• 가장 크게 절망했던 때는?
• 최근 긍정적 에너지를 주는 것은 무엇인가?

Touch
감동

• 감동(感動)이란 마음에 깊은 울림이 있어서 움직이는 감정을 말한다.
• 자신보다 남의 마음에 깊은 울림이 있을 때 우리는 더불어 성장한다.

• 지금까지 자신에게 있어서 가장 큰 감동을 준 경험은?
• 자신에게 가장 냉담했던 반응은?
• 최근 만났던 사람 중에 특별히 기억에 남은 사람은?

Anger
분노

• 분노(憤怒)란 엄청나게 성이 나서 뿜어져 나오는 기분을 말한다.
• 자신이 기대했던 것과 다르더라도 감정에 휩쓸리지 않을 때 우리는 마음의 평화를 찾을 수 있다.

• 지금까지 스스로 놀랄 정도로 화를 냈던 경험은?
• 가장 소중한 것을 빼앗겼을 때는 언제인가?
• 최근 자신이 옳다고 믿는 것은 무엇인가?

Happiness
행복

• 행복(幸福)이란 자신의 삶에서 충분한 만족을 느끼는 상태를 말한다.
• 상대방을 사랑하는 마음이 있으면 우리는 불행에서 벗어날 수 있다.

• 지금까지 가장 행복을 느꼈던 순간은?
• 가장 불행했던 때는?
• 나를 행복하게 하는 것은 무엇인가?

02
Suffocation
답답함

Boneheart®

03
Irritation
짜증

Boneheart®

04
Shyness
부끄러움

Boneheart®

05
Hostility
적개심

Boneheart®

Irritation
짜증

- 짜증이란 마음에 꼭 맞지 아니하여 발칵 역정을 내는 감정을 말한다.
- 지나친 욕망을 내려놓으면 우리는 더불어 성장한다.

- 짜증을 참을 수 없다고 느꼈던 때는?
- 가장 듣고 싶은 소리는 무엇인가?
- 최근 자신에게 좋은 감정을 빼앗아 가는 것은 무엇인가?

Suffocation
답답함

- 답답함이란 숨이 막힐 듯이 갑갑한 상태를 말한다.
- 최고보다 최선을 생각하면 우리의 마음은 편안해지고 융통성이 생긴다.

- 지금까지 가장 숨이 막힐 듯이 갑갑했던 경험은 무엇인가?
- 통증이 내려갈 정도로 가장 통쾌했던 때는?
- 최근 성과가 잘 나지 않아 답답한 일은 무엇인가?

Hostility
적개심

- 적개심(敵愾心)이란 다른 사람에게 마음이 상하여 적으로 간주하는 감정을 말한다.
- 적을 만들지 않으면 우리는 진정한 승리를 할 수 있다.

- 지금까지 가장 꼴보기 싫었던 사람은 누구인가?
- 가장 슬퍼서 눈물을 흘렸던 때는 언제인가?
- 최근 경쟁자로 생각되는 사람은 누구인가?

Shyness
부끄러움

- 부끄러움(恥)이란 일을 잘 못하거나 양심에 거리끼어 볼이 빨갛게 된 상태를 말한다.
- 부끄러움은 피도 눈물도 없는 뻔뻔함에 비해 선한 에너지이다.

- 지금까지 가장 부끄러웠던 때는?
- 자신을 비웃었던 사람은?
- 최근 작은 실수로 부끄러웠던 상황은?

06

Revenge

복수심

Boneheart®

07

Fury

격노

Boneheart®

01

Sadness

슬픔

Boneheart®

02

Regret

후회

Boneheart®

Fury
격노

• 격노(激怒)란 몹시 분하고 노여운 감정이 북받쳐 오르는 상태이다.
• 분하다는 감정에 휩쓸리지 않을 때 우리는 마음의 평화를 찾을 수 있다.

• 지금까지 가장 크게 격노했던 사건은 무엇인가?
• 인내심을 발휘해서 좋았던 때는 언제인가?
• 최근 참을 수 없었던 상황은 언제인가?

Revenge
복수심

• 복수심(復讐心)이란 깊은 상처를 입어서 원수를 갚고자 벼르고 있는 불타는 마음을 말한다.
• 상대방을 용서하는 마음이 있으면 우리는 불행에서 벗어날 수 있다.

• 지금까지 가장 깊은 상처를 입었던 경험은 무엇인가?
• 용서해주었던 경험은 언제인가?
• 최근 괴로운 것은 무엇인가?

Regret
후회

• 후회(後悔)란 이전의 잘못을 깨닫고 뉘우치는 감정을 말한다.
• 기대가 어그러져 불만스러운 상태가 되더라도 '나도 그런 적이 있었지'라고 되뇌인다.

• 지금까지 살면서 가장 후회했던 일은 무엇인가?
• 가장 만족스러웠던 때는 언제인가?
• 최근 섭섭했던 상황은?

Sadness
슬픔

• 슬픔(哀)이란 원통한 일을 겪을 때 마음이 아프고 괴로운 감정을 말한다.
• 슬픔은 기쁨을 통해서 회복된다.

• 지금까지 가장 슬펐던 때는 언제인가?
• 기운이 회복되었을 때는 언제인가?
• 최근 중요한 것을 잃어버렸을 때는 언제인가?

03

Pity

가여움

Boneheart®

04

Loneliness

외로움

Boneheart®

05

Sorrow

서러움

Boneheart®

06

Grief

비애

Boneheart®

Loneliness

외로움

- 외로움(孤獨)이란 가만히 홀로 되거나 의지할 곳이 없어 쓸쓸한 감정을 말한다.
- 세상 밖으로 여행을 할 때 우리는 외로움을 통해서 성장한다.

- 지금까지 세상에 혼자 버려진 것처럼 느꼈던 경험은?
- 독립적으로 자신이 해보았던 것은 무엇인가?
- 최근 외로움을 느낄 때는?

Pity

가여움

- 가여움(惻隱)이란 마음이 아플 정도로 상황이 안 되고 불쌍한 감정을 말한다.
- 다른 사람의 불행을 보았을 때 가엾다는 감정을 통해서 우리는 돕고 싶어진다.

- 지금까지 가장 측은하게 느꼈던 경험은?
- 독립적으로 자신이 해보았던 것은 무엇인가?
- 최근 동정심을 느꼈을 때는?

Grief

비애

- 비애(悲哀)란 마음이 뒤틀린 상황에서 슬퍼하고 서러워하는 감정을 말한다.
- 앞을 보기 어려울 때는 한 걸음 뒤로 물러나서 바라보면 비애의 늪에서 벗어날 수 있다.

- 지금까지 가장 비애를 느꼈던 경험은 무엇인가?
- 가장 환희를 느꼈던 때는 언제인가?
- 최근 자신의 처지에서 비애를 느꼈던 상황은 언제인가?

Sorrow

서러움

- 서러움이란 무엇인가를 잃어버렸을 때 원통하고 슬프게 느껴지는 감정을 말한다.
- 잃어버린 것보다 갖고 있는 것을 감사할 때 우리는 기쁨을 얻을 수 있다.

- 지금까지 가장 원통했던 경험은 무엇인가?
- 무엇인가를 찾았을 때는 언제인가?
- 최근 눈물을 흘린 적이 있는가?

07

Despair

절망

Boneheart®

01

Pleasure

즐거움

Boneheart®

02

Lightheart

홀가분함

Boneheart®

03

Thrill

전율

Boneheart®

Pleasure
즐거움

- 즐거움이란 자신이 좋아하는 외부 활동을 통해서 대상에 몰입하는 정서를 말한다.
- 즐거움은 어려움을 이겨내는 긍정적인 힘이 된다.

- 지금까지 가장 큰 원동력이 된 것은 무엇인가?
- 살아오면서 가장 힘든 역경은 무엇인가?
- 최근 삶을 지탱해주는 긍정적 정서는 무엇인가?

Despair
절망

- 절망(切望)이란 바라볼 것이 없게 되어 모든 희망을 끊어 버리게 된 감정을 말한다.
- 난해한 것도 결단을 내릴 때 우리는 성장한다.

- 지금까지 가장 난해한 문제를 해결했던 경험은 무엇인가?
- 자신에 대해서 가장 실망스러울 때는?
- 최근 자신에게 가장 큰 이슈는 무엇인가?

Thrill
전율

- 전율(戰慄)이란 어떤 사물에 마음이나 시선이 혹하여 들뜬 감정을 말한다.
- 깊은 전율을 느낄 때 우리는 더불어 성장한다.

- 지금까지 짜릿한 쾌감을 느꼈던 경험은 무엇인가?
- 가장 차분해질 때는 언제인가?
- 최근 시선이 혹했던 장면은 무엇인가?

Lightheart
홀가분함

- 홀가분함이란 거추장스럽지 않으며 가볍고 편안한 감정을 말한다.
- 홀가분한 마음이 있으면 우리는 자유로울 수 있다.

- 지금까지 가벼운 기분을 느꼈던 경험은 무엇인가?
- 가장 참고 지내는 것은 무엇인가?
- 최근 홀가분한 것은 무엇인가?

04

Fun

재미

Boneheart®

05

Wonder

경이로움

Boneheart®

06

Ecstasy

황홀함

Boneheart®

07

Gratification

통쾌함

Boneheart®

Wonder
경이로움

- 경이(驚異)란 믿기 어려울 정도로 놀랍고 신기하게 여기는 감정을 말한다.
- 놀라운 불가사의를 통해 우리는 믿음이 깊어진다.

- 지금까지 가장 경이로운 경험은 무엇인가?
- 삶이 피폐하게 느껴진 때는 언제인가?
- 최근 놀라운 일은 무엇인가?

Fun
재미

- 재미란 어떤 일이 열정을 부추기고 아기자기하게 즐거운 감정을 말한다.
- 바보 같이 망가질 때 우리는 다른 사람에게 기쁨을 준다.

- 지금까지 가장 재미 있었던 경험은 무엇인가?
- 가장 바보 같았던 때는 언제인가?
- 최근 가장 재미 있었던 영화는 무엇인가?

Gratification
통쾌함

- 통쾌(痛快)란 불만스럽게 여기던 일이 뜻대로 잘 풀릴 때 아주 시원하고 유쾌한 감정을 말한다.
- 통쾌한 마음이 있으면 우리는 스트레스를 날릴 수 있다.

- 지금까지 자신을 가장 기쁘게 한 일은 무엇인가?
- 가장 불쾌했던 때는 언제인가?
- 최근 통쾌했던 경험은 무엇인가?

Ecstasy
황홀함

- 황홀(恍惚)이란 어떤 자극을 받아 눈이 부실 정도로 찬란한 감정을 말한다.
- 마음이 혹하여 갈팡질팡할 때 우리는 착각에 빠지기 쉽다.

- 지금까지 가장 황홀한 경험은 무엇인가?
- 상황 인식을 잘못했던 때는 언제인가?
- 최근 갈팡질팡했던 것은 무엇인가?

01

Fear

두려움

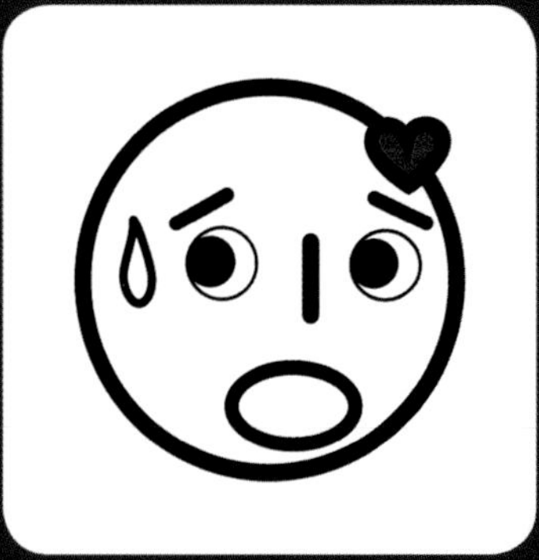

Boneheart®

02

Worry

걱정

Boneheart®

03

Anxiety

불안

Boneheart®

04

Pressure

부담감

Boneheart®

Worry
걱정

- 걱정(憂)이란 해결되지 않은 일로 속을 태우는 마음을 말한다.
- 우리의 삶을 긴장시키는 근심 걱정은 문제 상황을 해결하고자 하는 욕구의 에너지이다.

- 지금까지 가장 안심이 되지 않았던 문제는 무엇인가?
- 한시름을 놓은 것은 무엇인가?
- 최근 아직 일어나지 않은 일을 근심 걱정했던 것은 무엇인가?

Fear
두려움

- 두려움(懼)이란 어떤 상황이나 대상이 위협적으로 느껴져 불안한 마음을 말한다.
- 두려움은 미래를 준비하고 예방하게 해주는 에너지이다.

- 지금까지 가장 두려웠던 경험은 무엇인가?
- 가장 희망을 가졌던 것은 무엇인가?
- 최근 준비하고 있는 것은 무엇인가?

Pressure
부담감

- 부담감(負擔感)이란 자신에게 주어진 어떠한 책임을 져야 한다는 감정을 말한다.
- 부담감은 가슴을 누르고 있는 힘으로 잘하려고 하는 동기이다.

- 지금까지 가장 부담이 되었던 일은 무엇인가?
- 가장 날아갈 것 같이 가벼웠던 때는 언제인가?
- 최근 책임져야 하는 것은 무엇인가?

Anxiety
불안

- 불안(不安)이란 스스로 믿는 마음이 부족할 때 편하지 않고 조마조마한 마음을 말한다.
- 불안은 마음의 거울 속에 비친 자신의 모습이 부정적일 때 나타나는 소극적인 마음이다.

- 지금까지 가장 불안했던 경험은 무엇인가?
- 가장 안정적일 때는 무엇인가?
- 최근 소심한 행동은 무엇인가?

05

Pain

괴로움

Boneheart®

06

Terror

무서움

Boneheart®

07

Emptiness

공허

Boneheart®

01

Love

사랑

Boneheart®

Terror
무서움

• 무서움(恐)이란 무슨 일이 일어날까 겁이 나는 느낌이다.
• 공포는 어떤 대상에 대하여 꺼려져서 도망가는 회피 에너지이다.

• 지금까지 가장 공포스러웠던 경험은 무엇인가?
• 가장 용기를 발휘했던 때는 언제인가?
• 최근 도망치고 싶은 것은 무엇인가?

Pain
괴로움

• 괴로움(苦)이란 현실에서 마음이 편하지 않고 고통스러운 감정을 말한다.
• 괴로움은 아픔만큼 성숙해지는 회복의 에너지이다.

• 지금까지 가장 고통스러웠을 경험은 무엇인가?
• 가장 편안했던 때는 언제인가?
• 최근 마음이 불편한 것은 무엇인가?

Love
사랑

• 사랑(愛)이란 어떤 존재를 몹시 아끼고 귀중히 여기는 감정을 말한다.
• 사랑은 모든 감정 중에서 제일 강한 것으로 그 사람의 존재를 인정하고 빛나게 하는 것이다.

• 지금까지 가장 사랑 받았던 경험은 무엇인가?
• 극도로 혐오했던 상대는 누구인가?
• 최근 가장 사랑하는 친구는 누구인가?

Emptiness
공허

• 공허(空虛)란 감정이 메말라 모든 것이 무의미하게 느껴져 텅 빈 감정을 말한다.
• 공허는 무엇인가 채우고 싶은 성장의 공간이다.

• 지금까지 가장 무의미했던 경험은 무엇인가?
• 자신에게 가장 가치 있었던 것은 무엇인가?
• 최근 자신에게 가장 큰 불만은 무엇인가?

02

Relax

여유로움

Boneheart®

03

Longing

그리움

Boneheart®

04

Generosity

너그러움

Boneheart®

05

Coziness

포근함

Boneheart®

Longing
그리움

- 그리움(戀)이란 마음 한켠이 텅 빈 듯이 누군가 보고 싶어 애타는 감정을 말한다.
- 그리운 마음이 있으면 우리는 추억에 잠길 수 있다.

- 지금까지 누군가가 가장 사무치게 그리운 적은 언제인가?
- 누군가를 질투했던 때는?
- 최근 자신에게서 멀어져 가고 있는 것은 무엇인가?

Relax
여유로움

- 여유(餘裕)로움이란 느긋하고 차분하게 생각하거나 행동하는 감정을 말한다.
- 여유 있는 마음이 있으면 우리는 마음에 안정을 찾을 수 있다.

- 지금까지 가장 여유로운 때는 언제인가?
- 가장 긴장되는 상황은?
- 최근 자신의 삶 속에서 여백이 필요한 부분은 무엇인가?

Coziness
포근함

- 포근함이란 분위기가 부드럽고 따뜻하여 편안한 감정을 말한다.
- 누군가를 안아주기만 해도 어둠에서 빛으로 꺼내줄 수 있다.

- 지금까지 상대방을 안아주고 싶었던 경험은 무엇인가?
- 가장 냉철한 현실을 느꼈던 상황은 언제인가?
- 최근 상대방에게 편안함을 느꼈던 때는?

Generosity
너그러움

- 너그러움(寬)이란 자신과 다른 것을 받아들일 정도로 마음이 넓고 속이 깊은 감정을 말한다.
- 너그러운 마음이 있으면 우리는 행복할 수 있다.

- 지금까지 자신에게 가장 너그러움을 보여준 사람은 누구인가?
- 가장 팍팍하게 몰아붙였던 사람은 누구인가?
- 최근 자신에게 가장 따뜻한 말 한마디는 무엇인가?

06

Warmheart

온정

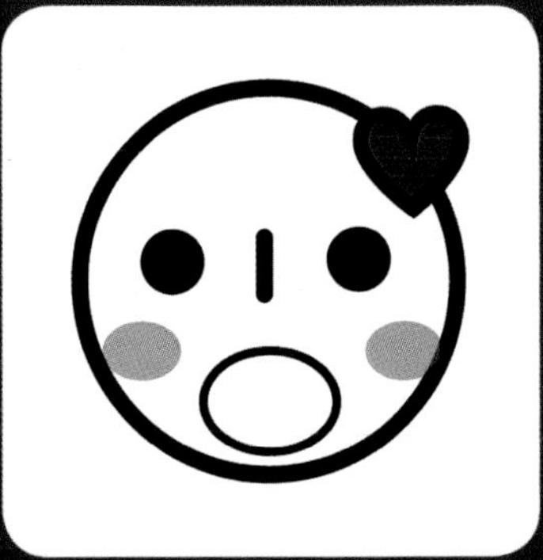

Boneheart®

07

Comfort

편안함

Boneheart®

01

Hate

미움

Boneheart®

02

Boredom

지루함

Boneheart®

Comfort
편안함

- 편안(便安)이란 고요하고 걱정 없이 평화로운 상태를 말한다.
- 요동치는 마음이 가라앉을 때 우리는 편안함을 통해서 마음의 평화를 찾을 수 있다.

- 지금까지 가장 편안할 때는 언제였는가?
- 가장 마음을 불편하게 한 것은 무엇인가?
- 최근 자신의 주변에서 일어나는 소소하지만 의미 있는 일은 무엇인가?

Warmheart
온정

- 온정(溫情)이란 냉정의 반대로 따뜻한 분위기로 정답고 포근한 감정을 말한다.
- 따뜻한 마음이 내 안에 있으면 상대방의 차가운 마음도 녹일 수 있다.

- 지금까지 가장 온정을 느꼈던 경험은 무엇인가?
- 살아오면서 가장 차가운 감정을 느꼈던 때는 언제인가?
- 최근 정답게 느껴지는 사람은 누구인가?

Boredom
지루함

- 지루함이란 같은 상태가 오래 계속되어 따분하고 싫증이 난 감정을 말한다.
- 싫증이 날 때 멀찌감치 물러나서 바라보면 느긋한 마음을 가질 수 있다.

- 지금까지 가장 지루했던 시간은 언제인가?
- 가장 흥미진진한 상황은 무엇인가?
- 최근 권태기에 접어든 상황은 무엇인가?

Hate
미움

- 미움이란 어떤 사람의 모습이나 행동이 마음에 들지 않거나 눈에 거슬리는 감정을 말한다.
- 보이지 않는 적을 내 마음에 두면 가시처럼 마음이 불편하다.

- 누군가를 가장 미워했던 때는?
- 상대방을 용서해주었던 상황은?
- 최근 자신이 싫었던 때는?

03

Jealousy

질투

Boneheart®

04

Envy

시기심

Boneheart®

05

Dislike

싫어함

Boneheart®

06

Guilt

죄책감

Boneheart®

Envy
시기심

- 시기심(猜忌心)이란 자신보다 다른 사람이 잘되는 것을 샘하고 갖고 싶어서 미워하는 감정을 말한다.
- 시기심이 마음 속에 자리잡으면 우리는 다른 사람을 끌어내린다.

- 지금까지 가장 샘났던 적은 언제인가?
- 자신이 가장 갖고 싶은 것은 무엇인가?
- 최근 자신의 부족한 면을 깨달았던 것은 무엇인가?

Jealousy
질투

- 질투(嫉妬)란 특정 대상이 가진 무엇을 못마땅히 여기며 잘되는 것을 싫어하는 감정을 말한다.
- 내 마음에 질투가 자리 잡으면 우리는 행복할 수 없다.

- 지금까지 가장 질투가 났던 사람은 누구인가?
- 가장 사랑스럽고 멋진 사람은 누구인가?
- 최근 다른 사람과 비교했던 것은 무엇인가?

Guilt
죄책감

- 죄책감이란 저지른 잘못에 대하여 책임을 느끼는 감정을 말한다.
- 죄책감은 잘못되었다는 것을 지각하는 힘으로 도덕적으로 살려는 동기이다.

- 지금까지 가장 죄책감을 느꼈던 때는 언제였는가?
- 가장 책임감을 느꼈던 경험은 무엇인가?
- 최근 자신에게 느꼈던 미안한 감정은 무엇인가?

Dislike
싫어함

- 싫어함이란 마음에 들지 않아서 거리를 유지하는 상태를 말한다.
- 싫어함은 좋아함의 다른 표현으로 진짜 싫어하면 아예 관심조차 없을 수 있다.

- 지금까지 가장 싫어했던 대상은 누구였는가?
- 가장 살갑게 느껴지는 사람은 누구인가?
- 최근 반감이 들었던 행동은 어떤 것인가?

07

Disgust

역겨움

Boneheart®

01

Hope

희망

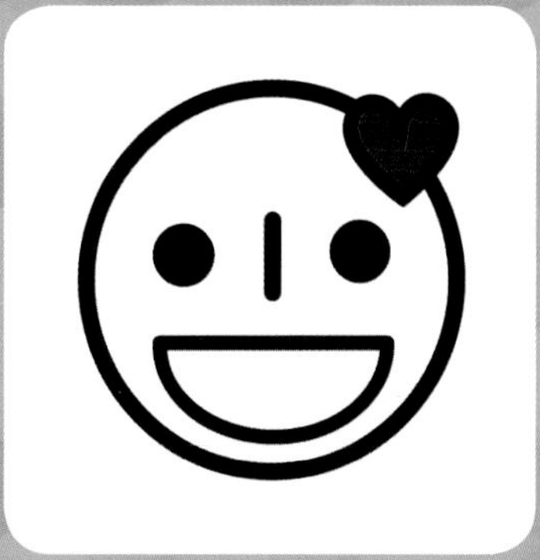

Boneheart®

02

Expectancy

기대감

Boneheart®

03

Curiosity

호기심

Boneheart®

Hope
희망

- 희망(希望)이란 앞일에 대해 이루어지기를 기다리는 간절한 감정을 말한다.
- 희망은 낙관과 달리 현실에 뿌리를 두고 미래로 향하는 상승 감정이다.

- 지금까지 가장 바라고 바랬던 것을 이루었던 경험은 무엇인가?
- 가장 실망했던 때는 언제인가?
- 최근 기대하고 있는 것은 무엇인가?

Disgust
역겨움

- 역겨움이란 아주 끔찍히 싫을 때 속이 거슬린 상태를 말한다.
- 누군가가 끔찍히 싫어하는 이유는 사실 당신이 추구하는 가치와 관련이 있다.

- 지금까지 가장 끔찍하게 싫었던 대상은 무엇인가?
- 끔찍히 아꼈던 것은 무엇인가?
- 최근 비위가 상했던 상황은?

Curiosity
호기심

- 호기심(好奇心)이란 새롭고 신기한 것을 좋아하거나 모르는 것을 알고 싶어 하는 마음을 말한다.
- 장차 어떤 사람이 될 것인가를 알려주는 지표는 바로 호기심이 있는가 없는가에 달려 있다.

- 지금까지 가장 신기한 경험은 무엇인가?
- 호기심을 절제한 상황은 언제인가?
- 최근 새롭게 도전하는 것은 무엇인가?

Expectancy
기대감

- 기대감(期待感)이란 어떤 일이 이루어지기를 바라고 기다리는 감정을 말한다.
- 기대하는 마음이 있으면 우리는 좌절에서 벗어날 수 있다.

- 지금까지 가장 잠이 안올 정도로 기대했던 경험은 무엇인가?
- 기대만큼 되지 않아서 가장 큰 좌절감을 맛보았던 때는?
- 일주일 안에 가장 바라고 있는 일은 무엇인가?